国学脉络丛书

谢路军 ◎ 主编

中国佛教脉络

谢路军 著

中国财富出版社

图书在版编目（CIP）数据

中国佛教脉络／谢路军著．—北京：中国财富出版社，2013.7
ISBN 978 - 7 - 5047 - 4440 - 1

Ⅰ.①中…　Ⅱ.①谢…　Ⅲ.①佛教史—中国　Ⅳ.①B949.2

中国版本图书馆 CIP 数据核字（2012）第 260589 号

策划编辑	白　柠		**责任印制**	方朋远
责任编辑	白　昕　白　柠		**责任校对**	梁　凡

出版发行	中国财富出版社（原中国物资出版社）	
社　　址	北京市丰台区南四环西路 188 号 5 区 20 楼	**邮政编码**　100070
电　　话	010 - 52227568（发行部）	010 - 52227588 转 307（总编室）
	010 - 68589540（读者服务部）	010 - 52227588 转 305（质检部）
网　　址	http://www. cfpress. com. cn	
经　　销	新华书店	
印　　刷	北京京都六环印刷厂	
书　　号	ISBN 978 - 7 - 5047 - 4440 - 1/B · 0359	
开　　本	710mm × 1000mm　1/16	**版　　次**　2013 年 7 月第 1 版
印　　张	27.75	**印　　次**　2013 年 7 月第 1 次印刷
字　　数	336 千字	**定　　价**　58.00 元

编者按

　　"这是最好的时代，这是最坏的时代……"对于图书行业而言，我们面临的境况仿佛恰好可以印证狄更斯的这段前后矛盾却又并行不悖的话，一方面是图书出版的空前繁荣，另一方面是阅读耐心的人幅下滑。现在的读者朋友们既急于了解中国古代优秀传统文化的知识，又没有那么多的时间去阅读学术专著和经典古籍。怎样才能够避免各种因臆说、戏说造成的流俗谬见，以还原历史的真实面貌，给读者朋友提供传统文化的某种真精神？怎样才能够避免高头讲章、枯涩说教带来的空洞感、困倦感，以尽量自然和灵动的笔法来书写，使读者能够在兴味盎然的阅读中获得传统文化的真知识？这是对图书策划提出的新要求、新挑战。

　　解决这一问题，一要靠好的立意，二要靠好的作者。我们在策划这套国学通识读本的时候，就确定了"通俗而不媚俗，生动而不歪曲"的原则。通俗生动是我们全力追求的效果，但是我们不能过度，走向为了好看好懂、为了献媚邀宠于读者而不惜胡言乱语的极端。文化有其严肃的内容，我们不能回避或者抹杀。我们经常将国学经典称作"圣贤书"，圣贤之所以为圣贤，一定是在知识、智慧、道德、境界等某些方面比我们一般大众要高出一点儿的，否则他们就不是圣贤，我们也没有阅读这些的必要了。为了获得高出的那一点儿，读者朋友需要有基本的阅读耐心和理解新知识的兴趣。有些所谓学术明星的畅销书，给读者挠痒痒，让读者看书有一种"原来圣贤与我想的一样"、"真是正中下怀"之感，可是如果真的已经水平一致了，我们还读它干什么呢？

因此，我们不能为了好读易懂牺牲真实的历史和原汁原味的思想文化，必须在兼顾两者的原则下寻找最佳的表达。这个原则的真正落实，需要有一个非常优秀的作者群。我想起了我的一位老师——谢路军教授，这个为了从事学术研究而放弃了原学校分配的房子、住进了哲学系资料室的老师。谢老师是山东鱼台人，典型的儒家气质，骨子里带着一种真诚、谦和与厚道；读书时专攻佛教，先后师从楼宇烈、方立天两位先生，得名家亲炙；到了中央民族大学后，又在牟钟鉴先生的鼓励下研究起了道家、道教，成果颇丰，还写了一本卖得很好的《中国道教源流》。现在，谢老师在学校和其他很多地方讲授"儒释道三教关系"，反响热烈，应邀不暇——还有比这更合适的作者吗？

于是，在编者的盛邀之下，谢路军教授担任了这套丛书的主编，并亲自撰写其中的一本。其他作者也都是谢老师组织、联络的，他们都是北京大学、中国人民大学、中央民族大学等著名高校的年轻博士和讲师，有深厚的学术功底，又具着眼时代的新意。谢老师以"脉络"为本套丛书命名，脉络就是来龙去脉，是提纲挈领，是点线成面。我们希望这套丛书能够成为关于国学的通俗的简史、扼要的说明书和生动的简笔画，成为读者了解我国优秀传统文化的入门佳作。

编　者
2013 年青年节

前　言

中国已故佛学专家吕秋逸先生说：佛教出生在印度，生长在中国。

具体地说，释迦牟尼出生在尼泊尔的蓝毗尼花园，传法在印度的舍卫国、王舍城、菩提迦叶、鹿野苑、桑迦夏等地。所以，关于佛教发源于印度还是尼泊尔，有不同的说法，其实都有其道理。不过，我们一般习惯于称印度佛教。

我们要了解印度佛教，必须从地理环境、文化背景、宗教因素等不同的视角去领悟，才能准确领会其真实的内涵。正所谓："无上甚深微妙法，百千万劫难遭遇；我今见闻得受持，愿解如来真实义。"（唐代武则天在读了《金刚经》后所写的开经偈）

一

印度佛教与其所处的地理环境、气候、历史等条件有着密不可分的联系。

1

印度拥有世界上最长的海岸线。印度人将自己的国家比喻为一位女神：她的头上戴着雄伟的喜马拉雅山花冠，两臂向巴基斯坦和孟加拉延伸，肥沃的印度河—恒河平原就是她哺育生命的胸膛，而雅鲁藏布江及其支流养育了将近一半的印度人口，使这里成为世界上人口最稠密的地区，其双脚被印度洋的波浪轻轻拍打着。

印度这位美丽的女神孕育了各种奇异卓绝的思想，影响了人类历史的发展。

印度的气候变化多样，多姿多彩。喜马拉雅山地区的温度低于冰点，有漫天飞雪的景象；而其南部的热带地区则终年湿热，酷暑难当，热气逼人。

有些地区一天降雨能达到 700 毫米；也有些地方一年只有 100 毫米雨量，儿童不知道下雨是什么样子。可见，印度的温度和降雨量有着明显的差异。

印度大部分地区从 3 月到 5 月的夏日闷热异常，空气十分干燥，烈日炎炎，像在火炉边被烘烤的感觉，平原地区的温度会升高到 45℃以上，还伴有沙尘暴。

从中国北方到印度的游客会有无法忍受的煎熬的感觉，这种气候使人感到印度就是一个人间"大火炉"。佛经中描述的"三界火宅"的说法在印度的现实中是有其原型的。所以，我们考察印度佛教离不开其所处的地理环境。这种炎热的季节很容易使人的脾气变得暴躁，谋杀和自杀都时常发生。

佛教对西方极乐世界的描述，总有一阵清凉的风吹过、凉风习习等类似的话语，说明佛教受气候的影响是非常大的。中国的五台山还有一个名字叫"清凉山"，反映了佛教对炎热气候的恐惧和对清凉气候的向往。

在印度的佛教圣地，如竹林精舍、菩提迦叶等都有一个水池子。这是因为佛在说法的时候，气候炎热令人昏沉，佛也需要沐浴令头脑清醒。当然，佛沐浴还有洗净身上的污垢的含义等。

"佛"字在梵文中的最初的本意是"清醒"，后来则延伸为"觉悟"等意思。佛教就是提倡觉悟的宗教，让迷梦中的人在沉睡中猛然醒来。正所谓："暮鼓晨钟，惊醒世间名利客；经声佛号，唤回苦海梦迷人。"

佛教反对饮酒的一个重要原因就是饮酒容易使人不清醒、燥热、思维混乱，从而认不清宇宙间的万法实相，导致苦恼丛生。

所以，了解佛教的真实含义要结合印度所处的地理环境和气候。

印度的西南季风大约在 6 月到 9 月之间穿越印度，季风带来了湿热，从 9 月中旬一直持续到 11 月。

从 12 月到来年 2 月，干冷的天气才会让人们松口气，这也是印度大多数地方一年中最好的时节。所以，外国人到印度旅游或考察佛教圣迹往往选择这个时期。在此期间，北方城市和德里的夜晚相对寒冷，而白天却是阳光普照，舒适宜人。

在这里，我建议中国人若到印度朝圣或旅游就选在 12 月到 2 月期间。这个时期的印度气候比较凉爽适宜，白天阳光灿烂，甚至有些燥热；夜晚则会有些凉意，需要带上秋天的衣物。

印度的语言也丰富多彩，变化多端。印度宪法中有 10 多种语言被确定为官方语言，如印地语和梵语等都是官方语言。英语也是印度的官方语言。

梵语是一种古老的语言，为僧侣和诗人使用，是北印度的印度—雅利安诸语言的前身。印度还按语言划分为不同的邦，说孟加拉语的孟加拉邦，说旁遮普语的旁遮普邦等。但是因为人们到处流动，去各地工作、学习，因此日常生活中印度人能接触到很多语言，能说三种或者三种以上的语言也是司空见惯的事。

据说，释迦牟尼佛当年说法，就是走到哪里用哪里的语言说法，被人评价为"最早的语言学家"；也体现了释迦牟尼佛"应机说法"的特点。

释迦牟尼佛说法还有"八音四辩"的特点。所谓八音是指极好音、柔软音、不女音、不误音、尊慧音等，四辩是指辞无碍辩、义无碍辩、乐说无碍辩、理无碍辩等。

英语在印度的交流沟通中起到纽带的作用。大多数受过教育的印度人都能说流利的英语，有时候甚至带有浓重的印度特色。就像很多中国人说英语，极具中国汉语味道一样。目前印度有着丰富的英语文学作品。

不过，汉语在印度会说的人极少。据印度导游介绍，目前印度的汉语导游仅有 38 位，远远不能满足中国人到印度旅游的需求。所以，在大学里学习汉语专业是比较吃香的专业，可以很容易地找到工作。

二

佛教在印度的出现还有着丰富的文化和宗教背景。雅利安人在公元前 1500 年左右进入印度。雅利安人是印度西北方向来的游牧民族，但他们来到这里定居下来后，开始开荒种地。农业的发展促进了贸易的形成，也促进了印度社会的进步。

雅利安人的吠陀（吠陀是知识的意思）时代（公元前1500—公元前600年）则被视为印度的黄金时代，其著名的四部吠陀经典是《梨俱吠陀》、《夜柔吠陀》、《娑摩吠陀》和《阿闼婆吠陀》，这四部吠陀经典构成了印度教思想中婆罗门传统的基础。

后来释迦牟尼佛创立的佛教作为反对婆罗门教的沙门思潮的一种，在印度兴起。

在早期的佛教典籍中，并没有关于释迦牟尼生平的完整记录。释迦牟尼主要事迹散见于佛教各部派后来编成的经、律之中，大体勾勒出释迦牟尼的生平及创教活动的轮廓。

释迦牟尼，姓乔达摩，名悉达多。因是占印度释迦族人，故又称为释迦牟尼。"牟尼"，是明珠，喻为圣人。释迦牟尼是一种尊称，意思是释迦族的圣人。他出生于古印度的迦毗罗卫城（约今印度、尼泊尔边境地区），大约生活在公元前566到公元前486年，与我国春秋时代的孔子是同时代人，出身于刹帝利种姓，是迦毗罗卫国净饭王太子，其母摩耶夫人早亡，由姨母摩诃婆者波提抚养长大。少年时代接受婆罗门教的正统教育，学习吠陀经典。十七岁时，娶觉善王女耶输陀罗为妻，并生了一个儿子罗睺罗。净饭王还为释迦牟尼建造了豪华壮丽的"寒、暑、温"三时宫殿，为他提供尽情享乐的物质条件，希望有朝一日儿子继承王位，成为转轮圣王。然而这种奢华足欲的生活并未能打消他出世修行的意向，公元前537年的一个深夜，他悄然离开了宫殿前往城外求道，时年29岁。

关于释迦牟尼出家的动机，佛教的传说不完全相同，有说是因为他看到了人体的丑恶；有说是因为他看到了生老病死的痛苦。据说他有一次到城外出游，在东、南、西三个城门看到了老人、病人与送葬的人，在北门则看到了沙门修道者，对比之下他痛感人生的无常，这成了他走上求道出家的契机；从当时的社会考察，可能也与他经历了亡国灭族的惨祸有关。

相传释迦牟尼出家后，在摩揭陀一带寻师访道。他曾拜当时的宗教导师阿罗逻·迦罗摩和优陀伽·罗摩子为师，他接受了导师们关于信仰和行为的一般观念，如修习禅定和按宗教纪律生活，但是认为他们的教义内容并不适当，后来就辞别而去，到处漫游。

释迦牟尼曾经专心实行最严格的苦行，也就是通过采取自我克制的方法，谋求获得觉悟和解脱。据说，他认为：摩擦湿木不能生火，摩擦干木才能取火；人身亦需经过苦行，清除体液，才能悟出真理。于是他逐渐减少饮食，直到每天只吃一粒米，后七天进一餐。他吃种子和草，穿鹿皮、树皮等刺激皮肤的衣服。他还常到墓地，和腐烂尸体睡在一起。六年后，身体消瘦，形同枯木，却依然没有发现什么真理。

于是，他重新思索另一条获得知识、求得解脱的道路。他到尼连禅河去沐浴，洗净了六年的积垢，并接受了牧女奉献鹿奶的供养。日后经过调养身体，恢复了元气和精力，就到附近的荜波罗树（后称菩提树）下向东结跏趺坐（即双足交盘而坐），端身正念，发大誓愿，宁愿血液干涸，身体腐烂，如不成佛，绝不起座。据说经过七天七夜（有说49天）的冥思苦想，终于悟出"四谛"的真理。这标志着他真正觉悟成佛了，因而被称为"佛陀"，或简称"佛"，意思是"觉悟者"。这一年他35岁。此后他就一心转向佛教活动，历时45年，直到死去。

佛陀寂灭于拘尸那迦城（印度北方邦境内）附近的希拉尼

6

耶伐底河边的娑罗林中。他逝世后的遗骨被分成 8 份，由原释迦国、摩揭陀等 8 个国家的国王和长者携回，分别建舍利（意为尸体或身骨。相传释迦牟尼遗体火化之后结成珠状物，后来也指德行较高的僧侣死后烧剩的骨头）塔加以收藏，奉为圣物，成为信徒们顶礼膜拜的对象。这骨灰后来又由阿育王加以重新分配，收藏在全印度建造的八万四千多个佛舍利塔。此为后世佛塔的滥觞。

印度是佛教的故乡，一般将印度佛教史分为四个时期：①原始佛教时期（约公元前 6 世纪至公元前 4 世纪中叶）；②部派佛教时期（约前 4 世纪中叶至 1 世纪中叶）；③大乘佛教时期（约 1 世纪中叶至 7 世纪）；④密教时期（约 7 世纪至 12 世纪）。

乘是"乘载"或"道路"的意思。后期的佛教自称为大乘，即"大道"，把前期佛教（包括原始佛教和部派佛教）贬称为小乘。前期佛教学者则指责"大乘非佛说"，标榜自己是佛教的正统。

大小乘的分歧首先表现在对教主释迦牟尼本人的看法上。首先，小乘初期只把他看做一个现实的教祖和传教师，而大乘则把他看成是神通广大、无所不能、大慈大悲的最高人格神。其次，在追求的理想上有不同，大乘以成佛为目的，以普度众生为己任；小乘则偏重于个人修行，求得自我解脱，其最高目标是证得阿罗汉。最后，在修持的方法上，小乘主张修"三学"（戒、定、慧）、"八正道"；大乘则兼修"六度"（布施、持戒、忍辱、精进、禅定、智慧）。从宗教理论上看，小乘讲"我空法有"，大乘讲"我法俱空"。

大乘形成的最初派别是空宗，它的创立者是龙树和提婆，主要经典是《般若心经》和《中论》等，他们系统地提出了空的学说，认为世界上一切事物、一切现象皆是虚妄。正如《般若心经》里所讲："色即是空，空即是色；色不异空，空不异色。"意思是说，物质世界是因缘和合的，因缘和合就是物质世界的本质。

大乘空宗提出一切都是"空"，那么佛教本身是否也是空的？这一矛盾危及到佛教本身的存在。

5、6 世纪出现的大乘有宗（传入中国称法相宗）就试图解决这一矛盾。有宗的创始人是无著和世亲，主要经典是《解深密经》、《瑜伽师地论》、《二十唯识颂》、《成唯识论》等。有宗提出"空"和"有"应当结合起来，对于现实世界可以说是空的，但对于超世间的绝对精神世界——真如（佛性）却不能说是空的，而应当强调它是真实的和永恒的，这就为他们追求的最高境界——涅槃世界找到了存在的理论依据。

7 世纪以后，由于大乘佛教的一些宗派过于追求烦琐空洞的理论论证，日益脱离了教徒群众，这样印度佛教也开始进入了密教时期。

8、9 世纪以后，由于印度教的兴盛、佛教的内部派系纷争以及外族入侵等原因，佛教在印度开始衰微，到 13 世纪消亡。

佛教在印度沉寂了 600 年之后，于 19 世纪末掀起了"复兴运动"。但与它昔日的盛况已是无法相比了。

在印度历史上，佛教曾经的兴盛和发展与阿育王的贡献是分不开的。

公元前 3 世纪，阿育王皈依了佛门，将佛教发扬光大，在全国立了一万多根石柱当做将佛教作为国教的象征。从此，佛教开始走向世界。

后来的蒙古人攻打到印度，在印度建立了自己的王朝，即莫卧尔王朝。莫卧尔王朝的第五世国王萨迦汗王特别宠爱泰姬。遗憾的是，泰姬在一次难产时病故，临终前提出要为她建一座世界上最好的陵墓。萨迦汗王为她建了泰姬陵，这座陵墓被称作世界八大奇迹之一。

印度后来又变成了英国的殖民地。圣雄甘地用耆那教中的不杀生、非暴力思想掀起了一场政治运动，取得了印度的民族独立。

绝大多数印度人（75%以上）是印度教徒。佛教虽然发源于印度，但已经被吸收到印度教中。佛教在印度以外的地区却保持了自身特点，已经拥有了世界主要宗教的地位。

耆那教和锡克教同印度教有相同也有不同之处，都是在印度影响巨大的少数教派。伊斯兰教徒在印度占20%。基督教则自产生以来就出现在印度了，不过没有形成规模，约占人口的5%。

印度95%的人信仰宗教，可谓宗教王国。但是，目前印度的佛教徒只占印度信教人数的0.5%，可见佛教在印度的影响力远远不如印度教和伊斯兰教了。

"墙内开花墙外香。"佛教从印度走向了世界，成为影响历史的世界三大宗教之一。

三

起源于印度的佛教后来传入中国，又与中国固有的传统思想相融合，逐渐成为具有中国特色的宗教，而且在中国产生了巨大的影响。

　　佛教刚传入中国的时候，人们把它看成是社会上流行的神仙道术的一种，大城市所建立的少数寺庙主要供从西域来的僧侣和商人参拜使用，没有汉人出家为僧。

　　东汉末年以后，随着外国和我国西部地区来内地的僧人逐渐增多，才出现了汉人出家的现象。僧侣们译出了不少佛教经典，印度的小乘与大乘佛教均被大量介绍到中国。

　　魏晋时期玄学盛行，以老庄思想解释儒家经典，提出有无、本末、动静、体用等哲学范畴，论证在现象世界背后存在着真实的、永恒不变的、超言绝象的精神性本体——"道"或"无"，提倡"以无为本"。而以般若学说为基本内容的大乘空宗，则宣传"诸法性空"，认为世俗认识及其面对的一切对象，均为因缘和合，假而不实，唯有通过"般若"（智慧）对世俗认识的否定，体认永恒真实的、超言绝象的"实相"、"真知"、"第一义谛"，才能达到觉悟解脱。

　　在此，佛教所倡导的"空"与玄学所推崇的"无"，在实际意义上有很大的不同，但却有着相通之处。门阀士族正是以玄学的"无"来比附佛教的"空"，他们通过引玄入佛、以玄释佛的方法来扩大佛教的影响，以迎合当时上层社会的需要。

　　南北朝是中国佛教全面持续高涨的时期。据唐代高僧法琳的《辨正论》记载：南朝的梁（502—557 年），共有寺院 2846 所，僧尼 82700 人，比东晋时的寺院增加一千余所，僧尼增加三倍多。这些数字统计未必准确，但大体能够表现出佛教在南北朝的发展速度是异常迅猛的。这与当时统治阶级对佛教的大力扶植是分不开的。

　　南朝各代统治者都崇信佛教，其中梁武帝最为突出。他曾自称"三宝（佛、法、僧）之奴"，四次舍身出家，都被朝中大臣以巨额金钱赎回，并亲自登殿讲经说法。北朝虽然发生过排佛事件，但总的来说也是扶植佛教的。北魏文成帝和孝文帝花费大量人力物力在大同云岗和洛阳龙门开凿佛教石窟，雕刻佛像，并资助译经事业。

西域龟兹（今新疆库车县）的著名僧人鸠摩罗什的弟子竺道生，在南朝极力宣扬"一切众生，悉有佛性"和"一阐提人（指断了善根者）皆得成佛"的理论，认为一切众生在成佛的问题上都是平等的，并主张"顿悟成佛"。南朝的宋文帝和梁武帝等人都十分欣赏和大力提倡这个理论。隋唐时期建立的大部分佛教宗派都吸收了这个学说。

隋唐二代则进入了中国佛教的鼎盛期，也是中国佛教的成熟期。这时期的佛教学说，从某种意义上说，都是一种佛性理论，但其思想内容却出现了一种倾向，即注重心性。可以说，隋唐时期佛教学说的最大特点，是把佛性心性化。就其表现形式而言，隋唐时期的佛教是一种宗派佛教。这一时期形成的主要佛教宗派有：天台宗、三论宗、法相宗、华严宗、律宗、禅宗、净土宗、密宗。其中在中国历史上影响较大的宗派有天台宗、法相宗、华严宗、禅宗和净土宗。

唐代以后，佛教开始转向衰落。这时以宋明理学为代表的儒家学说成为维护封建统治秩序的指导思想。在这种形势下，佛教日益与儒、道相融合，一些主要佛教宗派的基本观点为宋明理学所吸收。同时，佛教内部各宗也相互融合，其中以禅宗和净土宗、禅宗与华严、天台二宗的融合最为突出。

在西藏地区，唐初松赞干布提倡佛教，8世纪后逐渐形成喇嘛教。喇嘛教是在佛教教义的基础上，吸收了西藏原有的苯教的神祇和仪式而形成的一种宗教。其主要教派有宁玛派（红教）、萨迦派（花教）、噶举派（白教）、格鲁派（黄教）等。黄教是喇嘛教中最大和最有实权的一个教派，它是 14 世纪时由宗喀巴（1357—1419 年）在改革旧教的基础上创立的。后来，其嗣法弟子被称为达赖和班禅，代代相传，担任黄教教主。黄教在 15、16 世纪从西藏传到了四川、青海、甘肃和内蒙古等地。

喇嘛教主要宣扬宇宙大劫（世界在一定时间内要毁灭）、一切无常、因果业报、轮回转生、修行解脱等大乘教义，并把这套烦琐理论运用在简化通俗的诵咒祈祷方面，提倡身、口、意"三密加持"的神秘修行方法。喇嘛教至今仍是西藏人精神信仰的支柱。

至近代，杨文会居士创办金陵刻经处和佛教学堂。五四运动后，太虚和尚发起"佛教复兴运动"。但总体而言，佛教已日趋衰微。

1949 年新中国成立后，我国政府实行了宗教信仰自由的政策。"文革"期间，佛教也受到很大冲击，信徒遭到迫害，寺院和有关文物也受到不同程度的破坏。粉碎"四人帮"后，特别是党的十一届三中全会以来，党的宗教政策得到恢复和落实，佛教信徒恢复了正常的宗教生活。

纵观佛教在中国历史上的影响是十分广泛的，渗透到意识形态的各个领域，包括哲学、文学、艺术（音乐、音韵、雕刻、建筑）、天文、印刷、医药以及风俗习惯等。在中国哲学史上，宋明理学在很大程度上是受到华严宗和禅宗等佛教理论的刺激和影响而逐步形成发展起来的。

近代的一些思想家和政治家，如龚自珍、康有为、梁启超、谭嗣同、章太炎等，也都曾深受佛教的影响。千百年来，数千卷的佛教经典被翻译过来，它影响到我国诗歌、小说的创作。佛寺、佛塔的造型艺术风行各地，形成了中国古代建筑的独特风格。闻名于世的敦煌、云冈、麦积山、龙门等石窟中的雕塑和壁画，成为我国古代艺术的宝库。

佛教的社会价值亦为各界人士所认同。赵朴初先生在《佛教常识答问》的序言中说："我曾看到一本毛主席的勤务员李银桥写的书。有一天，毛主席在延安出门散步，毛主席对李银桥说：'我们去看看佛教寺庙，好不好？'李银桥说：'那有什么看头？都是一些迷信。'毛主席说：'片面片面，那是文化。'我因而想起'文化大革命'结束后，周建人先生写信给我说：'义革'初期范义澜先生向他说，自己正在补课，读佛书。范老说，佛教在中国将近两千年，对中国文化有那么深厚的关系，不懂佛教，就不能懂得中国文化史。1987 年，我到四川一个佛教名胜地方看到被人贴迷信标语的事实，回来写了一份报告，钱学森博士看见了，写信给我说：'宗教是文化。'这三个人，一是伟大的革命家，一是著名的历史学家，一是当代的大科学家，所见相同，都承认佛教是文化。"

佛教不仅在中国历史上产生了深远影响，而且影响也波及全世界。它盛行于亚洲，特别是东南亚各国。在许多国家中，佛教仍然被奉为国教，在政治、经济、思想、文化的各个方面，起着巨大的作用。今天，我们同日本和东南亚一些佛教国家的友好合作关系正在日益发展，佛教作为联系和促进这一友谊的"黄金纽带"，其作用当不可估量。

谢路军

2013 年 5 月

目 录

中国佛教

脉络

中国佛教

脉络

中国佛教

脉络

第一章

佛教出现时的古印度

　　佛教的创始人是古代印度的释迦牟尼，他与中国的孔子是同时代人，大约出现于公元前 6 世纪至公元前 5 世纪。这时的中国社会处于春秋战国时期，群雄纷争，战乱频仍，思想上也呈现出百花齐放的特点。这一时期的印度社会经济空前发展。在农业上已普遍采用铁器，恒河中下游建造了人工灌溉设施，种植水稻、棉花、豆类等作物，品种繁多。手工业出现了许多分工细致的专业，出现了如冶金、纺织、木材、制陶等细致的分工。商业也空前地发展起来，早期佛经一再提到大商人往往做了佛教的赞助人。

　　佛教的出现与经济的发展有密切关系。僧人是靠化缘维持生计的，释迦牟尼佛在各地传法就不断地受到很多商人的大力赞助。

　　比如印度舍卫城的祇树给孤独园是释迦牟尼佛经常说法的地方，很多佛教经典都是释迦牟尼佛在这个地方宣说的。释迦牟尼佛最初说法是在露天里进行的，没有遮风挡雨的地方。舍卫城有一个最有钱的人叫须达多（意为善授）长者，信仰佛教，追随释迦牟尼佛。须达多长者好善乐施。正因为他好善乐施，经常帮助贫穷孤独的人，所以人们又称须达多长者为"给孤独长者"。给孤独长者看到释迦牟尼佛在露天说法非常艰难，就发誓要给释迦牟尼佛建一座寺庙。他看中了波斯匿王太子祇陀的一个非常美丽的大花园，所以想要把它买下来专门供佛说法。

祇陀太子漫天要价，说必须用黄金把花园的地铺满才可以考虑出售。给孤独长者就不惜一切代价把他的园子铺满了黄金。

后来，祇陀太子被给孤独长者的虔诚精神所感动，就把花园出售给了给孤独长者；并且表示自己也要表一下心意，便把园子里的树木都送给了释迦牟尼佛，所以这个园子就叫"祇树给孤独园"。

正是由于这两个人的合作，一所规模宏大的寺院诞生了。我们可以设想，假设没有富人对佛陀的赞助，就不可能有寺庙的出现，因为佛教僧侣是不蓄资财的。

佛教僧侣只有六种东西是必备的，即三衣（五条衣、七条衣、九至二十五条衣）、坐具、钵和喝水时用的过滤器。这就是佛教僧侣所谓的"身无长物"。佛教僧侣当然也就不可能有力量建立规模宏大的寺庙了。而没有寺庙的出现，佛教的发展也就失去了生存的空间。所以，佛教的发展离不开经济的条件。

在中国也是这个情况，离开了"居士佛教"的财力支持，佛教很难做到蓬勃发展。

佛陀生活时代的印度内地商品交换频繁，对外贸易活跃。陆路、水路商队东到缅甸，西北抵波斯、阿拉伯，南到斯里兰卡。当时的货币有金、银、铜三种。商业和手工业的兴盛，促进了城市的形成和繁荣。

在佛陀的时代，据说著名的大城市有八座，即王舍、吠舍离、舍卫、波罗奈斯、阿盘陀、瞻波、憍赏弥、叉始罗。每座城市都是城邦国家的中心，掌握着周围的聚落、村落等农牧业地区。

当时北印度各国大都已实现世袭的君主制，少数仍保留传统的贵族共和制。当时从恒河流域的上游到下游（即中印度一带），建立了以城市为中心的十六个大国。其中最强大的是恒河南岸的摩揭陀国和西北边的憍萨罗国。

佛教创始人释迦牟尼的出生地迦毗罗卫国是居于东北方的一个小国。由于国与国之间经常发生攻伐与兼并，在释迦牟尼晚年时，该国被憍萨罗国琉璃王所吞并。

国与国之间的战争，一方面使刹帝利王权得到了巩固与加强；另一方面也加剧了社会的动荡不安和广大百姓的痛苦。释迦牟尼创立佛教与当时的历史坏境有着密切的关系。

早在公元前1500年左右，雅利安人进入印度西北部，逐渐与当地的达罗毗荼族混合同化。以吠陀为代表的外来文化与西北印度的土著文化相结合，形成一种新的文化形态——婆罗门教。婆罗门教以"吠陀天启"、"祭祀万能"、"婆罗门至上"三大纲领为标志，主张用四种姓制度规范社会各个等级的社会职责。

第一节　种姓制度

古希腊的柏拉图在其《理想国》中，就曾按职业高低贵贱的不同将人分为金、银、铜、铁四个等级。可见，划分种姓并非印度的独创。但是，将种姓如此严格地制度化，并以神的旨意为依据，建构出一种独特的文化模式，而且一直深刻影响到今天人们的社会生活，恐怕就非印度莫属了。

关于种姓等级制度正式登上印度政治舞台，有一个比较普遍的共识，那就是肤色是基本因素之一。事实上，种姓的梵文称谓"瓦尔纳"，正是肤色的意思。"瓦尔纳"制度逐渐成为一套复杂严密的，渗透到印度所有人种之中的公共权力与社会财富划分系统，并在世俗法律和宗教教律的共同保护下，最终形成了印度延续至今的阶级结构——"瓦尔纳"社会。职业特征、世袭性、表示种姓纯洁的复杂礼仪以及适合不同种姓的严格道德准则是"瓦尔纳"制度的四大特征。

在种姓制度中，执掌宗教事务的为"婆罗门"，执掌军政大权的为"刹帝利"，从事生产活动的是"吠舍"，为这三个等级服务的奴隶是"首陀罗"。还有一种被排除于种姓之外的"旃陀罗"，他们地位最卑贱，其中一部分人专事守死尸、抬死尸、焚死尸或行刑刽子手的职业，婆罗门杀死一个首陀罗或旃陀罗所作的忏悔，同杀死一只猫、狗、青蛙所作的忏悔一样，所以当时种姓之间的矛盾十分尖锐。

"旃陀罗"，又称"贱民"，也被称为"不可接触的人"。同人类历史上任何一个有阶级的社会一样，人数众多的阶级往往处于社会的底层，直到今天，贱民的数量仍高达印度人口的七分之一强。高贵的种姓们在贱民身上慷慨地倾销了他们所有可能的负面情感：鄙视、害怕、厌恶等。为此，他们利用手中世俗和宗教的权力对贱民进行了所有可能的限制、隔离和监视。贱民们被要求聚居在远离四大种姓的偏远地方，从事屠宰、清道、掘墓等一切世俗观念中最低下的活计。他们绝对不能与四大种姓的人发生任何肉体的接触，包括在同一口井里取水。甚至当他们走出自己的聚居地的时候，也必须不断敲打手中的木板作为警告，以免自己不洁的声音和样貌落在那些"纯洁"的种姓们的耳朵和眼睛里。

可以想象，如果技术上可能，他们呼吸过的空气也需要被过滤后才能继续流通。历史上曾经有一个真实的事件，一个婆罗门妇女无意中看了贱民一眼，回家后立即自杀了，理由是被贱民的眼神玷污，只能用死来换回清白。

《观无量寿经》中讲了一个故事：摩揭陀国国王频婆娑罗王有一个太子，名叫阿阇世王，他听从佛教叛逆提婆达多的教唆，幽禁了自己的父亲，想饿死他，篡夺王位。阿阇世王的母亲韦提希夫人，为了营救自己的丈夫，澡浴清净后，用酥、蜜调和面粉，抹在身上，借探视之机，偷偷送给频婆娑罗王吃。过了些日子，阿阇世土见父亲还没有饿死，很奇怪。才知道是母亲每天偷偷送食物给父亲吃。阿阇世王大怒要执剑杀死母亲，这时候有两位大臣，一位叫月光①，另一位叫耆婆②，上前进言："大王！臣闻《毗陀论经》③说，劫初以来，有诸恶王，贪国位故，杀害其父，一万八千，未曾闻有无道害母。王今为此杀逆之事，污刹利种，臣不忍闻。是旃陀罗，我等不宜复住于此。"这里的"旃陀罗"应当就是印度婆罗门教所称的最下等人。

可见，古印度实行严格的等级制度。四种姓的地位是神所划定的：婆罗门至尊，不容冒犯。婆罗门教传入恒河中下游佛教早期活动的中心地区，时间较晚，约为公元前8世纪。婆罗门教继续向南印流传过程中，社会上层首先接受了这种文化形态。

---

① 月光：Candraprabha（战达罗针钵刺婆）之译，没有传记。

② 耆婆：Jivaka，译为活命、能活，系频婆娑罗王之弟。释迦牟尼时代的名医，为释迦牟尼和频婆娑罗王治过病，深信佛教。阿阇世王后悔时，劝其归信佛教的，就是此人。

③ 《毗陀论经》：毗陀系梵音 Veda，亦写成吠陀，系印度最古老的经典，为婆罗门教的根本经典，有《犁俱吠陀》、《夜柔吠陀》、《阿达婆吠陀》和《沙摩吠陀》等四种。

第二节　婆罗门教

作为一种独特的阶级社会体制，"瓦尔纳"的形成有着强大的宗教支撑，那就是婆罗门教及其教义。在婆罗门神话里，四大种姓是从宇宙的最高神"梵天"的身体里生出来的，《梵书》中这样唱颂道："梵天"的口里生出婆罗门，肩上生出刹帝利，脐处生出吠舍，脚下生出首陀罗，贱民甚至下贱到不配由梵天生出。人创造了神，反过来又匍匐在神的膝下，由神来主宰自己的命运和尊严。

婆罗门教最主要的教义体现为三大纲领：吠陀天启、祭祀万能和婆罗门至上，其中贯穿了婆罗门教的三大基本原则，即法、因果报应和来世重生。

吠陀天启：梵天是创世主，宇宙和人间的一切"法"（即秩序），包括贫穷富裕、种姓贵贱，都是梵天的意旨，不可违犯。

祭祀万能：贫贱是梵天对前世造下罪业的那些人在今生的惩罚，这就是因果报应。造罪之人必须受报，当然也可以通过献祭来尽快消业，以获得来世的新生。在种种献祭的供品之中，土地最被青睐，得到的评价最高，据说它可以消除献祭者的一切罪孽。

婆罗门至上：婆罗门是至上神"梵天"在人间的永恒代言人，神圣不可侵犯，任何其他种姓永远不可能成为婆罗门。

神授的教义成为控制人们心灵最有效的手段，三大纲领及其原则成为种姓制度的合理性及合法性基础。而梵天永恒代言人的身份则使得婆罗门由此垄断了祭司阶级，永远成为世俗阶级的最高种姓，其高贵甚至超越国王种姓刹帝利。婆罗门以精神领袖的身份提出自己的主张和要求，并借刹帝利等其他种姓之手实现。

在神意外衣的庇佑下，婆罗门祭司们充分利用了各种文化、经济和政治等世俗手段来集中权力、聚集财富、扩大收益。他们使用《梵书》等教义宣传手册来统一思想，表达诉求；通过大量的祭祀活动来统一行动；通过刹帝利制定法律"达摩"来制裁异端。

婆罗门运用他们的学识和谋略获得了极大的成功，但不幸或幸运的是，神的教义未能说服所有人。一些愿意主动思索宇宙、社会和人生的人和他们的信仰逐渐成为了婆罗门的麻烦，佛陀和他的佛教便是其中的代表。

实际上，在东方文化的基因中，从来对信仰外在的神及其绝对权威没有太多兴趣，他们真正信仰的是自己，幸福绝非拜神所赐，命运完全取决于自己。不仅如此，法、因果和重生等婆罗门教义经过改造同样成为了佛教的核心思想，变成反对婆罗门教义最有力的武器。有盛必有衰，盛衰的因果律在婆罗门自己身上也毫无例外地得到了应验。

此外，虽然婆罗门教及其种姓制度为祭祀阶层暂时赢得了巨大的政治和经济收益，但这也使得他们站在了所有其他种姓的对立面。一方面，刹帝利和吠舍们通过战争和商业经营，获得了大量的土地、人口与财富，但他们没有享受到相应的政治和宗教地位，反而处处遭到婆罗门神权的蔑视。另一方面，首陀罗和贱民们的队伍则由于战争俘虏和破产者的增加而迅速庞大，在祭司们无休止的压榨和摧残下，他们的生活濒临绝境，对来世重生彻底绝望，愤怒已经被压抑到了极点。

表面的平静之下涌动着暗流。这样，当各种身份角色和生活处境迥然不同的反对者们却对种姓制度表现出高度一致的愤怒和反对时，就最终引发了公元前五六世纪的印度宗教改革。

第三节　沙门思潮

早在佛陀诞生以前，婆罗门教便已经发生了分化。有人对祭祀万能表示怀疑，有人公开否认梵天（婆罗门教的创世主）的存在。一种新的思想——《奥义书》思潮在婆罗教内开始孕育成熟。《奥义书》的思辨哲学强调世界的精神本原"梵"，以"梵我如一"为人生解脱的目标。这标志着"祭祀万能"的宗教观念正被扬弃，更深刻的解脱学说正在形成。

到公元前 6 世纪，对立于婆罗门教一方，出现了由诸沙门组成的社会异端。

社会矛盾总爆发的过程，也就是思想文化领域大碰撞、大发展的过程，最后形成了以婆罗门教和诸沙门思潮为代表的两大文化阵营。佛教便是在这样的环境之中孕育产生，成为沙门阵营中的一支，并在与各种思潮的碰撞交汇之中不断完善壮大，最后脱颖而出，成为唯一取代婆罗门教统治地位的文化模式。

从世界思想文化史的大背景来看，这一时期正处于世界文明的轴心时代，从西方到东方，出现了一批思想巨人及告别传统文化观的新文化学说。其中，以犹太众位先知、中国儒家思想和道家思想、印度佛教和古希腊哲学这四大文化系统最具有代表性，它们对各自文明乃至人类所产生的影响，直到今天依然显著而深刻。

沙门是印度语的音译，原指以出家生活为中心的宗教活动。

沙门僧侣通过林栖苦行，将人的生理欲望降到最低，以追求精神的超越境界。当时的沙门思想复杂多样，除佛教外，又可大致分为六大流派，佛教称之为"六师外道"。①

这个异端的成分比较复杂，观点繁多，耆那教称它共有"三百六十三见"，佛教则称有九十六种"外道"或"六十二见"。他们或主张怀疑论，或主张宿命论，也有的主张非道德论，其实质则是对于现实社会的批判。从思想文化的角度讲，在这种社会条件下，相应地出现了"百家争鸣"的局面。

不少沙门流派彼此也并不买账，常常互相攻击，他们之所以成为同一阵营，是因为他们都反对婆罗门先定论和永恒论。此外，强烈的批判性和反思性也是沙门思潮的共同特征。

佛教在形成过程中除了吸收其他沙门团体和婆罗门教的思想外，据说还受到佛陀所在的释迦部族传统信仰和其他土著文化信仰的影响，而它之所以能超越诸沙门而取代婆罗门教，根本在于它所提出的种姓平等思想。

佛陀认为划分种姓本身就是荒谬的，一切众生皆平等，人人都有闻法受益的权利，这使佛教的产生顺应社会发展的要求；而用各地民众听得懂的白话和方言传教的灵活做法，也使佛法的平等观和亲和力深入人心，为其迅速传播大开方便之门。在佛陀看

---

①　根据《佛学大辞典》释义，六师外道，又作外道六师，指古印度佛陀时代，中印度（恒河中流一带）势力较大之六种外道。外道，指当时除佛教以外，反对婆罗门思想的自由思想家，及其在一般民众社会中所流行之思想体系。六师外道的代表人物及其观点如下：一、珊阇耶毗罗胝子，怀疑论者。不承认认知有普遍之正确性，而主张不可知论，且认为道不须修，经八万劫自然而得。二、阿耆多翅舍钦婆罗，唯物论、快乐论者。否认因果论。三、末伽梨拘舍梨，宿命论之自然论者。主张苦乐不由因缘，而唯为自然产生。四、富兰那迦叶，无道德论者。否认善、恶之业报。五、迦罗鸠驮迦旃延，无因论之感觉论者。认为地、水、火、风、空、苦乐、灵魂为独立之要素。六、尼乾陀若提子，耆那教之创始人。主张苦乐、罪福等皆由前世所造，必应偿之，并非今世行道所能断者。

来，为帮助一切众生而行善巧方便的做法是最究竟的慈悲和智慧。

佛教也属沙门思潮。从思想文化的渊源关系考察，佛教的产生无疑是受释迦族部族宗教和雪山以南的印度土著文化的影响；《奥义书》中的思辨和反婆罗门教的沙门思潮给予佛陀以最强烈的影响。佛陀同时代的人常称他为"沙门释子"、"沙门乔达摩"，表明他不过是当时众多的沙门思想家中的一人而已。佛陀在动荡的时代与激烈的思想斗争中成长起来。他广泛吸取当时的各种知识与思想，经过学习、批判、汲取，从而形成了自己的思想体系，由一个沙门思想家成长为伟大的宗教家。

佛陀成道后45年间奔走于中印度各地，他在世时佛教肯定有了发展，但规模尚难断定。他辞世后，佛经上说印度大陆有八个国家供奉他的骨殖舍利，即信奉他的教说。到孔雀王朝（约公元前324—公元前187年）时期，特别是阿育王时（约公元前268—公元前232年在位），佛教得到了很大的发展。在印度境内得到了空前广泛的传播，同时开始走出本土，成为世界性的古代宗教。

第二章

释迦牟尼佛

在早期的佛教典籍中，并没有关于释迦牟尼生平的完整记录。释迦牟尼主要事迹散见于佛教各部派后来编成的经、律之中，从中大体可勾勒出释迦牟尼的生平及创教活动的轮廓。

第一节 释迦牟尼佛的经历

释迦牟尼，名悉达多，族名乔达摩。大约生于公元前565年，现在尼泊尔王国境内的迦毗罗卫王国。关于佛陀的圆寂时间，历史上说法不一，但大致可以推定为公元前490年至公元前480年之间。释迦牟尼是佛教徒对他的尊称，释迦是古印度种族的名称，牟尼是"圣人"、"贤人"或"寂默"的意思，释迦牟尼的意思就是"释迦族中的贤人"。

释迦牟尼出身于刹帝利阶层，他的父亲是当时中印度城邦国迦毗罗卫国的国王，名首图驮那，汉译为净饭王，他的母亲摩耶夫人为当时天臂城国善觉王的长女——摩诃摩公主。在净饭王年逾五十的时候，传说年已四十五岁的摩耶夫人夜里梦见一头巨大的六牙白象扑向怀中，自左胁进入腹内，夫人大惊而醒，未过多久便怀有身孕。

印度古代风俗讲究妇女生小孩一定要回娘家去生产，否则就会不吉利。在摩耶夫人回娘家时，路过蓝毗尼花园，花园里有一棵美丽的无忧大树。摩耶夫人走到这棵大树旁时，悉达多太子要降生了，摩耶夫人顺势将右手攀着这棵大树的树枝，悉达多就从母亲的右胁下降生了。蓝毗尼花园的遗址，现在由尼泊尔政府作为古迹佛教圣地而受到保护。

蓝毗尼花园

7世纪时，我国玄奘法师曾到过蓝毗尼。根据他的记载，他曾经看到在他之前八百多年阿育王在那里建立的石柱，标志着佛陀诞生之地，但当时石柱已被雷击倒，已经是衰落不堪的景象了。后来由于没有人能够认识柱上的文字，所以佛陀诞生地一直不被人知晓。直到1897年才被人发现了阿育王的石柱，考古学家才发掘出蓝毗尼的遗址，还在附近发掘出古代的城镇。

在太子降生的时候，出现了很多瑞相。根据《金刚仙记》记载，有三种奇异瑞相，一是能够运用神通妙力凌空而行，二是自然出现七宝莲花承接佛足，三是行走之时足底离地四指之高，使佛的足底千幅轮相，印映地上分分明明。东西南北各行七步，一手指天，一手指地，说道："天上天下，唯我独尊。"话如狮子作吼，惊天动地。同时还有九条龙吐出香水，像细雨一样的从空降下。我国傣族的泼水节的由来就与此有关。地上又自然涌出了两个水池：一个热水，一个冷水，供太子沐浴洗澡。至今佛教寺庙，为了纪念佛的诞辰，每年农历四月初八，都举行一次规模盛大的浴佛节，这是中国佛教传统的最大节日。

据说，悉达多太子降生之时，十方世界光明普照。中国人也看到了五色祥光入贯太微星。当时周昭王看到这一景象，惊奇万分，忙问这是何征兆？大臣苏由启奏说："西方有大圣人出世。"又说："却后千年，圣教流传中国。"

悉达多太子降生后，有一位大臣骑着骏马飞奔回宫报喜。净饭王知道摩耶夫人生了太子，心中欢喜，就燃香请来了著名的阿私陀仙人为太子看相。阿私陀仙人双手捧着太子，从头到脚，仔仔细细看了又看，最后他把太子高高举在自己的头上，立即哇哇地哭了起来。

净饭王觉得奇怪，就问仙人："你为什么哭呀？难道太子的相有什么问题？"仙人说："不，太子的相实在太好了，真是福慧具足，相好庄严，他具足三十二相。世界上只有两个人，有三十二相。一个是佛，一个是转轮圣王，但是转轮圣王的三十二相与佛的三十二相，是不能比的。现在悉达多太子的三十二相，是相相分明，部位端正，将来一定是出家成佛的。我已经是一百二十岁了，等到太子成佛，说法度众生时，我已经死了，不能亲见佛的金身，不能够亲闻佛的妙法了，所以我心里感到悲伤。"

太子诞生后的第七天，他的母亲摩耶夫人就去世了。佛教认为，摩耶夫人生了释迦牟尼佛，福德智慧增长，依因感果，就升到了忉利天上，也就是我们所说的欲界第二层天，在须弥山顶上，又名地居天。东南西北各八天，中间一天，是帝释天主，名叫释提桓因，汉译为能为主，意即能为三十三天的天主。

摩耶夫人升天之后，太子就由姨母大爱道夫人抚养长大。后来她也跟佛出家成道，是佛教历史上的第一个比丘尼，人们为了纪念她，将比丘尼住的地方称为爱道堂。

净饭王希望太子将来继承王位，传宗接代，不愿他出家成佛，就想尽办法，用世界上最好的色、声、香、味、触五尘欲境来诱惑太子的清净身心，特别是从生活上羁縻他，悉达多太子十六岁时，净饭王便为他娶了邻国的王女耶输陀罗为妃，生了一个儿子叫罗睺罗。但是这一切都没有能够阻止他，终于在一天夜深人静的时候，他偷偷地出了国城，进入一片森林中，换去了太子的衣服，剃去须发，成为一个修道者。

悉达多太子出家的过程充满了离奇色彩。相传，悉达多太子在十七岁的时候，由于久居深宫之中，心里很想到外面花园去游玩游玩。父王就派了许多大臣和宫娥彩女，陪同太子出游。另外命令一位最有智慧的大臣，跟随太子以便顾问酬答。

太子首先要到东门花园，在路上看到一位老人发白面皱、驼背弯腰，步履蹒跚，令人目不忍睹。正如唐代净土宗的实际创始人善导大师所言："渐渐鸡皮鹤发，看看行步龙钟；纵绕金玉满堂，难免衰老病残。"太子见惯了宫女们花枝招展的美妙景象，哪见过这般惨相，就问："这是什么人呀？"侍臣答曰："太子，这是老人呀！"当时太子触景生情，想到自己也会有老的一天，就感到郁闷不乐。由此就放弃了游玩的想法，回宫去了。

悉达多太子回到宫中不几天，就又请求出去游玩。这次他们到了南门，碰到一个病人，躺在路旁痛苦地呻吟着，样子十分可怜。太子又问："这是什么人呀？"答曰："这是病人呀！"太子被眼前病人的痛苦惊呆了。佛教认为，我们身体是由地水火风四大组合而成的，人生病是缘于四大不调造成的。世界上的人，哪一个人能够不生病呢？想来想去，想不出一个解决病苦的办法，又感到十分郁闷，无心游览而回宫去了。常言道："病到方知身是苦，健时都被五欲（财、色、名、食、睡）迷。"所言不无道理。

两次出城门的经历引发了太子对人生的无限感慨。第三次太子向父王请求出去游玩，到了西门。刚巧又看到一簇人抬着一具死尸，脓血流溢，恶臭难闻。随行的亲属号啕大哭，捶胸顿足，令人惨不忍睹。佛教认为，人死是四大分散，百苦交煎性命交关的时刻。悉达多太子忙问，"抬着的那人是什么人啊？"答曰："这是死人啊！"太子想到人生必有一死，心中充满了迷茫和惆怅。

太子第四次出游到的是北门，突然间对面来了一位仪表堂堂的沙门。那沙门身穿袈裟，一手持钵，一手拿了一根锡杖，安详地走了过来。悉达多太子见后，顿生喜悦，就对这位沙门合掌恭敬地问道："你是什么人呀？"答曰："我是比丘。"太子又问："比丘是做什么的呢？"答曰："比丘是出家修行求道的僧人。我们出家人，一心修道，可以解决自己和一切众生的生老病死四种最大的痛苦。"太子被他的话所打动，正想再进一步向他求教，但是刹那间，抬头一看，这位沙门忽然不见了。太子心中悲喜交集，有一种莫名的感动和震撼。经上说，太子在游四门时候，路上所看到的老病死苦，和一个出家修道的比丘种种情景，这都是净居天人为了要帮助太子出家成佛而化现出来的，作为助道因缘。

终于，在悉达多19岁的时候他下了出家学道的决心。在二月初八的夜里他到寝宫看望了妻子和儿子，然后与仆人车匿策马出城，断然出家修行。当时，他发誓道："我若不能求得正觉，度脱众生于生死海中，誓不再回迦毗罗城。"

净饭王曾派王师大臣带着侍从去追劝儿子返国回家以待将来继承王位，但诸位臣使没有办法劝他放弃出家的信念，只得留下五个人侍从悉达多，然后一行人回到迦毗罗城去报告净饭王。

释迦牟尼在尼连禅河边苦修六年，露天静坐思维，每天食用一麻一米，最后，"身形消瘦，有若枯木"。佛祖后来悟到苦修无助于解脱，决定放弃苦行。

于是，他到尼连禅河中洗去身上六年的积垢，因身体虚弱而无力上岸，拉住了一根树枝。这时，有一位牧羊女向他献了乳糜（奶粥），释迦牟尼吃后恢复了体力，他到距离河边十里远的一棵荜波罗树即菩提树下，在一块大石头上敷上吉祥草，面向东方盘腿结跏趺坐（即脚背放在股上，脚心朝上），并发誓说："我今若不证无上大菩提，宁可碎是身，终不起此坐。"（《广方大庄严经》）终于在第七天（有说四十九天）十二月八日早晨，明星出现的时候，大彻大悟，悟出了"四谛"法门。

传说释迦牟尼成佛后，又在树下静坐了七天，观察思考、探索弘传教理、度化众生的方法。他首先想到的是离他而去的那五个人，于是便利用天眼通——观察十方世界的特殊能力，发现憍陈如等五人正在波罗奈城附近苦修，释迦牟尼起身到鹿野苑找到

菩提树下悟道处

他们，初转法轮，为五位侍从第一次宣讲"四谛"法门与八种正道，使他们成为最早的佛弟子。

后人称释迦牟尼最早度化的这五位弟子为五比丘，即我们汉传佛教所说的和尚。此时，佛教所说的世间三宝：佛宝释迦牟尼、法宝四谛圣法、僧宝比丘（和尚）全都具备了。

释迦牟尼成道后，就四处向大众宣传自己所悟到的"真理"，他的传教区域主要集中在中印度地区，先是带领弟子到处游化，后来主要居住在舍卫城的祇园精舍（即寺庙）和王舍城的竹林精舍为众人说法。

释迦牟尼的传教充满了艰辛。有一次在某地传教，一位年轻妇女被人收买，把一只木盆藏在怀中，到佛祖的住处纠缠，说是释迦牟尼与她私通怀上身孕后将其抛弃。正闹得不可开交之时，幸亏这位妇女不小心让木盆掉在地上，使她的诬陷谎言不攻自破。

释迦牟尼前后说法49年，谈经三百余会，到了80岁的时候，三藏（佛教典籍的总称，共分为经、律、论三部分）教法已经齐备，这时他感觉自己的体力已经衰竭，将不久于人世，终于在他出行的路上一病不起。释迦牟尼感到寿限已尽，便在拘尸罗城（印度北方邦境内）外的希拉尼耶伐底河边的一片茂密的娑罗林中，安置绳床，枕着右手，侧身而卧。圆寂前他安慰大家说：佛法永存，佛法无边，"有生必有死，精进勿懈怠"，然后涅槃。

佛涅槃像

释迦牟尼圆寂后，遗体被火化，其舍利（意为尸体或身骨。相传释迦牟尼遗体火化之后结成珠状物，后来也指德行较高的僧侣死后烧剩的骨头）由摩揭陀等八国分得各自建塔安奉，成为信徒们顶礼膜拜的对象。这骨灰后来又由阿育王加以重新分配，收藏在全印度建造的八万四千多个佛舍利塔。此为后世佛塔的滥觞。

第二节　初转法轮

释迦牟尼佛从菩提树下得道以后，观察到五比丘的善根已经成熟，就到波罗奈国的鹿野苑去化度他们。佛陀首先为憍陈如等五比丘演说的是"四圣谛"（Four Truths），"谛"即真理之意。这是因为佛陀说缘起法是很难理解的妙理，不是未起信的人所能理解接受的，所以善巧方便，把"缘起"的妙理重加组织，以"四圣谛"表达出来。

"四圣谛"和"十二因缘说"、"业报轮回说"等有着内在的联系。这些学说相互交织、密切联系，其大纲则是四圣谛说，核心是阐发佛教的人生观。

佛教理论的实质内容是讲世界是苦的，只有信仰佛教才能找到摆脱痛苦的道路。佛教认为现实世界就是个痛苦的过程，所谓"苦海无边"。为此，他们提出了一套说明苦难和解决苦难方法的学说，即"四谛说"。

"四谛说"是佛教各派共同承认的基础教义，所谓"谛"，有"实在"或"真理"的意思，"四谛"意为"四条真理"，即佛教关于人生苦恼和摆脱苦恼的四大真理。四谛包括苦谛、集谛、灭谛和道谛。

一、苦谛

苦谛：概言之是讲包括人在内的众生的生命、生存就是苦。苦的含义，主要不是专指感情上的痛苦，而是泛指精神的逼迫性，即逼迫恼忧的意思。

佛教认为，一切都是川流不息、变化无常的，由于众生为无常患累所逼而不能自我主宰，因此没有安乐可言，只有痛苦。这一教义，成了全部佛教的出发点。

佛典关于"苦"的分类很多，有三苦、四苦、五苦、八苦、九苦、十一苦乃至一百一十种苦等无量诸苦。

《增一阿含经·四谛品》中有一个代表性的说法："彼云何名为苦谛？所谓苦谛者，生苦、老苦、病苦、死苦、忧悲恼苦、怨憎会苦、恩爱别离苦、所欲不得苦，取要言之，五盛阴苦。是谓名为苦谛。"

这八苦可以分为两类：第一类生老病死，认为人生的自然过程是苦；第二类，忧悲恼、怨憎会、恩爱别离和所欲不得，把主观愿望不能满足说成是苦；最后归结为"五盛阴苦"，"五阴"是佛教对"人"的一种特殊称谓，"五盛阴"指对人生的爱恋和追求，以此为苦，也就是以人的存在本身为苦。

总之，人生在世，甚至在娘胎的时候，总离不开一个"苦"字。

中国僧人更是附会说，人的面容就是"苦"字形：眼眉是草字头，两眼和鼻子合成十字，嘴就是口字。

佛教还在时间和空间两方面把人生的苦加以扩大化、绝对化，宣传人生的过去、现在和未来三世皆苦；又宣称人间世界是火宅，是无边苦海，即所谓"三界无安，犹如火宅"；芸芸众生，囚陷于熊熊火宅之中，备受煎熬。

以人生为苦的判断，以及由此带来的悲观厌世思想，反映了当时社会的动荡和人生的离乱所造成的种种不幸，是当时的黑暗现实在人们思想中的表现。

因为有着烦恼情绪的牵引，人生一切无不是苦，佛法归纳了众生常见的8种苦恼，以人为例：

（1）生苦：人的新生是上一次死亡的结束，也是下一次死亡的开始。因此，每个人在呱呱坠地之前要经受母腹之苦，又带着哭声来到这个五浊恶世，而且从降生时起就必须无奈地迈向新的死亡。

（2）老苦：因为人体由各部分和合而成，因此随着时光流逝，不断遭受无常的侵袭，不可避免地走向衰朽，所以老化是从生到死所必经的过程。当人费尽心力想留住不可留的青春时，结果注定失望，因此引起强烈的苦恼情绪。正所谓："莫道老来方学道，孤坟多是少年人；此身不向今生度，更向何生度此身？"

（3）病苦：人的身体是内外一体的系统，任何一个点出现不平衡，身体就会出状况。中国传统阴阳五行说认为，人体与自然的组合和运行原理是一致的；正如自然界四时的变迁，会有风雨冰霜，旱涝虫灾，身体生病也是不可避免的。心病引起身病，身病加重心病，身心的灯油受到病痛的煎熬，苦不堪言。

（4）死苦：人活着一天，就时时处处面对着老病与横灾，终难逃一死的命运。但是，人所固有的"我执"的习气又强烈地抗拒死亡，人是不能体悟死亡即是新生的真相，因此当组成身体的地、火、水、风四大假和开始分离，诸识渐次离去的时候①，肉体的痛苦和心神的散乱让人饱偿命终之苦。不仅如此，佛教认为由

---

　　① 佛教认为人的身体由地（骨骼）、火（温度）、水（体液）、风（呼吸）组成，当临终时，四大分离，人由于对身体的执着，会感到非常痛苦与绝望。再者，佛教认为人的感觉（识）分为8种，分别是眼、耳、鼻、舌、身、意、末那、阿赖耶等诸识，当人临命终时，诸识按照上述次序渐次离开人体。

于生前的业力，临命终人眼前会出现种种光怪陆离的幻象之光，由于人的"我执"习气和对欲望的贪着，丧失判断力，往往会避开炫目的解脱智慧光，而选择投入柔和舒适的六道轮回光之中，从而开始新一轮痛苦的生死循环。佛教把人的生病叫做"四大不调"（四大指地、水、火、风等四大构成宇宙的元素），人的死亡叫做"四大分散"。所以，人在临终之前，也就是四大分散的时候，充满痛苦；家属亲友千万不要在临终的人面前悲戚痛哭，而是要大声念佛帮助病人往生西方极乐世界。

（5）爱别离苦：因为缘分的无常聚散，我们和喜爱的人及事物注定只能在短暂地相会后马上分离，再次相聚却遥遥无期，所谓永不分离只能是一个美好的幻想。正所谓："相见时难别亦难，东风无力百花残。"

（6）怨憎会苦：同样是因为缘分的无常聚散，我们同憎恶的人及事物却经常不期而遇，让人叹怨徒然，正所谓"不是冤家不聚首"。

佛教当中开出一系列的药方来对治"嗔恚"。大乘佛教的伦理思想的核心是宣讲慈悲，而慈悲的目的也在于一个"和"字上，即在于人与人之间、众生之间的相处和谐上面。所谓"大慈与一切众生乐，大悲拔一切众生苦"（《华严经》），乃是佛教"利他"精神的集中体现。在人际关系的处理上，佛教十分推崇"忍辱"的品行，将之作为大乘佛教的"六度"之一。正所谓"忍辱度嗔恚"。

《佛遗教经》中说："嗔恚能破诸善法，坏好名闻，今世后世人不喜见"；又说："嗔恚之害甚于猛火，常当防护，勿令得入。劫功德贼，无过嗔恚。"可见，嗔恚是破坏人际关系和谐的最危险的因素。

明代的蕅益智旭大师曾以"三拼"而出名，即："拼得饿死、冻死、被人欺负死，终也不发一言，与人争是非、论得失，何况有复仇报复之事？"说明佛教中的确把忍辱作为修行的最重要品行。

菩萨修行的"三难妙行大关"中将"难忍能忍"作为修行的重要一关（另外两关是"难行能行"和"难舍能舍"）。而忍辱的最终目的是"度嗔恨"，从而达到人与人之间、众生之间的和谐相处。

（7）求不得苦：想要的得不到，不想要的偏偏来，真叫人无可奈何！佛教看到了贪欲对人的负面作用。《佛说八大人觉经》中说："生死疲劳，从贪欲起；少欲无为，身心自在。"《佛遗教经》中又说："行少欲者，心则坦然，无有忧畏，触事有余，常无不足。有少欲者，则有涅槃。"其中将少欲与涅槃的思想联系起来，足见少欲在佛教中的作用和地位。少欲可以减少众生之间的争斗，从而达到众生之间的安定团结。

（8）五阴炽盛之苦：五阴指人的身（色）、心（受、想、行、识），本是行阴迁流，刹那生灭的。而人却因此欲火焚身，不停追逐，神躁心苦。

二、集谛

集谛是揭示人生痛苦的原因，它是早期佛教的理论基础。佛教认为，一切苦恼的原因是贪求欲望，称之为"爱"。佛教有时把"贪"、"嗔"（发怒）、"痴"（不明佛理）看做万恶之源。之所以有贪爱的欲望，据称由于"无明"（无知，"痴"），而贪爱欲望得不到满足，就会产生愤怒感情，进而发生争斗，带来痛苦。

佛教的这些说教大体可以用"十二因缘说"和"业报轮回说"

23

加以概括。

集是集聚、招感的意思。人生的种种苦因来自于烦恼的集聚和招感的业力，因为业力也是由烦恼所招感，所以苦因的根本是人的烦恼。在人不可尽数的各种烦恼中，佛陀归纳了贪、嗔、痴、慢、疑、不正见等六种，称之为根本烦恼；其中贪、嗔、痴被提到最多，称为"三毒"，而贪则被认为是毒中之首。贪是指众生对于财、色、名、食、睡等各种欲境产生种种贪爱的妄想心。

佛教在分析苦难和造成苦难的原因的时候，提出了"十二因缘"说。

佛教用"十二因缘"说来解释人六道轮回的原因和过程。而佛教对从无明到老死这一由十二个环节组成的生命流转链条的说明，也是佛教基本教义之一。

佛教认为一切事物和现象的产生、变化皆有一定的因缘。"因"为内因、根本原因；"缘"为外因、条件；有时"因"、"缘"通用，因为"缘"也是一种原因。由因缘而生起叫做"缘起"。佛经里称之为"此有"所以才"彼有"，"此无"所以才"彼无"；"此生"所以才"彼生"，"此灭"所以才"彼灭"。

"十二因缘说"是把人生命的起源和过程分作十二个彼此成为条件或因果联系的环节。即愚痴无知（"无明"）引起了意志（"行"），由意志引起了精神统一体的识（"识"），由识引起了构成身体的精神（"名"）和肉体（"色"）；有了精神和肉体，就有了眼、耳、鼻、舌、身、意（心）等六种感觉器官（"六入"），有了感觉器官也就引起了和外界事物的接触（"触"），由接触引起了感受（"受"），由感受引起了贪爱（"爱"），有了贪爱就有了对外界事物的追求取着（"取"），由取着引起了生存的环境

（"有"），有了生存的环境就有了生（"生"），有了生也就必有老死（"老死"）。

所谓："无明缘行、行缘识、识缘名色、名色缘六入、六入缘触、触缘受、受缘爱、爱缘取、取缘有、有缘生、生缘老死忧悲苦恼。"意思是众生由于过去一念无明，便有行为造作；有行为造作，便有入胎之识；有入胎之识，便有现生之胚胎；有了胚胎，便具备眼、耳、鼻、舌、身、意等六根；出胎后，六根就会有六种触觉；有六种触觉便有六种感受；有感受便懂得爱；懂得爱之后就会执着，极力去夺取；有所夺取便会形成未来世之业因；有了未来之业因，就会领受来世之生，有生就必然会有老死及一切忧愁悲伤苦恼。

十二因缘的中心内容是说，人生的痛苦是"无明"所引起的，只有消除了无明，才能得到解脱。

许多佛教著作把十二因缘说与轮回说教结合起来，提出所谓"三世两重因果说"。他们宣称：在轮回中十二因缘是涉及前世、今世和来世的，十二因缘中的"无明"和"行"是前世因；而中间的"识"、"名色"、"六入"、"触"、"受"是今世果；"爱"、"取"、"有"属今世因；"生"、"老死"是来世界，以此来论证只有信仰佛教，消除"无明"，才能摆脱生死轮回。

十二因缘说用"缘起说"解释人生命本质及其流转过程，构成了早期佛学的重要部分，这一理论反映了客观事物的最普遍的存在状态，具有辩证法的因素。

释迦牟尼把十二因缘和业力轮回的思想联系、统一起来，用"业报轮回说"来说明众生的不同命运。在此，"业"指能够导致果报之因的行为。"业"是梵文的音译，音译"羯磨"，意思是

"造作"。业分身（行动）、口（言语）、意（思想）三类，也就是人的一切身心活动。任何思想行为，都会给行为者本人带来一定的后果，这后果叫做"报"或"果报"。

业有一种不导致报应决不消失的神秘力量，叫做"业力"；"业力不失"是联结因果报应的纽带。作什么性质的业，得什么性质的报，这就是佛教宣扬的善有善报，恶有恶报。所谓轮回，轮是车的轮盘，回指车的转动；轮回是譬喻众生的生死流转，永无终期，犹如车轮旋转不停。

佛教宣称一切生物包括人类在内都在不断的轮回中生活。轮回有六条道路：天、人、阿修罗（魔鬼）、畜生、饿鬼、地狱。一个人今生的行为符合佛教的"法"（佛教制定的行为规范），来世即可得到理想的转生，违背佛教的"法"，就要变成饿鬼、畜生，或堕地狱。

"业报轮回说"，一方面具有宿命论的成分，宣扬今世的境遇、命运是由前世所造的业决定的；另一方面，又重视发挥主体的主观能动性，强调个人造"业"的作用，强调个人的命运都是自作自受，这和由上帝从外部主宰人的命运的说法不同，客观上对人们的行为有劝诫和约束作用。

三、灭谛

灭就是熄灭苦之因，趣向解脱的正果。佛陀在此处向众生表明只要依法修行，断灭心中的贪、嗔、痴等各种烦恼，就不会再造业，自然也就不会受业力牵引而流转生死，从而达到不生不灭的涅槃境界。

灭谛实际上是指灭除了贪爱欲望，断灭了产生苦恼的根源，获得精神的绝对自由。佛教称这种最高的理想境界为"涅槃"。

"涅槃"是梵文的音译，意译作"圆寂"、"灭度"等。

涅槃的分类很多，通常分为有余涅槃和无余涅槃两种。

有余涅槃是指断除贪欲，灭绝烦恼，即已断灭生死的因，但作为前世惑业造成的果报身即肉身还存在，仍然活在世间，而且也还有思虑活动，是不彻底的。

无余涅槃是比有余涅槃更高一层的境界。在这种境界中，不仅原来的肉体不存在了，而且思虑也没有了，灰身（死后焚骨扬灰）灭智，生死的因果都尽，不再受生，是最高的理想境界。

《阿含经》说："贪欲永尽，嗔恚永尽，愚痴永尽，一切烦恼永尽，是名涅槃。"

佛教坚决反对把涅槃理解为死亡。因为按佛教教义，死与再生是联系起来的，死亡不过是众生从一个轮回阶位到另一个轮回阶位的转变；而涅槃的根本特点，就是超越生死轮回，这些说法使"涅槃"带上了极神秘的宗教色彩。

对于证得涅槃境界的时间问题，有两种说法：一种是今生证得，即肯定佛祖释迦牟尼在今世证得没有生老病死、没有痛苦的涅槃境界；另一种认为证得涅槃要继续努力几个世代才能实现。

四、道谛

"道"即是通向解脱的大道。佛陀所讲的解脱大道称为三十七助道品，其中主要的圣道叫做八正道；他们分别是"正见"（排除怀疑、误解和成见）、"正思惟"、"正语"（不使用不慎之语、诽谤之语和刻薄之语）、"正业"（行为举止无可指责）、"正命"（按照道德规范的要求谋生）、"正精进"（任何时候都能够按佛法办事）、"正念"（禅定境界中正确的思维）和"正定"（禅定中的良好心境）。道谛是达到灭除痛苦、进入涅槃境界的方法和途径。

所谓正见，即具备远离邪非的见解，如实地认识宇宙人生的面貌，也就是把握了四谛的内容；正思惟，即指离开世俗的主观分别，离开邪妄迷谬，以佛教的方法追求智慧，思考问题；正语，即纯正净善的语言，合乎佛法的言论，也就是不说谎言，不出恶言，不胡乱夸张，不诽谤他人等；正业，即正当的合乎佛教要求的活动、行为，也就是不作一切恶行；正命，即正当的生活，远离一切不正当的职业，如诈现奇特、自说功德、星相占卜等，都在被反对之列；正精进，即主张自觉努力，去恶从善，反对懈怠与昏沉，向解脱的正确方向努力修行；正念，即坚持正法，铭记佛的教化；正定，即正确的禅定，即正身端坐，专心一志，身心寂静。

虽然一般人进入不到佛教那种禅定状态，但为了得到正确的智慧，适当地活用此等智慧，在日常生活中可以使心安静下来，达到心如明镜止水的境界，也就是正定的展现。

八正道为佛教徒的修持方法确立了原则、奠定了基础。

八正道还可以归结为戒、定、慧"三学"，其中的正语、正业、正命属于"戒"；正念、正定属于"定"；正见、正思惟属于"慧"；正精进是就学佛的态度而言，它也可以说是慧的一种表现，归入"慧"中。戒、定、慧三学互相关联，通常被认为是学佛者修持的全部内容。

到了大乘佛教时期，为了实现"普度众生"、"自觉觉他"的宗教理想，相应地又将以个人修习为中心的戒、定、慧三学扩充为具有广泛社会内容的"菩萨行"——"六度"。

"度"是梵文 Pāramitā（波罗蜜多）的意译。"波罗蜜多"，又译作"到彼岸"。"六度"的意思是由生死此岸度人到达涅槃彼岸的六种途径和方法，这是大乘佛教修行的主要内容。

"六度"的内容包括：布施度（指用自己的财力、体力和智力去救度众生出苦海）悭吝、持戒度（通过守持佛教戒律求得解脱）毁犯、忍辱度（安于苦难和耻辱的修行）瞋恨、精进度（在普度众生的修行过程中，努力不懈，绝不退却）懈废、禅定度（通过修习禅定获解脱，大乘佛教重视将禅定活动贯穿到普度众生的教化事业中去）散乱、智慧度（用佛教讲的般若智慧去火除无明烦恼而得度彼岸）愚痴。

在"六度"当中，布施和忍辱两项是大乘佛教在传统的修持方法之外增加的新内容，这可以说是大乘佛教悲天悯人的慈悲观念的突出表现。

"四谛说"也可以概括为"三法印"的思想。所谓"法印"，即"法之印章"，亦即"佛法之特征"之谓。在中国，如果某些经典和法印的思想一致，则被认为是佛的真说，如果与法印的思想相悖，则被判定为不是佛所说。

法印可列举出三种或四种，即三法印或四法印。四法印为：诸行无常、诸法无我、一切行苦、涅槃寂静。其中除去"一切行苦"则成为三法印。

"诸行无常"，是说世界上一切事物现象都不是永恒的，而是生灭变化的。以人为例，佛教认为人的构成有两个方面，心理现象方面与物质方面（身体结构），不论前者还是后者都经常处在变化之中，人生总是离不开生老病死的。很多人正是基于对人生无常的感悟而皈依了佛门。佛教讲"无常故苦"，即人生无常，因此一切皆苦。十二因缘的理论就是系统地阐明人生变化无常、生死轮回的过程，从而说明了人生是一个无限痛苦的过程。

"诸法无我"，即佛教反对婆罗门教主张世界上一切事物和现象都是由最高的实体或终极的原因——"梵我"所演化出来的，认为一切存在都没有独立的不变的实体或主宰者，都是因缘聚合而成的、相对的和暂时的。

佛教把"我"分作两种：一为人我，二为法我。对"我"的执着，叫做"我执"，也称"我见"。我执也分两种："人我执"（"人执"）和"法我执"（法执），这是佛教所要破除的最主要观念。

小乘佛教学者突出强调要破除"人执"。他们宣传人是由形体和精神构成的，是由色、受、想、行、识五种元素（五蕴）组合而成的，假名为人，其实是虚妄不实的，本无有我。好比砖瓦梁椽和合而成房屋，离开这些东西，就不会有房屋的存在。

大乘佛教学者把人以外的其他一切事物看做也和人一样，是各种因素的因缘聚合，也都没有独立自存的实体，是谓"法无我"；从而大乘佛教把诸法无我的意义推广扩展到一切方面，从小乘佛教的"我空法有"发展成为"我法俱空"的大乘佛教特色的理论。

"涅槃寂静"的所谓寂静，就是涅槃的状态。远离烦恼，断绝相累，寂然常住，就称为涅槃寂静。佛教提出诸行无常和诸法无我，最后是要显现涅槃寂静之理。既然一切因缘和合的事物都是无常的，众生就会产生厌世之苦；更进一步认识到一切事物都是无我的，就必然会无所依止，归趋于寂灭，从而为众生指明宗教的出路和未来的理想。

佛教宣传涅槃寂静作为最终的归宿，其境界是非语言思维所能表达和把握的，只有靠神秘的内省式的直觉才能证悟。

四谛说和三法印说构成了佛教的理论基石。不管佛教教义随着历史的发展如何变化，其对基础教义的尊奉一直没有改变。

在四圣谛中，佛陀为众生绘制了一幅清晰的学佛路线图：首先帮助我们认清人生皆苦的本质及苦的各种表现，以提起学佛的动力；其次为我们解说苦的根源，明确要解决的对象；复次明确指出只要依教奉行，人人皆可成佛，以增强众生学佛的信念；最后提出具体的修学内容、次第和方法，供我们依行。

佛陀于毕生弘法之中，无不是围绕四圣谛在谈。初转法轮时，他曾三度演说之，甚至临涅槃前还谆谆付嘱陪伴的弟子们，若对四圣谛有疑惑，可尽快提出来。以"三法印"和"四圣谛"为核心，佛陀后来针对不同根性的众生又陆续演说了"五戒十善"等法门，共同构成了完整的佛教教理体系。

"五戒十善"是佛教伦理道德的基础，"十善"源于"五戒"，而又与"五戒"侧重不同。"五戒"侧重于止恶，而"十善"侧重于行善。

依佛教的观点，恪守"五戒十善"可确保来世投生人天善趣，免堕三途。其中，"五戒"指：不杀生、不偷盗、不邪淫、不妄语、不饮酒；"十善"的内容包括身、口、意三个方面，分别代表了行为、语言和思想，即所谓"身三"指不杀、不盗、不淫；"口四"指不两舌、不恶口、不妄言、不绮语；"意三"指不贪、不嗔、不痴。

概上所述，四谛就是阐述佛教的四种真理：众生的痛苦现象、造成众生痛苦的原因、指明解脱众生痛苦的理想境界和解脱痛苦、实现理想境界的途径。"四圣谛"、"八正道"和"十二因缘"成为释迦牟尼佛悟出的最初真理，也成为释迦牟尼佛所创立的佛教最基本的理论。

释迦牟尼证得大道之后，经过一番思考，决定将他证悟的谛理施与大众，广为说法，让众生普遍受益，他首先想到的是伴随自己修行六年之久的五位侍者。

释迦牟尼向憍陈如等五人宣讲证悟的谛理，五人全神贯注，聆听佛法，心悦诚服。释尊为五人演说了生灭四谛之法；又指出修习"八正道"可以脱出生死的苦海。五人听后，顶礼膜拜，从此皈依了释迦牟尼，被度化为比丘，成为最早的"僧宝"。

至此，佛教的佛、法、僧"三宝"齐备，初转法轮标志着原始佛教的创立。

第三章

佛临终遗嘱

佛陀在云水匆匆的行法中，不觉已过了45个年头。

几十年间，佛陀的故国消亡了；屠灭迦毗罗卫国的拘萨罗国以及它的国君琉璃王也跟着灰飞烟灭；十大弟子中的舍利弗和目键连也离佛而去；曾处处与佛为敌的提婆达多也弃绝人世。此时的佛陀也已是年近八旬的老人，虽然他一如既往地弘法利生，但他深知同娑婆众生的因缘就快要结束了。

于是，他率领追随的弟子，向母亲生他的蓝毗尼走去，准备在那里示寂。

据记载，佛陀在走到吠舍离这个地方的时候，就曾预言不久就要圆寂了；结果，当他走到拘尸那迦的时候，由于重病缠身无法前行了；但他带着疾病仍进行了多达16次的教法开示，足见他对世人毕生的慈悲情怀。

到达拘尸那迦城的娑罗林树下后，佛陀最后一次接受了城内普通工匠纯陀的供养并为他开示，又最后接受了一个婆罗门外道领袖的皈依。之后，佛陀平静地询问众随弟子："我就要涅槃了，你们还有什么要说、要问的吗？"这时阿难陀强迫自己止住伤心，向佛陀请示了四个在心里由来已久的问题。

第一，佛陀在世时，大家以佛为师，那么佛陀入灭后，大家以何为师呢？

第二，佛陀在世时，大家与佛同住，那么佛陀入灭后，大家依何而住呢？

第三，佛陀在世时亲口说法，大家深信无疑，那么佛陀入灭后，若有经典的结集，应如何让众生生信呢？

第四，佛陀在世时，可以亲自调伏恶比丘，那么佛陀入灭后，当如何调伏呢？

佛陀一一做了解答，他说：

第一，我入灭后，大家应以戒律为师。

第二，我入灭后，大家的心应依四念处而住，即观身不净、观受是苦、观心无常、观法无我。

第三，我入灭后，一切经典之首应加上"如是我闻"，此外，一切经典中应包括时间、地点、说法人、参加人等，以示共同约守。

第四，我入灭后，对待确实无法管教的恶比丘，应当采用默摈①的方式，使其孤立而自动离开。

据《佛遗教经》记载，释迦牟尼最后付嘱大家："你们一定要专心修道，精进不退，世间一切都是无常的，千万要记得，对我最好的纪念，就是信法、愿法、行法。"

其中的第二条遗嘱反映了佛教的基本思想。

---

① "默摈"，不理睬的意思。

第一节　观身不净

观身不净反映了佛教的肉身观。

佛教把人的身体看做是"臭皮囊"，所以人的身体是不值得留恋的。

禅宗里面有一首偈："生来坐不卧，死去卧不坐；一具臭骨头，何为立功课？"意思是说，人的身体，本来是一具臭皮囊，还坐什么禅？在佛教修行的观法当中就有"不净观"，比如美女长得很漂亮，男人们被美女的美貌所迷惑。美女死了以后会是什么样？不过几天，尸体就会腐烂，就会变得恶臭难闻。所以，人的躯体是不会永久存在的，早晚会变成一具骷髅。修习这个观法就是修习"不净观"。

在佛教看来，人的身体是"四大"和合而成的，即有地、水、火、风四大构成。人生了病叫做"四大不调"，人死了叫做"四大分散"。所以僧人修行的时候专门到墓地里面观察死尸，从而体会到肉身的变化无常。这就是所谓的"观身不净"。

佛教史上讲释迦牟尼在出家前"四出城门"的故事，就反映了佛对人的肉身变化的认识。可见，释迦牟尼是由于观察人的身体的变化才引起了出家的念头。所以观身不净被列为"四念处"的第一念处。

第二节　观受是苦

观受是苦则是从人体的感受出发得出的结论。佛教理论的出发点就是"众生皆苦",即众生的一切感官觉知都是苦的。正因为众生皆苦,所以佛教才帮助人们在苦海中求得解脱。正所谓"离苦得乐"啊!

佛教认为,我们生存的世间是五浊恶世,充满了邪恶和罪过;又把这个世界称作"娑婆世界",即不堪忍受的世界;也称这个世界是"火宅",即没有什么值得留恋的。人被各种欲望所困扰,不得自在。佛教把人的欲望归结为五大类,即财、色、名、食、睡,所以人生又叫"五欲人生"。

《红楼梦》中则把人的最大的欲望归结为四件事,即功名、金银、娇妻和儿女。

空空道人的《好了歌》把人情世故都囊括进去了,堪称叫绝。

文曰:"世人都说神仙好,只是功名忘不了;古今将相今何在? 荒冢一堆草没了。世人都说神仙好,只是金银忘不了;终朝只恨聚无多,及到多时眼闭了。世人都说神仙好,只是娇妻忘不了;君生日日说恩情,君死又随人去了。世人都说神仙好,只有儿孙忘不了;痴心父母古来多,孝顺儿孙谁见了?"

空空道人参透了人生的真谛,又说"好就是了,了就是好",其中弥漫着佛教苦、空、无我的思想。这也是《红楼梦》能够成为世界文学名著的内在的思想底蕴吧。

苦是人的一个最基本的感受。释迦牟尼佛讲人生苦短,应尽快尽早地学佛,摆脱烦恼。佛教里面把烦恼又称作"结使",还叫做"缠缚"。结使也好,缠缚也好,左边都是一个绞丝旁,也就是说,人的心被捆绑住了,释放不开。所以学佛就是追求"解脱"。

中国台湾作家琼瑶写了一本小说,名字就叫《心有千千结》,意思是说,人的心里有一千个烦恼、一万个烦恼,这个寓意显然是受了佛教的影响。

人通过学习佛法，增长了智慧，就可以认清苦的根源，从而由迷转悟，得到解脱。所以，佛教是讲智慧的宗教。这在释迦牟尼佛的名字当中就体现出来了。"释迦牟尼"有两层意思："释迦"的意思是"能仁"，即佛有慈悲心，普度天下有情众生；"牟尼"的意思是"寂默"，就是用智慧来回光返照，彻悟众生的本来面目。

也就是说，释迦牟尼有两层含义，一个是体现了释迦牟尼佛悲悯众生的悲德，一个是体现了释迦牟尼佛的智慧和智德，所以释迦牟尼佛的含义可以概括为"悲智双运"四个字：一方面是释迦牟尼佛发大悲心救拔众生脱离苦海，另一方面是要靠释迦牟尼佛的智慧才能令众生获得解脱。可见，佛教是非常强调智慧解脱的宗教。

从佛教的理论构成来看，佛教是世界各大宗教中最具有思辨性的宗教。近代历史上著名的佛学家欧阳竟无（又名欧阳渐）先生曾经说："佛教是非宗教非哲学，佛教是亦宗教亦哲学。"这一说法很好地说明了佛教兼具宗教的神圣性与哲学的思辨性的特点。所以佛学的特点就是强调悲智双运、福慧双修，从而让人获得身心的解脱与自在。

佛教中除了"八苦"说之外，还有"三苦"说，即所谓苦苦、坏苦和行苦。

这个"三苦"说和"三界"说是连在一起的。

"三界"是欲界、色界和无色界。所谓欲界，即有欲望的众生居住的地方，这个欲望主要指的是食欲和淫欲，包括"五道"中的地狱、畜生、饿鬼、六欲天和人，以及他们所依存的场所（"器世间"），如人所居的四洲等；色界，位于欲界之上，为已经脱离食、淫二欲的众生所居住的地方，其"器"（宫殿等）及"有情"仍为"色所属界"（"色者，是变碍义或示现义"），即仍离不开物质；无色界更在色界之上，为无形色众生所居住的地方，"其体非色，立无色名"，包括四天，称"四无色天"。

以上"三界"，是佛教根据善恶报应理论和禅定修行所达到的境界创造出来的。

佛教将"三界"看做"迷界"、"火宅"，认为从中解脱达到"涅槃"才是最高境界。也就是说，芸芸众生都是在三界当中轮回，只有跳出"三界"外，才能实现解脱。

"苦苦"是什么意思？苦苦就是因为有这个身体引起的烦恼。欲界众生"三苦"都不能躲过。

"坏苦"是指万事万物千变万化，无物常住，缘聚缘散；比如你喜欢这个人，想和他永远在一起，这是不可能的，这是由缘分决定的，人间没有不散的宴席。所以禅宗就劝导执着的人说："有缘即住无缘去，一任秋风送白云。"一切的发生都顺其自然，正所谓："春有百花秋有月，夏有凉风冬有雪；若无闲事挂心头，便是人间好时节。"

"行苦"是指众生都在六道里面轮回，行阴流转，不得解脱。

古代的时候，有一个皇帝让士兵架起了明晃晃的刺刀，让一群和尚从刺刀下面钻过去，考验他们的胆量；但见一个老和尚丝毫没有畏惧，在架起的刺刀下面昂首挺胸大踏步走过去了。皇帝质问老和尚："难道你不害怕吗？"老和尚不慌不忙地说："我轮回流转，经历了无量的行阴之苦，难道这一次我就怕死了吗？"说明老和尚已经参透了行阴之苦，对死已经看得非常淡然了。

欲界众生既有苦苦、坏苦，还有行苦。

到了色界就不一样了，因为色界众生没有了食欲和性欲两大欲望，所以就没有苦苦了；但因为还是有色、有质碍，还有生灭变化，还在轮回当中，所以还是免不了坏苦和行苦。

到了无色界的时候，只存在无形色众生，所以也就没有了苦苦和坏苦，而只有行苦了；也就是说，无色界众生依然摆脱不了轮回。所以佛经中说："八万劫终是空亡，三千界悉从沦没。"这个八万劫什么意思？宇宙从生成到毁灭谓之一劫。八万劫有多久，大家只能靠想象才能知道。意思是说，众生修行精进，轮回到了无色界了，寿命八万劫之久，但依然还要轮回啊！

释迦牟尼佛的母亲那么伟大，也只是上升到了欲界的第六重天忉利天上。所以，众生若能够修行到达无色界的境地，那一定是累世多劫的精进修行。到了这个份上就太厉害了，但依然会"悉从沦没"，仍在轮回当中。

也就是说，众生追求三界中的高境界，只是求得的人天福报，并非求得的是真正解脱的清净智慧。而我们学佛的目的则是摆脱三界，超出轮回。

这里很容易使人联想到菩提达摩和梁武帝的一段对话。

菩提达摩是西天第二十八代祖师，摩诃迦叶被尊为禅宗第一代祖师。在印度相传了二十八代后，由二十八祖菩提达摩将"以心传心"的禅法传到了中国，达摩便被奉为禅宗的东土初祖。

梁武帝第一次和菩提达摩见面，梁武帝说："你看我这一生做了很多善事，造了很多寺庙，帮助了很多穷人，抄写了很多佛经，你说我的功德大不大？"

菩提达摩却说："皇帝你所做的一切没有任何功德。"

梁武帝当时听了就蒙了。

下面来从佛教理论方面分析一下为什么会这样呢？

佛教里面有一首偈写得很好，叫做："布施持戒升天福，犹如仰箭射虚空；势力尽时箭还堕，招得来生不如意。"意思是说，布施、持戒、造寺庙等很重要，但这些都是升天的福报，好比是往天空射箭一样，箭射得再高，早晚还会落下来的，所以招得来生不如意啊！也就是说，梁武帝所修的还是人天福报，还不能算作超出三界轮回的功德。所谓功德，是超出三界轮回的清静的智慧啊！

以上所讲的"八苦"、"三苦"之说，还有一百二十种苦、无量诸苦等说法。

总之，人生皆苦，佛教就是想办法让人离苦得乐，解除烦恼。

我们常说人生有七情六欲。七情是指喜、怒、忧、思、悲、惊、恐；六欲是指生、死、耳、目、口、鼻。

大家观察一下会发现，"七情"当中"喜"是人们所乐意接受的，其他的六情就不是人们所喜欢的了。尤其是这个"怒"是最可怕的，佛教认为发怒就意味着人的嗔恨心起来了。佛教中说："一念嗔心起，八万障门开。"就是说，一念嗔心起来的话，八万业障恶魔的门就打开了。佛法中有"三毒"之说，即贪、嗔、痴。其中的"嗔"被列为三毒之一，足见其是非常可怕的。

佛教里面还有一个说法，叫做"嗔火能烧功德林"，也就是说，你为对方做了很多好事，但是因为某事发怒了，一巴掌打了对方，你所有的功劳都被发怒的这一巴掌打没了。

怎么才能止住怒火呢？佛法里面讲"忍辱度嗔恨"，就是用忍辱的方法可以把瞋恨之火熄灭。大乘佛教讲了五种忍辱的方法，即生忍、力忍、缘忍、观忍和慈忍。

所谓生忍，即被人欺负、打骂，恨得咬牙切齿，也活生生地忍下去了，叫做"生仁"，这是比较笨的忍辱方法。

所谓力忍，即被人欺负时，依靠"阿弥陀佛"佛号的力量来压住怒火，比如电影《少林寺》里，当坏人欺负少林寺的和尚时，众僧人怒火中烧，老和尚双手合十，口念"阿弥陀佛"名号来止住怒火。

所谓缘忍，即受到别人的欺负时，要想到三世因果报应，也就是说，他骂我打我了，我不怪他，这是由于前世我骂他打他了，所以他骂我打我，等于我在还债；那么，你就尽情骂吧打吧，早还完了早算。这样的话，人哪里还有什么怨恨呢？这有点像基督教中所宣扬的："别人打你左脸的时候，把右脸也伸过去，让他打个够。"

所谓观忍，就是观诸法皆空，万法都是因缘和合的。你骂我打我，而我是五蕴身构成的，是无自性的，我知道你在欺负谁？佛教把人的生死都看得十分淡然，怎么还会在乎身外之物的荣辱得失呢？

赵朴初先生写过一首诗，很好地表达了这个意思。他说："生固欣然，死亦无憾；花落花开，水流不断。我兮何有？谁欤安息，明月清风，何劳寻觅？"

所谓慈忍，就是他骂我打我，我不但不生气，还可怜他。他怎么骂人打人呢，怎么这么没有教养啊！估计从小家里困难，没有受过良好的教育，挺可怜的。假如我有钱了，一定出资给他提供读书的机会。这就是慈忍。这是最高级的忍辱的方法，也是忍辱的最高境界。

释迦牟尼佛就是这样忍辱的。佛初转法轮时五大弟子中的憍陈如，前世叫哥利王，和乔达摩·悉达多太子有恶缘。憍陈如曾把太子的身体碎尸万段，把太子欺负到了极点；太子不但不生气，还发誓说，等我成了佛，第一个要度化的就是你。果真在鹿野苑第一个度化的就是憍陈如。所以，佛法里面最高的是慈忍，慈忍就是发了慈悲心。

所以学了佛法以后，你对自己的敌人不但不会瞋恨反而觉得有必要帮助他。这对于防止发怒、和谐人际关系真是太有裨益了！

可见，七情中的"怒"不是好情绪，必须想办法把怒火熄灭。"忧"当然也不是好情绪，忧伤、忧戚、忧愁，都是让人不开心的情绪。"思"也不是人们乐意接受的，人的最苦莫过于相思苦；思乡啊，对情人的思恋啊，对故去亲人的思念啊，都是让人内心充满抑郁焦灼的一种情绪状态。"悲"更是不好的情绪，这不用解释了。"惊"往往和惊吓连在一起，"惊恐万状"就是受惊吓以后的情绪状态。"恐"往往和惧怕连在一起，所以叫恐惧。

总之，"七情"当中只有这个"喜"是人们所乐意接受的，其他六情都是人们所抗拒的，所以人生"苦多乐少"啊！

第三节　观心无常

禅宗中讲"心生则种种法生，心灭则种种法灭"、"心含万法"，所以禅宗还有一个名字叫"佛心宗"。"心"这个词在佛教中有众生的主体自觉的意思。"心"统摄"六根"。我们平时常说要"六根清净",这六根是指人的眼、耳、鼻、舌、身、意。这六根总是不老实,总是攀缘六境。六境是指色、声、香、味、触、法。也就是说,眼睛对的是色,耳朵对的是声,鼻子对的是香,舌头对的是味,身体对的是触,意识对的是法。六根攀缘六境的结果是产生了六识,即眼识、耳识、鼻识、舌识、身识、意识。六根、六境、六识合称"十八界"。

六根属于人的主观感受范围,佛教上称之为"能";六境属于外在的客观存在,佛教上称之为"所"。人的主观认识与外在的客观环境,实际上就是"能"与"所"的关系。工大之就是借用了佛教的术语,得出了"能必副其所"的唯物主义认识论思想。"能"与"所"相互作用的结果就是产生了"识"。用佛教唯识宗的观点来看,外境非有,内识非无,即所谓"唯识无境"的理论;把思想认识的转变叫做"转依",看成是由迷而悟、由染而净的修习过程;用遍计所执性、依他起性和圆成实性之"三自性说"概括全部学说。也就是说,人的认识过程就是"转识成智"的过程。

正因为"万法唯识",所以一切皆为虚妄,都是"识"变现出来的。如《金刚经》所言"凡所有相,皆为虚妄";又说:"一切有为法,如梦幻泡影,如露亦如电,应作如是观。"但是人们又执着于对外界不真实的认识,即所谓"遍计所执性";没有认识到万事万物皆无自性,是因缘和合的产物,即所谓"依他起性",所以会产生"苦"的感受。人若能认识到这一点,也就达到了"圆成实性"的大彻大悟了。

众生为什么产生烦恼呢?就是因为六根总是攀缘六境;若六

根清净的话，人就不会产生烦恼了。布袋和尚从生产劳动中体悟佛法，他写了一首《插秧歌》："手捏秧苗种福田，低头便见水中天；六根清净方成稻（道），退步原来是向前。"其中的"六根清净方成稻（道）"既是指插稻种田，又暗指学佛修行；插秧的时候不得不低头，而一低头便看到水里面的天了，所以看上去是低头，实际上是"向前"进步了。这首诗具有很强的哲理性，所以千百年来广为传颂。

第四节　观法无我

　　观法无我是侧重于讲"空"的思想。佛教认为，一切万法皆因缘和合而生，正所谓"众因缘所生法，我说即是空"（《中论》）。可以说，整个佛教哲学就是围绕这个"空"字展开的。当年鸠摩罗什就曾经夸赞他的弟子僧肇说："僧肇其人，解空第一。"佛的十大弟子之一的须菩提也号称"解空第一"。

　　《心经》中说："舍利子，色不异空，空不异色；色即是空，空即是色，受、想、行、识，亦复如是。"这里的"空"与"色"是不一不异的，这叫做"即色而空"。可见，"空"并非什么都没有，而是讲一种"缘起法"，即万事万物的存在都是一种因缘。也就是说，诸法存在的同时又是没有自性的，这就是所谓的"此生故彼生"、"此有故彼有"、"此灭故彼灭"。所以诸法存在的同时又是不存在的，不存在的同时又是存在的。也就是肯定中有否定，否定中有肯定。

　　毛泽东就曾经被这个道理迷惑过。有一天，毛泽东要接见一位柬埔寨的僧人，就约了中国佛教协会的会长赵朴初一起参加会见。趁柬埔寨的客人还没有到来的机会，毛泽东就和赵朴初聊天，毛泽东说："我最近在读《金刚经》，我发现《金刚经》的道理说得很好。"然后，毛主席就套用《金刚经》的"般若波罗蜜，即非般若波罗蜜，是名般若波罗蜜"的格式说："赵朴初，即非赵朴初，是名赵朴初。"又说："前面是肯定，后面是否定，最后面是否定之否定，说的还有点符合马列的道理呢！"赵朴初回答说："主席啊！你这个话理解错了。它不是讲的肯定、否定、否定之否定，而是在肯定的同时包含着否定，在否定的同时又包含着肯定，是既肯定又否定，既否定又肯定。"这一番话把毛主席给搞蒙了。赵朴初刚要进一步解释其中的原因，这时候柬埔寨的客人来了。后来赵朴初一直觉得没有当面给主席解释清楚是个遗憾，就写了一本《佛教常识答问》，在其中的序言当中，专门就此事做了说明。

毛泽东对佛教的态度是很复杂的。一方面，他曾经把和尚看成"愚氓"，不放在眼里。他的一首诗可以作为证据："一从大地起风雷，便有精生白骨堆；僧是愚氓犹可驯，妖为鬼蜮必成灾。金猴奋起千钧棒，玉宇澄清万里埃；今日欢呼孙大圣，只缘妖雾又重来。"这首诗里称"僧是愚氓犹可驯"，显然是对僧侣的不敬。另一方面，毛泽东对佛教在中国文化中的地位又十分重视。毛泽东读过很多佛教方面的书籍，比如《金刚经》、《华严经》等。据秘书回忆说，毛泽东最欣赏佛教禅宗的六祖惠能，六祖惠能的语录《六祖坛经》则是毛主席最欣赏的佛经。在中国人的佛教著作当中，唯一被称作经的就是惠能大师的《六祖坛经》，所以《六祖坛经》在中国佛教史上地位显赫，毛泽东经常把《六祖坛经》带在身边。毛泽东认为惠能和尚很厉害，说他不识字，但是智慧超人。毛泽东说：惠能在广东一带传经，主张一切皆空，这是彻底的唯心论，但是惠能强调发挥人的主观能动性，这一点又是值得肯定的。所以毛泽东对于惠能不识字却深通佛理这一点很感兴趣。

毛泽东欣赏惠能与他对知识分子的态度是有一定关系的。在1964年3月24日的一次会议上，毛泽东说："可不要看不起老粗，惠能是大老粗可是了不得。可不要看不起老粗，知识分子是比较没有出息的。"又说："历史上当皇帝的，有许多知识分子是没有出息的。比如隋炀帝就是一个会做文章诗词的人，隋炀帝却是一个昏君，李后主等也都是能作诗、写赋的人，下场都不好。宋徽宗既能写诗也能绘画，把国家搞得一塌糊涂。就是说，这些皇帝在历史上都不行，都是一些昏君。"又说："一些大老粗却能办大事。我欣赏成吉思汗、刘邦、朱元璋，他们没有文化，但是办了大事，在历史上皇帝里面评价很高。"

过了两个月，毛泽东又有一番对知识分子的评价。1964年5月12号的会议上，毛泽东说："明史我看了最生气，说明朝除了明太祖朱元璋、明成祖朱棣，不识字的两个皇帝搞得比较好，明武宗、明英宗还稍微好些以外，其他的都不行，尽做坏事。你看，这两个没有文化的皇帝反而历史上评价很好。"

所以毛泽东对惠能的态度与他对知识分子的看法是有关系的。毛泽东对惠能的偈语"本来无一物，何处惹尘埃"非常欣赏赞叹。他说："佛心本来是清净，怎么会染上尘埃呢？这与空宗'一切皆空，万法皆空'的宗旨最契合，胜神秀一筹。"毛泽东认为惠能对空的理解是最彻底的，虽然他没有文化，却最能契合佛理。

还有两个例子说明毛泽东对佛教的重视。有一次，毛泽东在五台山和警卫员在一起，他跟警卫员说："咱们到庙里去看看。"警卫员说："看什么啊！那全是迷信。"毛泽东说："不对！不对！佛教不是迷信，佛教是一种文化啊！"说明毛泽东认识到佛教是中国传统文化的重要组成部分。

中国社会科学院有一个"世界宗教研究所"，这个研究所是怎么成立的？也是毛泽东的功劳。有一天，毛泽东把北京大学哲学系教授任继愈找去了，毛泽东夸赞了任继愈的《汉唐佛教思想史论》一书，说这本书用马列主义的观点来分析佛教，写得很好。毛泽东又语重心长地说："离开了佛教，就没法研究中国历史、中国文化史和中国思想史。"最后毛泽东提议说："我希望你回去以后，在中国社会科学院成立一个专门研究宗教的机构。"所以任继愈在会见之后，就在社会科学院成立了"世界宗教研究所"。

赵朴初先生甚至说："汉语的很多基本术语都来源于佛教，比如说刹那、实际、世界、心领神会、水深火热等都来源于佛教，所以说'离开了佛教，中国人连话都说不周全'。"

毛泽东对佛教的哲理没有完全吃透，他是在用马克思主义哲学的"二元对立"的思维模式理解佛教，要么就是"是"，要么就是"不是"；对于佛教所宣扬的"既是又不是"的"中道"思维模式显然比较陌生。

其实，佛教哲学中一个最重要的术语就是这个"空"字。佛教中观学派研讨的核心也是这个"空"字。所以，中观学派在佛教史上号称"空宗"，又有"性宗"之说。三论宗所依据的三部经典是《中论》、《十二门论》和《百论》，都是专门研讨"空"的经典。《中论》说"因缘所生法，我说即是空；亦为是假名，亦是中道义"；《十二门论》中说"众缘所生法，皆是无自性；若是无自性，云何有是法"；天台宗的创始人智𫖯在《摩诃止观》中说："若一即一切，即是因缘所生法，即为假名假观也；若一切即一，我说即是空，即为真名真观也；若非一非一切，即是中道观也。"以上的意思都是在说"性空幻有"的道理；正因为是因缘所生法，所以是无自性的；而因缘确实是存在着的，所以又是不空的；不执着一边就是遵循了中道观。

以上的"四念处"反映了佛教的基本观念，可谓佛教的思想总纲。

释迦牟尼佛做完最后的叮嘱，安详地在树下的绳床上头北面西，右胁而卧，缓缓地闭上双眼，进入了大般涅槃。后来寺院里的卧佛形象，即是取自佛陀涅槃的姿势。从离宫修道算起，五十多年里，佛陀日复一日地奔波在各地，从未曾休息，现在他已度化所有与之有缘的众生，终于可以好好地休息了。

据佛经记载，当时天上下着滂沱大雨，大地为之哭泣；树林的颜色也在一夜之间变成了白色，即所谓"双林色变"。佛陀的离世可谓惊天动地。

按照世间的纪年，公元前 486 年农历 2 月 25 日的午夜月圆时分，释迦牟尼，这位来自释迦族的圣人，宇宙和人生真相的揭秘者，众生心灵的导师，离开了我们的娑婆世界，投入毗卢遮那佛的法身性海，永远与无限的宇宙融为了一体。他没有遗憾，离开众生的只是他随缘应现的化身，而他的如来真身——他所教诲的缘起性空的佛法，则至今陪伴在世人的身边，那轮明月就是这一切的见证。

佛陀荼毗（火化）后，弟子收拾所得的舍利，由摩揭陀国的

拘尸那罗

阿阇世王主持共分给八国造塔供养，后世佛教造塔供奉高僧遗物的传统也由此而来。

第四章

十大弟子

佛陀悟道后行法，先在鹿野苑度化阿若憍陈如等五比丘，组建最初的僧团；接着又在波罗奈城接受了大富长者之子耶舍等 51 人的皈依；随后观机施教，通过斗法一次性度化摩揭陀国的外道迦叶波三兄弟及其徒众 1000 人，引起轰动。

摩揭陀国频婆娑罗王叹服之余，马上决定在国都王舍城北郊修建竹林精舍，以挽留佛陀传法，这就是佛教史上第一座精舍的由来。此后直到涅槃，佛陀在世间度人无数。

佛陀在世间的所有弟子里，知名度最高的当属十大弟子。他们经历悬殊，有的曾是皇亲国戚，有的曾是外道领袖，有的则是奴隶身份；他们天资隔绝，有的三岁就能背诵当时全印度所有经典，有的皈依前甚至大字都不识一个；他们性格迥异，有的灵活爽直，有的木讷执着。就是这些按照世俗理解八竿子都打不到一起去的人，却最终在佛陀的感召下走到了一起。

十大弟子又称释迦十大弟子，还名释迦十圣。他们是佛陀弟子中特别卓越的十人，能具众德而各以实践一种法门见长，所以有"第一"之称。他们分别是智慧第一的舍利弗尊者、神通第一的目犍连尊者、天眼第一的阿那律尊者、多闻第一的阿难陀尊者、密行第一的罗睺罗尊者、头陀（指苦行）第一的摩诃迦叶尊者、议论第一的迦旃延尊者、说法第一的富楼那尊者、持戒第一的优波离尊者，以及解空第一的须菩提尊者。十大弟子是当时僧团的表率，是佛法兴盛的象征。他们是佛陀信仰最坚定的护法和宣扬者，也是同佛陀最接近的人，佛陀的事迹和教法就是主要由他们记载并往下流传的。

第一节 "头陀第一"的大迦叶

大迦叶全名叫摩诃迦叶。因他"能堪苦行"，有"头陀第一"之称。他生于王舍城郊的婆罗门家族，在佛陀成道后第三年出家为佛陀弟子，八日后就证得阿罗汉果，深受佛陀的信赖。

大迦叶出身于贵族的婆罗门家族，在皈依佛陀之前，就清净修行，父母为他娶亲被他拒绝。后来，在父母的着急催促之下，他实在被逼无奈就指着门前的一尊美女塑像对他父亲说："你非要为我娶亲的话，就找一个像这个塑像一样漂亮的美女吧。否则，我终身不娶。"本来他是想以此推脱。没想到他父母果真在吠舍离这个地方找到了和那位塑像一样漂亮的美女，这个美女的名字叫妙贤。

结婚那天晚上，贺喜的众人散尽，新郎新娘入了洞房。

新娘坐在床上掩面哭泣，新郎大惑不解。新娘解释说："我本是净修梵行的，不喜欢男女之事。可是我父亲贪恋你家的财产，硬是把我嫁给了你。"

说完哭得更加伤心了。新郎闻后大喜，说："太好了！我也是净

51

修梵行的，原来咱俩是志同道合啊！"然后，两人商量好分床而眠。

后来，大迦叶的父亲发现了问题的严重性，就让人拆了一张床。

于是，两个人做了分工，一个人睡上半夜，另一个人坐禅或念经。两人就这样坚持了十二年，传为佛教史上的佳话。

妙贤的净修梵行的事迹也受到了世尊的高度赞扬。

大迦叶皈依佛祖后，常独自一个人修行，从不惧怕狂风暴雨和日晒，经常露宿在白骨遍地的荒郊野外，在苦行的生活中培养自己的德性。他不贪名闻利养，用自己的苦行修持教化众生，因此在僧团中受到普遍的尊敬并受到佛陀的赞许。

佛陀入灭后，大迦叶成为教团的统率者。

有一次，佛陀见他年迈体弱，不忍心让他像往常一样在野外独自一人苦行修持，于是派弟子把他招来。佛陀给他赐座后劝他不要再继续苦行，把粪扫衣脱去。佛陀还告诉他应该静养，不要过度疲劳。

大迦叶对佛祖的慈悲深为感激，但他不想改变自己的头陀修行。他向佛陀说道："尊贵的佛祖！头陀修行在我并不以为苦，反而感到很快乐，我不为衣愁，不为食忧，没有得失的烦恼，只有清静解脱的自由。为了给后世修行正法的人树立一个典范，我愿意不舍苦行。"

佛陀听后，非常满意地说："将来正法的毁灭，不是天魔外道的破坏，而是僧团的腐化和堕落！迦叶尊者的话说得很对，要弘扬佛法，让真理之光永驻世间，就必须过严守戒法的生活。"

摩诃迦叶乞食化缘总是选择贫穷之家。

王舍城有一位非常贫穷的老太太，每天以接富人家的淘米水为生计，无依无靠，悲惨至极。摩诃迦叶同情这位孤独的老人，就走到她面前行乞。老太太就用瓦片上的淘米水供养摩诃迦叶，摩诃迦叶很愉快地接受了。老太太由于供养淘米水的功德，死后往生到了忉利天上，做了个美丽的天女。这位天女为了感恩，还将天花撒在摩诃迦叶的身上，景象美妙殊胜，不可思议。

释迦牟尼佛对摩诃迦叶十分器重，当他到舍卫国时，即将王舍城化区交给摩诃迦叶负责。有一次，佛陀听到信众对旷野城的僧团不满的反映，就派了摩诃迦叶前往调查。后来知道了原因，原来是旷野城的僧团出现了腐败现象。即旷野城的比丘为了个人安乐，修建许多僧房，让信众捐钱捐物，还让信众无偿参加繁重的劳动，因此引起了信众的强烈抗议。摩诃迦叶知道了这一情况后，就召开僧团大会，号召比丘一律不准为自己造僧房而向群众募捐。这一做法平息了信众的怨气，树立了僧团的良好的形象，为佛教的发展扫平了道路。

佛在拘尸那迦涅槃时，摩诃迦叶率领五百比丘远道赶来。看着佛的遗体，僧众们伤心欲绝。只有跋难陀不但不悲伤，还幸灾乐祸地说："佛在世时，絮絮叨叨，啰唆个没完，这下好了，我们可以自由了，没有人再约束我们了。"摩诃迦叶闻听此言，深感把佛生前说的法和律整理出来的必要性；否则，僧团将会产生大乱。

于是，摩诃迦叶在佛的遗体火化之后，就着手主持三藏圣典的结集。

由阿阇世王做保卫工作，在荜波罗山的七叶窟内从事三藏圣典的结集活动。由阿难诵出经藏，优波离诵出律藏。关于论藏的诵出，《十诵律》和《大智度论》说是阿难诵出；《根本有部律杂事》、《阿育王传》说是摩诃迦叶诵出。

在佛入灭后，摩诃迦叶主动结集圣典，避免了教团的分裂，在佛教史上作出了巨大的贡献。

据说摩诃迦叶活了一百多岁，将法传给了阿难，就来到王舍城西南八里多的鸡足山。鸡足山有三峰屹立，形状像鸡足，故名。摩诃迦叶坐在山峰之间的盆地里，席地而坐发誓说："我今以神通力使身体不坏，用粪扫衣覆盖着。等六十七亿年后，弥勒降生成佛时，将来此地访问，我会把佛陀的衣钵献给他，并协助他教化众生。"据传说阿阇世王曾来此瞻仰摩诃迦叶的遗容，内心悲痛不已。

到陕西扶风县的法门寺瞻仰佛指舍利时，你会发现，在大雄宝殿中的释迦牟尼佛旁边有两个弟子站着，其中一个是阿难，另一个就是摩诃迦叶。所以摩诃迦叶的地位很重要。

中国禅宗的法脉也可以追溯到大迦叶。《大梵天王问佛决疑经》记载：有一天，大梵天王请佛在灵鹫山为众生说法，不料佛登上法座后却默不做声，只是拿着一只毕钵萝花拈花示众，众人不明白佛意何在？大家面面相觑，只有大迦叶在众人惶惑的情境下破涕为笑。见此情景，世尊说："吾有正法眼藏，涅槃妙心，实相无相，微妙法门，不立文字，教外别传，付嘱摩诃迦叶。"这就是后来"衣钵相传"典故的由来。

世尊此处的传法用的是"不立文字"的"教外别传"。世尊是通过"以心传心"的方式，与摩诃迦叶"心心相印"，令其"心领神会"的，开启了中国禅宗不靠"语言"而是靠"意会"的先河。大迦叶也就成了中国禅宗的"西天第一祖"。

后人常常使用此典故，如宋代的圆悟克勤禅师在《碧岩录》第一卷中就有达摩遥观此土有大乘根器者，于是泛海而来，"单传心印，开示迷途，不立文字，直指人心，见性成佛"的话；克勤禅师又说："若恁么见得，便有自由分。不随一切语言转，脱体现成。"可见，不立文字的禅宗的确在中国佛学中产生了深远影响。

第二节 "多闻第一"的阿难

阿难又称阿难陀。阿难陀也是佛陀的堂弟，并且是那个总惹麻烦的提婆达多的亲弟弟，但是，套用一句现代语：两人却走上了截然不同的道路。

阿难陀出生在佛陀悟道的那天夜里，这仿佛预示着他和佛陀此后的殊胜缘分。

加入僧团后，阿难陀无论从年龄还是资历上，都是十大弟子中的小字辈，也不像舍利弗那样天资超群，但他谦逊诚实、宽厚善良，从来隐恶扬善、与人方便，也从不摆王子的架子，因此很快获得了佛陀和同修的肯定。

阿难陀知道自己天分一般，因此笃而好学，宁拙不巧。那时佛陀说法完全是观机而教，没有学习资料，授课现场也没有记录。阿难陀硬是靠毅力和恒心，练就了超人的记忆力，在后来佛法的结集中发挥了首要作用。

佛陀五十五岁那年，年仅二十的阿难陀由于自己优秀的为人，继舍利弗和目键连之后，被公推为佛陀的常随侍者，从此一直跟随佛陀的左右经二十五载，直到佛陀涅槃。

在侍者的位置上，阿难陀既殚精竭虑地照顾佛陀的生活，又善巧方便地安排佛陀的日程，以满足各类信众请法的需求，尽全力协调二者的平衡，这不仅需要极其高明的工作艺术，更体现出他无私的心地，因此获得了教内外的一致好评，无愧于大家的厚望。

不过，在佛教史上还流传着阿难曾经想还俗的故事。

有一天，阿难对佛陀说，他梦见以前他最喜欢的女友在呼唤他的名字："王子啊！你回来吧！我想念你啊！"说到这里，阿难情不自禁地流下了眼泪。佛陀听后沉思片刻，就带他到天界走了一趟。但见天界的美女，个个如花似玉，令阿难如醉如痴。佛陀趁机开导说："这些美女比你喜欢的女友如何？"阿难惭愧地说："我的女友比天界的美女差太多了。"佛陀许诺说："假设你修成正果了，这些美女全部归你所有。"阿难听后欣喜若狂，从此熄灭了想还俗的心思。佛陀实际上用的是劝导阿难修行的"方便法门"。

佛陀涅槃时，阿难陀曾代表众僧向佛陀请示关系到佛教前途的四个问题，佛陀一一进行了解答，称为佛陀的遗嘱，这是佛陀临终的最后一件大事，也是佛教史上的一件大事。

佛陀入灭三个月后，佛教历史上的首次圣典结集法会在王舍城进行，十大弟子之一的大迦叶被推为首座。阿难陀在会上流利地记诵出《阿含经》、《法句经》、《譬喻经》等全部经藏，对经典的记载流传居功至伟。

20年后，年迈的大迦叶将首座之位传给阿难陀，去往鸡足山入灭，而此时的阿难陀也已年过花甲，早已不是当年的翩翩少年了，但他还是勇敢承担了下来，全力维护着僧团的和合与进步。

阿难陀是十大弟子中最后一个离开人世的，可能也是最高寿的弟子之一。当他一百二十岁时，听到一个年轻比丘唱念着胡乱修改过的佛偈，意识到法运已至，僧团也不能避开无常的规律，分裂是迟早的事，因此离开摩揭陀，去往毗舍离国入灭。

据《大唐西域记》记载，这时两国都想把这位圣人留在本国，甚至不惜刀兵相向。阿难陀知道后，为免干戈涂炭，随即慈悲地在两国交界的恒河上空示现涅槃，其时空中现七色妙光，阿难陀的圣体和舍利自然分为两份，分别落在两国，留给他们供养，使两国人民免于血光之灾。

佛陀曾亲口称赞阿难陀："我声闻中第一比丘，知时明物，所至无疑，所忆不忘，多闻广远，堪忍奉上，此乃阿难比丘。"这可算是对阿难陀一生最客观的评价，从中不难看出佛陀对阿难陀的欣赏绝不只是因为他超众的记忆力。

第三节　"解空第一"的须菩提

须菩提自幼聪慧出众，只是性情暴躁，整天愤恨嗔怒，见人就闹矛盾，闹得父母亲友都很厌烦他。须菩提无法在家居住，于是离家进山林中独居。传说一位山神引他到佛的住处，佛陀给他讲解嗔恨的祸患及果报，须菩提听后如梦方醒，忏悔谢罪。

此后，经过多年精进修习，须菩提终于获得阿罗汉果，成为罗汉。在佛陀的众多弟子中，须菩提最善解喻空理，被誉为"解空第一"。

在佛陀说法会上，他常担任佛陀的提问者。在佛陀讲解般若法会上，能够发挥究竟空理的也首推须菩提。

一天，众弟子不知道佛陀哪里去了。当佛陀返回时，众弟子都理好衣服，前去迎接。第一个见到佛陀的是莲华色比丘尼，莲华色比丘尼感到很荣幸。可是佛陀却告诉她："莲华色比丘尼！第一个迎接我的不是你，而是须菩提尊者。"莲华色比丘尼感到大惑不解，忙问其中的原因。佛陀解释说："因为须菩提观察到了诸法空性，而只有观察到诸法空性的人才能第一个见到佛陀啊！"

事情也真如佛陀所说。当时须菩提正在缝补衣服，当他听到佛陀到来时，当即放下衣服，想去迎接。但他又停住脚步，心想：佛陀的法身不是眼、耳、鼻、舌、身所感觉到的，我去迎接佛陀，这不是把佛的法身当做四大（地、水、火、风）的和合了吗？这是没有认识诸法的空性，不认识诸法的空性，就见不到佛的法身。法性无处不在，佛的法身也是无处不在的，我奉行佛的教法，不该被事相所迷。

须菩提对性空的真理有深刻的了解和认识，他以解空第一的盛名，在僧团中受到大家的尊敬。

第四节 "神通第一"的目犍连

王舍城是摩揭陀国的首都，以繁华富丽而驰名全印度。据说该城有 32 个大门和 64 个小门，由此可以想见当时规模的宏大。

佛陀当年说法是四处行走，没有固定的场所。频婆娑罗王自从皈依了佛门，就打算为佛找一个固定的住处，以利佛教的发展，因此便在王舍城北面郊外寻得一处竹林遍布的园林，叫做迦兰陀竹园。

这个迦兰陀竹园是属于一个叫迦兰陀的富有长者所拥有。频婆娑罗王就设法买下这个园子，在这个竹园中建立了一座精舍，内有十六大院，每院六十房，更有五百楼阁、七十二讲堂，供养佛陀及弟子们，所以叫做竹林精舍，或竹园精舍。这是佛教历史上的第一座精舍，可谓开了佛教寺庙建设之始。

佛陀曾在此过了六次的结夏安居。佛陀在竹林精舍安居的初期，有舍利弗与目犍连来皈依，成为佛陀座下的高足。

舍利弗和目犍连都是因为无意间听到"诸法因缘生，诸法因缘灭，我佛大沙门，常作如是说"的偈而皈依佛门的。当他们知道这是佛陀所宣讲的道理时，就带领弟子二百五十人同来皈依了佛陀。

目犍连成为了佛的大弟子，号称"神通第一"。他的天眼开了，可以一下子看到地狱里边去。一个景象把他吓坏了，他看见地狱里边他的母亲在铁杜子上倒挂着，在受"倒悬"之苦，饿得皮包骨头。目犍连拿了食物给他母亲吃，但饭到肚里马上化为炭火不得下咽。他请教释迦牟尼佛说："我母亲造了什么恶业下了地狱？"

释迦牟尼佛解释说："你母亲生前对僧人不敬，僧人到你家化缘，你母亲不但不给吃的喝的，还拳打脚踢，对僧人非常不敬，所以下了地狱。"

然后，释迦牟尼佛告诉了目犍连解救的方法。即在农历七月十五这一天，在寺庙门口放上各种各样的好吃的好喝的，让过往的僧人饮食。这样，地狱中受苦受难的母亲就能得到解脱。所以农历七月十五这一天成了佛教里面的重要节日——盂兰盆会。

需要说明的是，这一天恰巧也是道教的重要节日，即中元节。道教里面要祭祀天官（上元节）、地官（中元节）、水官（下元节），有所谓"天官赐福，地官赦罪，水官解厄"的说法。还有一种说法是：上元节就是元宵节，是祭祀尧的；中元节就是民间传说的鬼节，在农历七月十五，是祭祀舜的；下元节是农历十月初五，又叫寒食节，是祭祀禹的。

目犍连在释迦牟尼佛的指引下，使他母亲获得了解脱。描写目犍连救母的《盂兰盆经》，也成了备受中国僧人关注的经典。印度佛教来到中国，与本土传统的孝文化发生了激烈的冲突，集中表现在僧人的出家、落发、服饰等不合传统规矩。而《盂兰盆经》的出现实际上是调和了这种矛盾，说明了佛教也是非常重视孝道的。

多亏目犍连神通广大，否则他怎么会知道母亲在地狱中受苦呢？不仅如此，佛教史上还广泛流传着目犍连为四恶鬼说罪福因缘的故事。

目犍连很早就明白了业报轮回的道理。有一次，他坐在恒河边上乘凉，有四个饿死鬼前来请教罪恶因缘的问题。

第一个饿死鬼说："我很渴，看到恒河水清凉，就用碗舀来喝，但水进到我肚子里边就变得滚烫滚烫，烫得我五脏六腑都烂了。我前世究竟造了什么冤孽？"目犍连说："你前世是以算命为业。"由此可见，佛教是反对算命的，给别人算命就会受此恶报。

第二个饿死鬼请教说："我经常梦到一个凶狠的恶狗来咬吃我身上的肉，吃完了以后，风一吹肉又长出来了，恶狗又接着来吃，快把我难受死了。我前世究竟干了什么，受此恶报？"目犍连说："你前世是屠夫，以杀猪宰羊为职业，所以受此恶报。"

第三个饿死鬼说："我肚子像瓮一样大，见什么好吃的都想吃，但我的喉咙却像针尖一样细小，见了好东西反而吃不进去。那我前世是造的什么恶业？"目犍连说："你的前世是个贪官，无所不贪，欺压百姓，所以受此恶报。"

第四个饿死鬼又过来说："我浑身长满了舌头，而且血流如注，我前世究竟造了什么恶业？"目犍连说："你的前世造了口业，挑拨离间，所以遭此恶报。"

以上是目犍连为四饿鬼说的前世因缘的问题。其实，从佛法来看，一切东西都是因缘和合的；因为有缘，所以才存在。

现实社会中，万法诸相也离不开一个"缘"字。夫妻也是缘啊！佛教中讲："百年修得同船渡，千年修得共枕眠。"也就是说，两个人在同一条船上渡河乃是百年修来的缘分；夫妻的话，要修一千年才能有这般缘分。佛教一方面讲要珍惜缘分，即所谓"惜缘"；另一方面又讲夫妻关系也可能是前世的恶缘。正所谓："夫妻是缘，有善缘，有恶缘，因缘聚会。"即是说夫妻俩关系比较好的，乃善缘相聚；大妻俩关系不好的，乃恶缘相聚。所以，用佛法的观点来看，夫妻也有可能是恶缘相会。

我认识一位信仰佛教的人，他们夫妻关系十分恶劣，但他坚持不离婚，原因是他要把这段恶缘走完，不愿再带到下一世了。这也体现了佛教忍辱的思想，即你欺负我，我要让你欺负够，将孽债还完算了，不再亏欠别人的了。不过，我认为这个思想在现实社会中是不可取的。

我认为，既然是恶缘就应当远离，避免再受伤害。我上高中时我的爷爷得了肺癌住进了医院，我在医院负责照顾；一位得了胃癌的老人与我爷爷的病床相邻，这位老人临终了就喜欢吃豆腐脑，不知道他的这个爱好与他的胃癌有没有关系？他的女儿负责照顾他，有时他的女婿也来看他，还经常因为他大便不通就用手帮他抠出屎来，我们都感叹这样的女婿非常难得。但是，从来没见过他的老伴来医院看望他。有一次，我与他女儿聊天问起此事。他女儿的回答让我诧异良久。

他女儿说："我爸爸与我妈妈在一起生活，已经二十年没有说过话了，两个人一见面就烦，谁也不理谁，做饭也是自己吃自己的。"我当时就大为惊叹，人生竟有如此惨剧！望着这位临终的老人，我的内心生出无限感慨……

又有一位邻居闪现在我的脑海中，他在三十岁时发现妻子在外面有了外遇，内心充满了痛苦，便不再与妻子说话；还经常借酒消愁，喝醉了酒就在家里摔盘子砸碗，发泄心中的郁闷。但是，他从来没有想过离婚，一直这样承受着，过着内心煎熬的生活。由于长年的憋屈和醉酒，他患上了脑血栓，在他五十岁那年暴死街头。

人生苦短！以上的例子足以警醒我们要远离恶缘，只有几十年的生命耗不起风雨的折腾啊！

佛法讲一切都是缘，父母与儿女的关系也是一个缘字。正所谓："儿女是债，有欠债的，有还债的，无债不来。"意思是说，孝顺的儿子是还债的，不孝顺的儿子是要债的。

这个思想在民间影响很深。在山东有一个风俗，即小孩在未成年之前死了，那么在埋葬之前一定要拿镐头在孩子的头上狠砸两下。意思是说，这个孩子是前世的冤家，今世是来要债的，砸两下的目的是让他下世不敢再来。

"因缘所说法，我说即是空"（《中论》），佛教哲学的一个最关键的字眼就是这个"空"字。舍利弗和目犍连就是闻听了"诸法因缘生，诸法因缘灭；我佛大沙门，常作如是说"的偈而皈依佛门的。此处的因缘，因是指构成事物的主要条件，缘是指构成事物的辅助条件。因有这个条件的存在，所以这个东西就存在；若没有这个条件了，这个东西也就不存在了。在《西游记》中，唐僧的大弟子就叫孙悟空。

从佛法来看，任何东西都是空的，但并不是不存在。比如我说这个房子是"空"，并不是说这个房子没有，而是说这个房子是各种条件聚合在一起的；如建筑师设计图纸，建筑工人的劳动，房子是用来做教室之用，这个房子本身还有水泥、砖瓦等因缘聚合，才有了这个房子。所以，"空"实际上是讲的事物的条件性。所谓"此生故彼生"、"此有故彼有"、"此灭故彼灭"，"因缘和合，幻想方生"。

目犍连最懂得因缘的道理，他的本事在佛的诸弟子中也是最大的。究竟大到什么程度？据说他可以一只脚踩着大梵天，一只脚踩着地球，来回晃动。这么大的本事，但是目犍连却死的非常惨。有一次，他经过一个山脚下的时候，不小心被一些裸形外道用乱石打死了。

释迦牟尼佛的弟子们不明白，说："目犍连那么大本事，怎么会被乱石打死呢？他难道不会躲闪吗？"释迦牟尼佛解释说："这叫神通敌不过业力啊！你再大本事，你前世造了恶业，也跑不了你啊！目犍连的前世是打鱼为生的，他的前世不知道害了多少条鱼的性命啊，所以他受此恶报。"

目犍连还有一个本事，就是他看事情能够入木三分。一次，颇有姿色的莲华色受到外道的指使，用妩媚的姿色勾引目犍连。目犍连一眼就看破了莲华色婀娜多姿遮掩下的过去悲惨的遭遇和用色相勾引男人的复仇心理。目犍连没有听过莲华色女的事情，他完全是凭借自己的神通对莲华色女的身世了如指掌。

原来莲华色女有着痛苦的经历，她仇恨所有的男人，她不相信感情。她曾经是一个美丽纯洁的姑娘，16 岁时父母为她找了一个夫婿，不久，她的父亲去世了，她的母亲竟和她的丈夫私通。

羞愤交加的莲华色，丢下幼小的女儿，只身一人在外面漂泊，几年后再次嫁给一个经商的男人，过了几年幸福的日子，但她的丈夫在一次外出经商时，花了很多钱买了个小妾，让她惊异的是这个小妾竟然是她和第一个丈夫生的女儿。她顿觉天旋地转，命运如此捉弄她，从此她彻底绝望了。她开始用自己的色相报复这个世间，勾引男人做起了卖笑的淫女。

目犍连并没有轻视她，知道她此刻内心的悲苦。他同情地对莲华色说："你前半世虽然经历了一段苦难的因缘，但若能依着佛陀的教化而行，即可获得新生，现在你的机缘已经成熟，跟我一起去见佛陀吧！"就这样，莲华色女做了佛陀的弟子。

第五节 "议论第一"的迦旃延

迦旃延是西印度人，他最初是跟随外道修行，后来皈依了释迦牟尼，成了"十大弟子"之一。因为他最善于分别诸经，分析法义，擅长说法，所以在佛的弟子中被誉为"议论第一"。

迦旃延度化众生的故事很多，最著名的是教一位老妇人"卖贫"而升天的故事。

佛经记载，阿槃提国有一个大财主，为人吝惜凶狠，有一个丫鬟从小就给他家干活，起早贪黑，不敢有任何怨言，即便如此，仍免不了挨打受饿。到了老年，更是衣衫褴褛，终不饱食。

有一天，她感到十分委屈，来到河边痛哭，准备跳河自尽。

此时迦旃延化缘路过此地，问清缘由，便对她说："你这样贫穷，为什么不'卖贫'呢？"老妇人迷惑不解地问："贫穷也能卖？又有谁会买贫呢？"迦旃延便教这位老妇人如何广求布施、持斋、念佛、观佛等种种功德。

这位老妇人便照着他说的一一去做。在一天的午夜，天放大光明，大地震动，老妇人的虔诚感动了天地，随后这位老妇人转生到了忉利天中，与五百天女一同娱乐游戏，幸福无比。

第六节 "天眼第一"的阿那律

阿那律是释迦牟尼的堂弟，他是释迦牟尼的叔父甘露饭王之子。释迦牟尼成道以后回家弘扬佛法，阿那律钦佩佛陀的道行，于是跟随佛陀出家，并成为佛的"十大弟子"之一。

阿那律虽然有天眼第一的神通，可他本人却是个盲人。

据《楞严经》记载，由于他是王子，出家不久，无法适应佛教徒的苦行生活，常常贪睡耽误修行。对此，佛陀非常生气，指责他贪睡、贪吃，根本不像一个修行精严的比丘。

阿那律受到刺激，下决心要克服贪睡的毛病，连续七天七夜不睡觉苦行佛法，最后把眼睛累瞎了。后来在佛陀的指导下，阿那律日日精进，终于证得了天眼的神通，成了僧团中的千里眼。

十方世界（东、西、南、北、东南、东北、西南、西北、上、下）在他看来就像掌中的摩罗果（形如胡桃）一样；而且，看起来还有显微镜一样的功能，细致入微。由于他对大千世界看得清楚明白，这就使得他心胸豁达，容易和任何人相处。他认为：道是从少欲、知足、寂静、正念、正定、精进、正慧、无戏论等八种方法得来的。

第七节 "智慧第一"的舍利弗

在古印度有一个规定，即在佛陀圆寂之前，大弟子要提前圆寂。释迦牟尼佛的大弟子是谁呢？叫舍利弗。舍利弗号称智慧第一。

舍利弗出生在摩揭陀国一个婆罗门著名论师的家庭，因为眼睛像舍利鸟一般明亮锐利而得名。或许因为家庭氛围的影响，他自幼敏而好学，8岁即能通晓当时的一切书籍，同年在宫廷辩论中舌战群雄而折桂，国王也为之叹服，并赐村庄一座。

年少时，就与目犍连结成好友，他们经常结伴游历寻师访友，求学问道。舍利弗从听闻"诸法因缘生，诸法因缘灭"的缘起道理，间接知道了佛陀，因此与好友目犍连相约，共同率领二百五十名弟子，一同到竹林精舍皈投佛陀座下。

王舍城竹林精舍

脉络

中国佛教

舍利弗皈依佛陀后，常伴随在佛陀左右，帮助佛陀度化众生，在诸多弟子中他的智慧超群，《增一阿含经》说他"智慧无穷，决了诸疑"。

据经典记载，舍利弗通晓外道典籍，常常用他那超绝的辩才摧伏赤眼婆罗门外道，使须达多长者皈依佛陀，并花费巨资修建祇园精舍。北方憍萨罗国舍卫城中的须达长者，到南方亲睹佛陀圣颜，受感召而皈依佛陀，并发心率先在北方建立精舍，奉献给佛陀，普洒甘露法水。这时，舍利弗奉派前往监督工程的进行，并降伏外道，顺利完成祇园精舍的建设。可见，舍利弗是佛教历史上最早的建筑学家。

舍利弗是最受佛陀信任的首座弟子，佛陀成道后第一次回到祖国迦毗罗卫城的时候，其子罗睺罗要出家，佛陀就叫他拜舍利弗为亲教师，受沙弥戒。舍利弗并受佛陀的嘱托，经常关照僧团中年少的比丘和沙弥。

佛陀在舍卫城的时候，因怜悯众生漂泊生死大海之苦，轮回在六道中没有一个幸福快乐的归宿，佛陀悟出了得救的法门。佛陀怕小根小机的人不能信受，最后决定以大智的舍利弗作为当机问法的人，宣讲极乐佛国的净土法门。这就是《佛说阿弥陀经》的讲说因缘。

在佛陀晚年的时候，提婆达多企图盗取佛陀所讲的法而另立僧团，并带着没有觉悟的五百比丘逃到伽耶山中，舍利弗与目犍连立即追赶到山中，舍利弗用他的智慧说服和劝导了五百比丘，让他们明白所犯的错误，返回归途皈依佛陀。舍利弗担负起僧团和合的重责大任。因此，舍利弗在僧团中备受尊敬。

除公认的智慧外，舍利弗慈悲的菩萨行愿也是有目共睹的，佛经里记载他有很多事迹，据说他是佛弟子中最能布施的。所谓布施，有三种情况：一个是财布施，即把财物给别人；一个是法布施，即向众生宣扬佛法；还有一个是无畏布施，即增加众生的勇气和信心。

有一天，有一位众生对舍利弗说："你修行菩萨道，我想要一样东西你能不能给我？"舍利弗说："没有问题，你尽管说吧！"

那位众生说："我母亲得病了，必须要一个出家人的眼球做药引才能治好病。"舍利弗毫不犹豫地找了把刀子把右眼挖了出来，呈送在那位众生的面前。

但见那个人拿过来眼球之后叹了一口气说："你的行动太快了，必须是左眼球才行，你把右眼球挖下来做何用呢？"

听完这个话以后，舍利弗又飞快地把左眼球挖出来送给对方。

对方一句感谢的话也没有说，只是把眼球放在鼻子下面闻了闻，说道："你是什么出家人？眼球怎么那么臭啊！"

说完就把眼球扔在地下一脚给踩碎了，然后扬长而去。

舍利弗一脸痛苦地感慨道："菩提心难发，众生难度啊！"

话音刚落，佛就出现在眼前，说："刚才是考验你呢！两个眼球都奉献给众生，说明你修行很精进啊！"

一晃和佛陀朝夕相处的四十多年过去了，当舍利弗得知佛陀即将于三个月后入灭时，诚恳地请求由他按照传统先行入灭，因为他实在无法承受佛陀先他们而去的打击。得到了佛陀的许可后，已经八十多岁高龄的舍利弗回到故乡，在拜见了年过百岁的母亲之后，在自己房中安静地涅槃了。

据《法华经·譬喻品》里记载，佛曾为舍利弗授记未来做佛，号华光如来，国名离垢。

第八节 "密行第一"的罗睺罗

罗睺罗在梵文中的意思是"障月"。罗睺罗是释迦牟尼未出家前生的儿子，据说他出生时正赶上朔日，也就是月亮被遮住了，所以叫他罗睺罗。

释迦牟尼成佛后，曾回到家乡。他唯一的儿子罗睺罗愿意跟从父亲出家，作了小沙弥，此为佛教有沙弥（小和尚）之始。

罗睺罗刚出家时爱说谎骗人，自己寻开心。佛陀知道后，特把他叫来，为他从佛教角度讲了诚实的重要性。

一天，佛陀洗完脚，问他："这盆里的水能喝吗？"

罗睺罗说："洗脚水污秽，怎么能喝呢？"

佛陀趁势开导说："你就和这洗脚水一样！你本是王孙，出家做了沙弥，不清净身心，不守口慎言，而是开玩笑骗人，三毒的污秽在你心中，如同干净的水里有了污秽一样。"

佛陀说完把盆轻轻一踢，盆子滚动起来，旋转不止，罗睺罗害怕起来。

佛陀问他："你怕把盆子踢坏吗？"

罗睺罗回答说："不是，脚盆不是什么值钱的东西，坏了也不要紧。"

佛陀说："罗睺罗，你不爱惜这个盆，等于大家也不爱护你、珍惜你，命终的时候也不能觉悟，只能是更加迷惑！"

罗睺罗听了佛陀的教诲，全身冒汗，无地自容，发誓持戒修行。

因为罗睺罗"不毁禁戒，诵读不懈"，三千威仪、八万细行，皆能知之，故被称为"密行第一"。他是佛祖的十大弟子之一，也是著名的十八罗汉之一。

第九节 "说法第一"的富楼那

在佛陀的十大弟子中，富楼那以"说法第一"著称。他最善分别义理，广说佛法，而且辩才极为出色。

富楼那向广大听众宣讲佛教义理，有说有唱，抑扬顿挫，有时还穿插民间故事和传说，他把佛法讲得生动有趣，使广大听众听后信服而皈依佛门。因闻其说法而解脱得度者，竟多达九万九千人，他被誉为"说法第一"是当之无愧的。

当时印度西方有个输卢那国，据说那里的人民"凶恶轻躁，弊暴好骂"，是弘扬佛法最难的去处。

富楼那偏要到该国弘法化度，他向佛陀表示了自己的决心，得到了佛祖的鼓励和赞扬。

佛陀问："你到那里弘法，假设那里的人谩骂你呢？"

富楼那回答说："那里的人只是用嘴骂我，还没有用木棍打我，说明那里的人还是可以教化的。"

佛紧接着问："假设那里的人用木棍打你呢？"

富楼那回答说："那里的人只是用木棍打我，还不曾用铁锹打我，还给我留了一命，说明那里的人还不够凶残，还是可以教化的。"

佛又继续追问："假设那里的人用铁锹打你呢？"

富楼那回答："那里的人用铁锹打我，还没有打死我，说明那里的人还有点人性。"

佛最后问："假设那里的人把你打死了呢？"

富楼那说："那我太感谢他们了。他们让我用我的躯体报答了佛恩。"

佛说："你能有这种思想准备，可以到输卢那国去传法了。"

富楼那在输卢那国经过艰苦的工作，终于建立了五百伽蓝（寺院），为五百僧众说法。

第十节 "持律第一"的优波离

优波离出身于第四种姓（属首陀罗种姓，属社会最底层），在王宫做理发师。因他心地善良、工作勤奋，很得释迦王室信任，遂命他在王宫为王子们理发。

他想出家当和尚又恐自己出身低贱佛门不收，痛苦的煎熬使他泪湿面颊。

舍利弗看到了，问明原委，对他说："你不用悲伤，佛法平等，不分贵贱，我带你去见佛陀，佛陀一定会收你为弟子的。"

佛陀果然同意收他为徒，这体现了释迦牟尼"四姓平等"的思想。优波离精进修行，后来成为著名的十大弟子之一。

优波离以奉持戒律最为严谨著称。《增一阿含经》卷三说："奉持戒律，无所触犯，优波离比丘是。"故其为"持律第一"。《大智度论》卷二称，优波离"于五百罗汉中，持律第一"。据说优波离是位持律模范，所以在佛陀寂灭后，在佛教第一次结集时，由他诵律藏。

第五章

三藏圣典结集

三藏，佛教典籍的总称。"藏"字的意义是盛放东西的竹箧，佛教经、律、论三种经典能够把佛所讲的戒、定、慧三种无漏学的教法，统统放在一个三藏的"竹箧"中，收藏起来，因此便称为"三藏"。

释迦牟尼四十九年所说的佛法，总称为经、律、论三藏圣教。经，是佛所说永恒的道理；律，是僧团内部的戒律；论，是各位菩萨、论师等论学的内容。

三藏所讲的就是戒、定、慧三种无漏学的道理，凡是佛门弟子能发心修行戒、定、慧三种过程的，就可以不漏落于生死轮回，经受种种烦恼痛苦，因此称为无漏学。

所谓结集，其实就是对佛陀所说的经进行编辑，这个编辑建立在各位弟子记诵的基础上，即诸比丘集合在一起念诵出佛陀在世时讲法的内容，然后进行编辑，这是为了防止佛的遗教的散失，同时也是为了给僧团的发展准备有形的工具，使僧团四众有所皈依，有所遵守。

"结集"是佛教典籍产生的方式，也是佛教所特有的文化现

72

象。其目的是为了保持佛法能够按照原貌往下流传，为后人所共同遵守和奉行。

结集在建构佛教思想体系中的决定性作用是无可替代的。原始佛教就在这个结集中奠定了它的规模，决定了它的修行方式，指定了它将来的发展道路，它并未因佛陀的涅槃而走向消亡，而是更加发扬光大起来。

释迦牟尼佛圆寂之前交代的第三大遗嘱就是怎么来编写佛经的问题。

释迦牟尼佛交代编写佛经的时候一定要注意六个方面，即信、闻、时、主、处、众。信是所编写的内容要可信，所有佛经开头都标有"如是我闻"四个字，"如是"就表示信；"我闻"表示我是听佛说的，并非佛所亲自写出，这为以后的佛教分派埋下了伏笔。然后交代时间，往往用"一时"来表示；"主"是指释迦牟尼佛；"处"是指佛说法的地方；"众"指佛说法时的听众。这也是佛经写作的一个惯例。

根据史料记载，佛教史上先后经过四次结集，不断演绎增删，经、律、论三藏圣典始告完备。每次结集都引起了佛教的一次大踏步飞跃，早期佛教的特点之一就是一再结集，一再分裂，最后分头多极发展。

佛陀涅槃后第 3 天，摩诃迦叶即召集众僧在七叶窟进行第一次教法结集。七叶窟位于中印度摩揭陀国王舍城附近。因窟前有七叶树，故名七叶窟。七叶窟原为释尊说法的道场；佛灭后，摩诃迦叶尊者曾经以阿难陀、优婆离为上首，在此结集经、律、论三藏经典。3 个月内，共有 499 位圣众和长老响应到场，大家推举摩诃迦叶为首座主持结集，推举阿阇世王为护法。

2500 多年前的印度尚无文字记录，佛陀与弟子完全是口传心记。由于个人记忆、理解难免不同，若不能及时达成共识，佛教从那时起就很容易会产生分裂。因此，第一次结集对于维护僧团统一和最大限度地保持佛法的原貌意义重大。

第一节　第一次结集（王舍城结集）

第一次结集又称"王舍城结集"、"五百人集法"。相传，是在释迦牟尼入灭的当年雨季，在王舍城外毗婆罗山的七叶窟（又名"七叶岩"，以七叶树生于岩窟之上而得名）举行的。参加结集的是以释迦牟尼的大弟子迦叶为首的五百比丘。

释迦牟尼在娑罗林的两棵娑罗树中间右胁而卧，半夜入灭的时候，身边只有阿难等少数弟子。时在外地的摩诃迦叶等人闻讯赶去，参加了遗体火化仪式。火化后遗存的佛陀遗骨（舍利），为迦毗罗卫、吠舍离、摩揭陀、拘尸那罗等八国分得，各建塔供养。

对于佛陀的入灭，绝大多数的佛弟子悲痛万分，但也有少数懈怠比丘感到快慰。他们说："佛陀在世的时候，经常说，应该怎样做，不应该怎样做，如今我等摆脱了约束，从此可以任意所为了。"听到这种议论，摩诃迦叶十分生气，由此萌发了结集佛陀遗教，依据教法治理僧团的念头。他的想法得到了众多佛弟子的赞同。

一、夏安居结集佛经

佛陀生前制定的僧制规定，在雨季的三个月（6~9月）中，僧人应定居一处，坐禅修学，禁止外出云游，以免伤害滋长的草木小虫，此为"夏安居"，又称安居、坐夏、坐腊（中国佛教则将夏历四月十六日至七月十五日定为安居期。安居前一日称"结夏"，安居结束称"解夏"）。

于是，众人商议在即将到来的夏安居期间，在七叶窟前举行结集大会。早先曾支持提婆达多分裂僧团的活动，后来忏悔而皈依佛陀的摩揭陀国阿阇世王（又译未生怨王，频婆娑罗王之子）支持了这项动议。他特地在窟前营建了精舍，以供与会者居住，并提供了所需的食物和生活用品。

这次结集是在迦叶的主持下，从六月下旬开始的，至九月下旬结束，历时三个月。

会上，先由优波离诵出律藏，次由阿难诵出经藏。在唱诵每一部经典时，诵持者必须逐一回答摩诃迦叶有关佛陀说法的地点、对象、缘由等方面的提问，然后诵出佛陀在那次说法时所说的内容，在得到与会者一致认同之后，方才确定下来。

原始佛教的开卷语"如是我闻"，意思是"我亲自听到这样说"，便是由此而来的。不过，由于古印度一直盛行以记诵口述的方式传授圣典的做法，佛教也不例外，诵出的律本和经本并没有当即记录成文，成文的佛经相传是在公元前 1 世纪才有的，因此，当时形成的是经过核准的口语佛经，而不是书面佛经。

有关第一次结集的内容，佛典的记载不尽相同。有的经典说，会上只结集了经藏和律藏；有的经典则记载，会上还由阿难诵出了论藏，佛教的"三藏"在第一次结集时就已齐备。学术界多取前说。

另外，唐朝玄奘的《大唐西域记》卷九等还提到，没有应邀参加五百人结集的人，在离七叶窟不远的地方，还有数百比丘在长老跋波的带领下另行结集，史称"窟内"、"窟外"结集，这为日后教内两派的分道扬镳埋下了伏笔。佛教史上通常将"窟外"的结集，称为"大众部结集"，以别于迦叶的"窟内"的"上座部结集"。

说在第一次结集时就存在一些不同意见是可能的，因为《五分律》、《四分律》等都提到有个名叫富兰那（又作富娄那）的长老从南方赶来，与迦叶讨论经与律，提出他亲自听到的一些律文也应受持。但说当时已明显地分裂为两大派，并同时举行了两次结集，这当是部派佛教兴起后的说法，值得深入研究。

王舍城的结集是大迦叶发起的。大迦叶是有名的大德高僧，在僧团中以"头陀第一"而受到僧众的尊敬。释迦牟尼最后游行教化，到拘尸那迦入灭，大迦叶并没有随从。后来他知道了佛陀将要入灭，于是率领五百比丘，急忙赶去。在佛陀入灭的第七天，大迦叶赶到了拘尸那迦，并以上座的身份，主持了佛陀遗体的荼毗大典。也就在这时，他发起了结集法藏的会议，决定在当年的安居期中，在王舍城召开结集大会。

大迦叶从众多比丘僧众中挑选出五百位阿罗汉，除了阿难之外，来进行法藏的结集。并且请摩揭陀国国王阿阇世进行护法，供给饮食。具体地点是在王舍城竹林精舍西面大迦叶居住的七叶窟中。

二、大迦叶不接受阿难参加结集佛经的原因

号称"多闻第一"的阿难为什么被排除在结集的僧众团体之外呢？

据说是阿难的修为只到须陀洹果（小乘果位的四个阶段分别

是：须陀洹、斯陀含、阿那含和阿罗汉），并未证得阿罗汉，因此不准参加会议，因为这一次的结集只有具备阿罗汉资格的大德高僧才能参加。

据说，在这之前的3月初，大迦叶入定时用天眼观察到阿难的烦恼并未完全断除，因此在这次结集大会中，大迦叶亲手将阿难从五百阿罗汉中拽了出来，不准他参加结集大会。

阿难感到很委屈地说："照佛的规矩，已成阿罗汉果的僧众不能在佛陀身前身后服侍，因此之故，我才留存有一些残余的烦恼没有断绝而已。这真的是不能怪我啊。"

大迦叶当即反驳道："你还有别的罪过不能消除。据说你曾劝佛陀让女人出家，使佛的正法减去了五百年寿命啊。"可见，大迦叶对女人出家是持反对意见的。

阿难辩驳道："三世诸佛都是有四众弟子的，劝女人出家并没有什么过错啊！"

大迦叶又说："佛陀要进入涅槃之时，背上疼痛，躺倒在地上，需要喝些水，可是你没有给佛陀喝水，这难道不是大罪过吗？"

阿难辩解说："那时正好有五百辆车子从河中横渡过去，搅得河水又黄又浊，因此才没有去取水。"

大迦叶又说道："佛陀问你，如果有人修到了四神足，就可以增加一劫的寿命吗？你应该回答说：'佛陀应增加一劫的寿命。'可是佛陀三问，而你三不答，所以使世尊提前进入了涅槃。"

阿难说："我并不是故意的，那时魔障蒙蔽了我的心田，所以我没有当时回答佛的问题。"

大迦叶又说道："你给佛陀折叠袈裟时，用脚把袈裟踩在了地上。"

阿难哭辩道："当时大风吹来，将衣吹堕在地上，正好落在我的脚边，并不是我不恭敬。"

大迦叶又说："佛陀的阴藏相（佛的生殖器藏在腹中而不显现）在佛涅槃之后，给女人看见了，这行为是多么可耻啊！"

阿难说："我当时想女人见到了佛的阴藏相，内心会感到自己身为女人之形是十分不幸的事，因此对男人产生崇拜之情，以图来世获得男身。我真的是出于好意，不应当被看做破戒的行为。"

大迦叶感到了不耐烦，不再听阿难的辩解，当即命令他到僧房中闭门思过；并要求他证得阿罗汉果位之后，再来参加会议。

阿难常年跟从在佛的身边，佛陀所有说的法只有阿难了解得最清楚，而且他博闻强记，佛所讲法他基本上都能背诵。因此结集佛的法藏不可缺少阿难。

据说，大迦叶以种种理由阻拦阿难加入结集大会，与其"头陀第一"有很大关系。阿难亲闻佛陀遗教，并以较为宽容和方便的精神要求僧众，这引起了大迦叶的不满；又由于阿难在僧团内年纪较轻，因此自然受到了大迦叶的排斥。

阿难深知这次结集的重要性，因此他专心致志地修炼，很快就证得了阿罗汉果。于是，阿难随即前往僧堂敲门。

大迦叶对他说道："你如果证得了阿罗汉果，就从大门的锁孔中钻进来。"

阿难不费吹灰之力，当即从锁孔中进入僧堂，然后向大迦叶礼拜。

大迦叶对阿难说道："希望你不要有嫌恨之心。你回到你的本座去吧。"阿难向各位僧众敬了一个礼，然后立即登上师子床。大迦叶告诉阿难："佛所说法,要准确的背诵,任何细节都不要遗漏。"

阿难开口第一句是这样说的:"我闻如是,一时佛在……"

大迦叶及各位僧众听到这里,都不由得泪流满面。昨日还能亲见佛的容颜,今天就已经称道"我闻"了,让大家情何以堪?人生无常啊!

阿难是佛的堂弟,声音和相貌与佛太相似了。所以,当他刚登上高座念诵时,僧众都以为世尊重新回到世间。但当阿难开口说到"我闻"时,僧众才如梦方醒。

第二节　第二次结集（吠舍离结集）

佛经的第二次结集是在释迦牟尼入灭 110 年后,共有七百位高德比丘参加,所以称"七百结集"。因为结集的地点在吠舍离城,又称"吠舍离结集"。

一、跋耆族比丘"十事"与"大天五事"

当时的比丘对戒律发生争论,耶舍长老在吠舍离城召集 700 僧众,判定古印度东部跋耆族比丘提出的十条戒律（"十事"）为非法。

关于"十事"的内容,南北传佛教文献所载稍有出入。依《善见律毗婆沙》卷一所载,这十件事是:①盐净:谓可将盐等调味料储存在角器内,以备他日使用。②二指净:当日晷之影自日中推移至二指宽间,仍可摄食。③聚落间净:谓一聚落食后,得更入他聚落摄食。④住处净:谓同界内之比丘,可随意于他处行

79

布萨。⑤随意净：于处决众议时，若僧数未齐，得预想事后承诺而先举行羯磨。⑥久住净：随顺先例之意。⑦生和合净：食足后得饮用不攒摇之乳（amathi，即未去酪之精乳）。⑧水净：谓阇楼伽酒（即未发酵之椰子汁）得饮之。⑨不益缕尼师坛净：得缝制不用贴边且大小随意之坐具。⑩金银净：谓得接受金银及许储蓄之。（摘自台湾印顺《印度之佛教》第四章）

坚持"十事"的跋耆族比丘组成大众部，反对"十事"的耶舍等长老比丘组成上座部。

这次结集导致了部派佛教的开始，形成了大众部和上座部。

据北传佛教论书《大毗婆沙论》和史书《异部宗轮论》等说，佛教僧团的根本分裂是由佛灭后一百年左右大天（中印度末土罗国商人之子）提出的"五事"引起的。

"五事"指的是：

①阿罗汉（已达到自身修行圆满的人）仍不能摆脱情欲，在梦中会因魔女的引诱而遗精。

②阿罗汉仍会不知道自己修行已达到的果位。

③阿罗汉对教理仍有疑惑不解之处。

④阿罗汉的修行仍需他人指点。

⑤阿罗汉仍有痛苦的感觉，通过发出"苦哉"之声来帮助自己实现解脱。

大天将五事编为一偈："余所诱无知，犹豫他令人，道因声故起，是名真佛教。"并在布萨日当众唱诵，从而引起争论。赞成大天的主张的，即为大众部；与之相对立的，即为上座部。大天因而成了大众部的创始人。此为根本分裂。

据《大毗婆沙论》卷九十九说，大天先前犯有三种死后当堕

"无间地狱"的罪业（三无间业）：

一弑父。其父外出经商，他竟与生母相通，待父还家时，又与母合谋杀之。

二杀罗汉。大天与母出逃后，在摩揭陀国华氏城遇见认识自己的僧人，惶恐事彰，又杀了那人。

三弑母。大天的生母后来与他人通奸，大天又将其母杀死。

由于大天是大众部的首领，而《大毗婆沙论》则是与之相对立的上座部系统中的说一切有部的著作，故近人也有对此说持怀疑态度的，认为这未必是事实。

《异部宗轮论》记载的枝末分裂，则是指大众部分出一说部、说出世部、鸡胤部、多闻部、说假部、制多山部、西山住部、北山住部，凡八部；上座部分出说一切有部，说一切有部分出犊子部、化地部、饮光部（又称善岁部）、经量部（又称说转部），犊子部又分出法上部、贤胄部、正量部、密林山住部，化地部又分出法藏部，凡十部。大众部和上座部的支派总计为十八部，加上根本大众部和根本上座部（又称雪山部），构成北传佛教所说的二十个部派。

二、上座部与大众部的区别

上座部派是比较保守的一派，他们固守佛教原有的教义、戒律，墨守成规，不能使佛教适应变化的社会需要；而大众部派则比较激进开放，他们根据当时印度东部地区经济比较发达和私有经济已迅速发展的情况，提出变革佛教中的不蓄金银钱财、僧团财产共有等戒条，为佛教在这些地区得到广泛传播与发展创造了条件。

两派对于佛陀观的理解也存在分歧。上座部一般坚持原始佛教的看法，即认为他是一个历史人物而不是神；他之所以伟大，主要在于他思想的正确、智慧的精湛和人格的崇高。而大众部则把佛陀神化，认为佛陀具有无限量的寿命和无边的法力。大众部所持的佛陀无限的观点是与他们弘扬佛教的企图分不开的，只有承认了佛陀的无限神力，才使佛陀具有适应印度各地区、各民族发展的需要，才能使佛教显现出整治社会的功效。

关于心性及其解脱问题，部派佛教也曾有过许多争论。佛教的根本目的在于求得解脱，部派佛教围绕着心的解脱，对心性的净染提出了许多不同的观点。

大众部一般都主张"心性本净，客尘所染"，即认为只要去除所染，恢复本净的心性，方可解脱。上座部的一切有部坚决反对"心性本净"说，他们把心分为净心与染心两种，所谓解脱，就是以净心取代染心。上座部中的化地部、法藏部则认为"心性本净"，持与大众部相近的观点；但他们又否认客尘对心性的染污，与大众部的"心性本净"说大相径庭。

上座部的各派在有和无的关系上，比较侧重于说"有"，即肯定心法与色法（精神现象和物质现象）都是实在的；如说一切有部就主张"法有我无"，即认为万法皆因缘而有，没有常恒的主宰（我）。上座部的犊子部则进一步主张"我法俱有"，即认为万法及其主宰（我）都是实有的。

而大众部的各派在有和无的关系上，一般都比较偏重于说"空"，即对现实世界持否定的态度。例如一说部主张"诸法俱名论"，认为世间法、出世间法全是假名，一切法都无有实体，都是不真实的存在。

部派佛教争论的问题及其提出的观点，对大乘佛教的兴起与发展产生了深刻的影响。大乘佛教正是在部派佛教争论的问题的基础上创建自己的佛教理论的，部派佛教各派的观点和理论是印度佛教由原始佛教走向繁荣的一个过渡阶段，它为后来的大乘佛教理论作了理论铺垫。

第三节　第三次结集（华氏城结集）

佛经的第三次结集是在公元前 250 年，发生在阿育王统治时期。

阿育王可谓印度历史上最崇信佛教的皇帝。正是由于阿育王对佛教的极力提倡，才使佛教发展壮大，最终走向世界。当时的阿育王笃信佛法，导致一些外道也装模作样，混迹于佛教队伍之中。这些外道缺衣少食，日子不好过，乃穿上僧装，化作比丘形，在佛教中不起好作用。他们进入佛教队伍之后，改窜佛典，混淆教义，使很多佛教徒真假难辨，被诱入邪见者甚众。

当时有六万多个比丘为此忧虑重重，探讨解决的对策，结果选出精晓三藏者 1000 人，以目犍连帝须作为上首，集中于华氏城，开始整顿真假难辨的佛法，淘汰那些混入佛教队伍的外道魔僧，这就是佛教历史上的第三次结集。

在佛教历史上，有关第三次结集，有南北两种说法。

南说，指的是南传佛教，即由印度向南传播形成的斯里兰卡、缅甸、泰国、柬埔寨、老挝等国的佛教，这一派以信奉小乘上座部佛教为主；北说，指的是由印度向北传播形成的中国、朝鲜、日本、越南等国的佛教，这一派以信奉大乘佛教为主。

南传佛教所说的第三次结集，即是指的"华氏城结集"。相传在佛灭后 236 年第三次佛经结集于华氏城举行。华氏城又被翻译成巴连弗邑、香花宫城、波吒釐子等，摩揭陀国阿育王从王舍城迁都到了这个地方。古代的华氏城位于今天印度的比哈尔邦首府巴特那。当时参加结集的是以目犍连子帝须为首的一千比丘。目犍连子帝须又略称帝须，是阿育王的儿子摩哂陀出家后的师父。

据南传佛教史书《岛史》、《大史》等记载：在第二次吠舍离佛经结集以后，跋耆比丘因对大会通过的将"十事"断为非法的上座们的决议不满，另外又举行了一次集会。在这次结集中，他们更改了三藏的一些内容，以适应自己的观点，并且增入了一些新的经典，从而形成了大众部，而将与自己的观点相对立的上座们称为上座部。

大众部与上座部的区别是很明显的。上座部主张对佛制戒律（包括微细戒）一概必须严格遵守，不得违背；而大众部则主张对佛制大戒必须严格遵守，而对小戒、微细戒可视实际情况有取有舍，可以灵活掌握。佛教史上说的第一次分裂（或根本分裂），就是指统一的佛教僧团分裂为上座部和大众部这两大派系。

据《大史》第五章记载，在后来的发展中，上座部和大众部的内部，又发生再分裂，这在佛教史上被称为枝末分裂；即大部分出小部，小部又分裂为支部，至公元前 1 世纪中叶，先后形成了二十四部：大众部分为鸡胤部、一说部、制多山部，鸡胤部又分出说假部和多闻部，连根本大众部在内，总计六部；上座部分为化地部和犊子部，化地部分出说一切有部和法藏部，说一切有部又相继分出饮光部、说转部、经部，犊子部分出法上部、贤胄部、六城部、正量部，连根本上座部在内，总计十二部；以后印度佛教还分裂出雪山部、王山部、义成部、东山部、西山部和金刚部，凡六部。以上总计二十四部。

据南传佛教记载，印度孔雀王朝的第三代君主阿育王（公元前268—公元前232年在位）在皈依佛教以后，在鸡园寺举行了七年的斋会，每天供养的僧人达数万人之多。这说明当时佛教在社会上流行的盛况。大批外道也混迹其中，造成僧团内部十分混乱。为此，阿育王于即位的第十七年（公元前251年），从阿呼山请来了目犍连子帝须，着手对僧团进行清理。

阿育工足智多谋，他为了将外道从佛教队伍中清理出去，就作成了众多隔障，将同一见解的人集中在·隔里。然后从每一隔中唤出一名比丘，亲加审问，凡是属于邪见的，并令还俗。事后，由帝须主持，在僧众中选出通达三藏的一千比丘，于华氏城举行了历时九个月的第三次结集。

会上重新结集了三藏，并且由帝须编纂了《论事》一书，书中记述了部派佛教内部的各种论事以及帝须一派所批驳的二百多种观点。由于帝须属于南传上座部中的化地部，故这次结集也被认为是化地部的结集。

北传佛教所说的第三次结集，指的是"迦湿弥罗结集"。相传是在佛灭后400年，大约公元2世纪初叶，在迦湿弥罗（又译罽宾，即今天的克什米尔一带）举行的佛经结集。《大唐西域记》卷三等记载了迦湿弥罗结集的情况，但没有明确它是第几次结集。

第四节　第四次结集（迦湿弥罗结集）

发生在佛陀逝世后约400年。迦腻色迦王接受了胁尊者的建议，在迦湿弥罗（今克什米尔一带）举行了一次佛教经典的结集。这次结集由胁尊者主持，以世友为上座，共有500人参加，主要是论藏的结集。相传迦腻色迦王命人建塔封藏，以传后世。

《大毗婆沙论》的出现就与迦腻色迦国王有着密切的关系。

据北传佛教说，佛灭后400年，大月氏贵霜王朝的迦腻色迦王（128—153年在位）统治了西北印度。迦腻色迦王是继阿育王之后出现的又一位有名的护法君主。

他定都犍陀罗国（又译乾陀罗等，其地在今巴基斯坦白沙瓦及其毗连的阿富汗东部一带），并且与佛教大德胁比丘、马鸣、世友等结为密友。

佛像的雕刻就是从他治世的时候开始的。

迦腻色迦王喜欢阅读佛经，每天请一位高僧入宫说法。由于这些僧人分属不同的派系，所持的见解也不同，致使他产生了不少疑惑而不能得到解答。

于是，他采纳胁比丘的意见，在全国选拔了五百比丘，让他们在世友的主持下，在迦湿弥罗举行结集，以统一经典和思想。会上各造十万颂，疏释经、律、论三藏。著名的《大毗婆沙论》就是在这次结集中产生的。

由于迦腻色迦王在众多的部派中独尊说一切有部，故他支持的这次结集，实际上是说一切有部的结集。

第六章

大乘佛教

大约在公元 1 世纪左右，印度佛教内形成了一些具有新思想的派别。这些派别自称其目的是"普度众生"。他们信奉的教义好像一只大船，能运载无数众生从生死此岸到达涅槃解脱的彼岸世界，从而成就佛果。所以这一派自称是"大乘"，而把原始佛教和部派佛教一概贬称"小乘"。

大乘佛教在印度本土有三个发展时期：①初期大乘，约 1 至 5 世纪，集中阐发"假有性空"的理论，逐步形成由龙树、提婆创始的中观学派。②中期大乘，约 5 至 6 世纪，出现以讲如来藏缘起和阿赖耶缘起为特点，集中阐发万法唯识的各类佛经，形成以无著、世亲为始祖的瑜伽行派。③后期大乘，7 世纪以后，佛教义学逐步衰弱，密教起而代之，形成密教经典。这三个时期的各派论著大都保存在汉、藏文译本中，少数仍有梵文。13 世纪后，佛教在印度绝迹。

大乘佛教主要从体空的角度讲空，认为事物在本质上就是空，没有离开空性的事物，也没有离开事物的独立的空，要求即空观有，即有观空，它与小乘佛教从分析的角度讲空完全不同。

小乘佛教认为事物之所以空是因为组成它的部分有可能离散，而且小乘把空和有看成是完全无关的，是两种根本不同的状态；大乘佛教则主张"即万物之自虚"，通过修"六度"（布施、持戒、忍辱、精进、禅定、智慧）等菩萨行来达到成佛的目的，并在修菩萨行中普度众生。小乘佛教强调修习"三学"（戒、定、慧），以取得阿罗汉果位为目的，主要是求得自身的解脱；大乘佛教不要求一定出家，重视与世俗生活的密切联系，主张为使众生脱离痛苦而不离世间。小乘佛教强调出家或出世；大乘佛教则倡导出世不离入世。小乘佛教中有代表性的部派一般把佛陀看做掌握佛法的最高教主，大乘佛教则一般把佛陀描绘为全知全能、威力无比的神，将佛陀神化。

由印度本土传出的大乘佛教，属北传佛教，主要指中国佛教汉、藏两大系统。汉传佛教始于东汉末年的支娄迦谶，魏晋时期佛教显学"般若学"盛行，此后鸠摩罗什传"三论学"，佛陀跋陀罗、昙无谶等弘传涅槃学，菩提流支、真谛等传唯识学，大乘佛教遂占据中国佛教的主导地位，且内容日益丰富，增添了中国固有的文化色彩。

第一节　中观学派

龙树或龙树菩萨，是佛教中观派佛教的创始人，出身于南天竺维达婆国婆罗门家族，被中国多数宗派奉为祖师，在佛教史上具有很高地位。龙树菩萨造大乘经典注释，树立大乘体系，使大乘般若性空学说传布全印度，在佛教历史上有"千部论主"之称。

龙树自幼学婆罗门圣典，至于天文地理、图纬秘谶及诸道术，无不精通。后皈依佛教，精通三藏。曾入雪山佛塔，遇一老丘授以大乘经典，从此周游诸国，寻经问道。与"外道"辩论，皆获胜利。

时南天竺工信奉婆罗门教，攻击佛法，龙树乃前往教化，使他皈依佛教。在南天竺王的推动下，大乘般若性空学说风靡全印度。龙树后死于"小乘法师"的迫害。其著作的汉译本主要有《中论》、《十二门论》、《大智度论》等。三论宗、天台宗均以龙树为印度之祖师。

龙树把早期的般若思想进行了系统的梳理，形成了一个严密的宗教哲学体系。中观学派又称"大乘空宗"，发挥了般若经的思想；认为世界上的一切事物以及人们的认识甚至包括佛法在内都是一种相对的、依存的关系（因缘、缘分），一种假借的概念或名相（假名），它们本身没有不变的实体或自性（无性）。正所谓"众因缘生法，我说即是空，亦为是假名，亦是中道义"，即认为由世俗的名言概念所获得的认识，都属于戏论范围，被称为"俗谛"；只有按照佛理去直觉现观，才能证得诸法实相，被称为"真谛"。

从俗谛说，因缘所生法，一切皆有；从真谛说，这一切都没有自性，一切皆空；而"毕竟空"存在于"世俗有"之中。《中观·观四谛品》说："若不依俗谛，不得第一义；不得第一义，则不得涅槃。"这种在理论上把性空和方便统一起来，在认识上和方法上把名言同实相、俗谛和真谛统一起来，即所谓"假有性空"的观点。其思想从般若空观出发，阐述了般若性空的道理。

《中论·观因缘品》开首的"八不"颂曰："不生亦不灭，不常亦不断，不一亦不异，不来亦不去。"这就是大乘佛教所谓的

"八不中道"学说。"八不中道"学说是"中观学派"观察事物的方法，依据这种观察方法，任何事物都是无自性的，所以是"空"的。实质上龙树的哲学是对有部为代表的小乘实在论的批判。龙树的大乘论在印度得到了很大的发展，印度佛教由此从小乘时期转入大乘时期。

提婆也是中观学派的代表人物，出生于狮子国（今斯里兰卡）；原为王子，后放弃王位出家，学婆罗门学说，学识渊博，辩才绝伦。因仰慕龙树声名，从狮子国到拘萨罗去拜龙树为师，开始学习和弘扬大乘佛教。

提婆在佛教大乘哲学上发展了龙树的学说，提出有为法空，无为法亦空，诸法空不可得；进而他又提出了"破想"的正观，即不仅要破除主观的想象和认知，而且也要从根本上破除客观上的存在；又阐发了用"真假"来解释龙树的二谛说，认为凡用语言表达的法都是假有，离名言概念的法才是真有；假有即所谓的"俗谛"，真有即所谓的"真谛"（又称"胜义谛"）。在破斥外道方面，他比龙树"破邪即显正"的观点更进一步，主张说空必须一切皆空，破斥时必须"破而不立"。他把龙树的破有破无而得中道的两分法改进为"三分法"，即在破有破无之外，再破亦有亦无，从而达到"中道实相"。

提婆对龙树中观学说的传播起了重要作用，对中国佛教的三论宗、天台宗等有较大影响。

第二节　瑜伽行派

瑜伽行派，亦称"大乘有宗"，与中观学派并称为印度大乘佛教的两大派别。约公元 4 到 5 世纪时由无著、世亲兄弟所创立，尊弥勒为师祖，主张"万法唯识"，故又名"唯识派"。

无著出生于北印度犍陀罗国娄沙富罗（今巴基斯坦的白沙瓦），属婆罗门种姓；初习小乘，在说一切有部出家，跟从宾头卢学习小乘空观理论；其后在中印度阿踰陀国改信大乘，据称曾从弥勒学习《瑜伽师地论》，从此专门研修唯识思想，并劝导其弟世亲也放弃小乘而改信大乘。兄弟俩同时成为唯识论的奠基者。

无著认为"阿赖耶识"是一切诸法的根本，也是生死轮回的主体；又分析了诸法的三性，即遍计所执性、依他起性和圆成实性。所谓遍计所执性，是指任何事物都是虚妄的存在，是由于人们对外界事物的迷惑而赋予其名称；依他起性是指任何事物都是一种相对的存在，事物本身是由因缘或条件引起的；圆成实性是指事物的究竟的"实相"状态。无著的瑜伽行派理论对中国法相宗影响较大。

世亲也是初习小乘，在说一切有部出家；虽宗有部，却不拘泥于有部的说法。世亲曾斥责大乘为非佛说，后经劝导，改宗大乘。世亲认为外境本来并不存在，只是识的显现，由于识生起的作用，转变成为心的对象，如同病目见空华，由此阐发了其"识生似外境现"的思想。其著作《唯识三十颂》等集中论述了唯识思想的内涵，也是唯识学说发展的高峰。

世亲把宇宙万有分为心法、心所有法、色法、不相应行法、无为法等五类，进而细分为一百种，以此说明心法是识自体，心识相应；色法是心识所变现；不相应行法是区别于心、色的假立；无为法则是前四类断染成净的最终结果。

世亲认为一切众生按善恶种子不同分成声闻、独觉、如来、不定种性、无性有情等五种，其修持结果也因此而不同。在因明论上，他认为应该用"因明"来表示充分理由的性质。他的学说对后世影响甚大，为印度大乘佛教瑜伽行派和中国佛教法相宗所遵奉。

瑜伽行派主张"内识生时，似外境现"，即认为万事万物都是心识的变现，本身并非真实的客观存在；其把"识"分为八种：即有分别及思虑作用的眼、耳、鼻、舌、身、意前六识，作为潜在的自我意识的第七识末那识，以及第八识阿赖耶识。他们根据"万法唯识"的道理，用遍计所执性、依他起性、圆成实性的"三性说"解释一切认识现象的有无和真假；其把佛教修习的全部目的归结为阿赖耶种子的"转依"。在论证"唯识无境"和指导宗教生活上，完成了佛教名相的分析系统，建立了"五位百法"的理论，并发展了佛教逻辑"因明"思想。

6世纪后，该派以印度那烂陀寺为中心，先后出现过许多学者，形成了两大派别：①以难陀、安慧为代表的"唯识古学"。难陀首先在"唯识无境"基础上提出见分、相分二分说，但认为相分不实在。安慧继承难陀，进一步认为还有第三分"自证分"，且唯以此分为实有，其余二分"情有理无"。因二人皆否认相分真实性，见分也无其行相，故其学说称"无相唯识说"。②以陈那、护法为代表的"唯识今学"。陈那首提三分说；护法又立"证自证分"，成四分说。二人皆主张相分真实有体，见分取相分为境时，见分上会生起相分之"行相"，故亦称"有相唯识说"。

中国南北朝时菩提流支和真谛所传，基本上属唯识古学，唐玄奘主要传译唯识今学。随着社会的发展，瑜伽行派后与中观派合流成瑜伽中观派，最终融合在密教中。

第三节　密教的流行

密教在教理上以大乘中观派和瑜伽行派的思想为理论前提，在实践上则以高度组织化了的咒术、礼仪、本尊信仰崇拜等为其特征；提倡口诵真言咒语（"语密"）、手结契印（"身密"）和心作观想（"意密"）的三密加持，就能使身口意三业清净，与佛的身口意相应，可以"即身成佛"。在密教看来，世界万物皆由地、火、风、水、空、识六大所造，前五大为色法，属"理"、"因"的胎藏界；识为心法，属"智"、"果"的金刚界；色心不贰，金胎为一，二者摄宇宙万物，而又皆具众生心中。

《金刚顶经》出现以后，密教被称为金刚乘。据传，大日如来授法金刚萨埵，释迦逝后 800 年时，龙树开南天铁塔，亲从金刚萨埵受法，后传龙智，龙智传金刚智和善无畏。密教初期曾盛行于今德干高原等地区，所依经典主要是《大日经》、《金刚顶经》、《苏悉地经》等。唐开元四年（716 年）善无畏带《大日经》来华，与弟子一行译出；开元八年金刚智及弟子不空传入《金刚顶经》，由不空译出，从而把密教输入内地，并成为中国佛教宗派之一。

在中国西藏地区的密宗为藏传佛教，俗称喇嘛教。805 年，日本僧人空海在长安青龙寺从惠果受胎藏界、金刚界两部秘法，并受传大阿阇梨位；回日本后以平安（今京都）东寺为中心弘扬密教，称"真言宗"；另建高野山金刚峰寺为另一传法基地。此外，又有日僧最澄、圆仁、圆珍等先后来唐学天台宗和密宗教义，回国后在比睿山等地进行弘传，被称为"台密"，以传胎藏界密法为主。

公元前 3 世纪的阿育王大弘佛法后，佛教在中亚各国获得很大发展，更向东传播到中国、朝鲜和日本等地。但是，在印度境内的佛教却遭遇了厄运。

阿育王逝世后不到 50 年，孔雀王朝被蜜多罗王所建立的王朝所代替。蜜多罗王在婆罗门国师的帮助下篡夺了王位。所以，他登上王位后崇拜婆罗门教而排斥佛教，毁坏塔寺，杀戮僧众，使佛教在印度受到严重的打击；幸而其统治权力仅限于中印度，当时有许多佛教徒多避难于西北，也有逃到南方的，这使北方佛教得以兴盛，统治北印度的大夏国弥兰陀王（希腊族），受了那先比丘的教化而皈依佛教。

从 7 世纪中叶开始，信奉异教的突厥族由中亚细亚侵入印度的西北部。到 10 世纪后半期，他们逐渐向内地侵略，所到之处，便对佛教进行严厉打击。到 11 世纪波罗王朝末期和继起的斯那王朝，侵略势力逐渐波及东印各地。佛教僧侣们远逃避难，多经尼泊尔、迦湿弥罗等地来到西藏，在印度本土留存的僧人寥寥无几。于是佛教残余不久便绝迹于印度本土了，此事发生在 12 世纪末期。

第七章

佛教在中国的初传

佛教创立于公元前6—前5世纪的古印度，开始主要流行于恒河中上游一带。至公元前3世纪阿育王时，佛教开始向印度各地以及周围国家传播，逐渐发展成为世界性的宗教，并在许多国家形成各具特色的教派。佛教在传入中国内地之前，已在西域地区广泛流传。自汉武帝时代开辟对西域的交通以后，西域各国与中国内地的政治、经济、文化往来十分频繁，从而为印度佛教的传入准备了条件。

第一节　佛教传入时的中国

佛教传入前后，中国历史的发展为佛教的传入和流行提供了一定的土壤。

东汉时期是佛教传入中国内地并在中国社会开始流行的初始阶段。

一、政治环境

西汉末年，随着土地兼并的加剧和统治阶级内部的倾轧，各种社会阶级矛盾日益激化，导致了农民起义的爆发。靠篡夺农民起义成果而当上皇帝的刘秀所建立的东汉王朝，代表的是豪强大地主阶级的利益。

东汉后期，政治越来越腐败。自汉和帝（89—105 年）以后，外戚、宦官交替专权。他们利用职权对人民巧取豪夺，横征暴敛，给人民带来了无穷的灾难和痛苦。与此同时，各种自然灾害接踵而至，它们与沉重的赋役和租税迫使农民陷入水深火热之中。终于官逼民反，于汉灵帝中平元年（184 年）爆发了黄巾大起义。起义最后被残酷地镇压下去，成千上万的农民惨死在地主武装的屠刀之下，但东汉王朝从此名存实亡，中原地带陷入了群雄割据、连年混战的局面，广大农民挣扎在死亡线上。这种社会现实有利于宣扬人生无常、众生皆苦的佛教的流行。

二、思想环境

思想界的变化对佛教传播也带来了巨大影响。自汉武帝"罢黜百家，独尊儒术"以后，儒家在思想文化界占据统治地位，儒家经学通过宣传天人感应的神学和纲常名教思想来为维护统治。

然而，这种日趋烦琐粗俗的理论到东汉后期逐渐失却了维系统治的作用，正统地位发生了动摇。因此，东汉末年在思想文化领域内一度出现了比较活跃的情况，先秦诸子学说纷纷再兴，其中名法和道家思想越来越受到人们重视，玄学处于酝酿之中。这种思想文化状况显然为佛教思想的传播和发展留下了空隙。

两汉时期社会上盛行的各种方术迷信与东汉时产生的道教等，也都为佛教的流行创造了条件。西汉时，天帝、鬼神、祖先崇拜和祭祀、卜筮、占星、望气等种种方术，在社会上都很流行，特别是求长生不死的神仙方术更为盛行。不少方术之士还入朝为官，从县令、太守而至司徒、司空，可谓显赫一时，这必然促使方术之风更加盛行。

到东汉顺帝时，以黄老学说为基础，吸收传统的鬼神观念和迷信方术，道教正式形成。道教是我国土生土长的宗教，其早期教义学说比较简单，仪规戒条也不很完备。佛教作为比较成熟的宗教传入中国，对道教的进一步完善、发展无疑会起到一定的刺激作用。道教最初往往将佛教引为同道，而佛教在初传之时也往往被曲解为道术的一种。这种局面，为佛教的流传与发展创造了一种适宜的文化氛围。

三、交通环境

中西方交通的开拓也为佛教的传入铺平了道路。佛教传入中国内地的路线有海、陆两路。海路的开辟比陆路晚些，因而直到南北朝时才有译经大师经海路来到中国的记载。海路是指经由斯里兰卡、爪哇、马来半岛、越南而至广州，再进一步传至内地。陆路即由西域各地经著名的"丝绸之路"而传入。

汉时所谓的"西域"，一般是指玉门关（现甘肃敦煌县西）、阳关（现甘肃敦煌县西南）以西，葱岭（帕米尔）以东，天山以南，昆仑山以北的广大地区。这一带地方有三十六国，后来分裂为五十多个小国。随着中西交通的发展，人们往往把通过以上地区与汉地有着交通往来的中亚、西亚甚至南亚次大陆一些国家也称为西域。

"西域"长期处于匈奴的控制之下，到汉武帝时，西汉的国力达到了鼎盛。建元三年（公元前 138 年），出于抗击匈奴的需要，汉武帝派张骞等人首次出使西域，客观上开辟了中西方的交通，沟通了中西方的联系。元狩四年（公元前 119 年），汉武帝为联合乌孙（现新疆天山以北地区）抗击匈奴，派张骞率三百人出使乌孙。张骞在乌孙又派副使多人到大宛、康居、大月氏、大夏（在阿姆河以南，今阿富汗一带地方）、安息（今伊朗）、身毒（印度）等国，沟通汉与这些国家的正式往来。

汉与西域各国的交通路线分为南北两道。南道是指自敦煌西出玉门、阳关，沿昆仑山北麓，经于阗而至莎车。北道是指从敦煌北上到伊吾（今新疆哈密），然后西行，沿天山南麓，经龟兹而至疏勒（今新疆喀什市）。以上两道都在天山南侧，因而又统称天山南路。

东汉时著名的译经大师安世高和支娄迦谶就是经天山南路来到中国内地传播佛教的。此外，还有一条天山北路，即从哈密出发沿天山北麓而行，中经乌孙、大宛，至康居。这条道路不如以上两条道路重要。这几条沟通中西联系的道路，就是闻名世界历史的"丝绸之路"。"丝绸之路"的开辟，为佛教东传扫平了道路。

印度佛教就是在上述社会背景下经西域传至中国内地并广泛流传发展的。

第二节　汉明帝梦佛

关于佛教初传中国内地的确切时间，历史上很难考定。长期以来有以下三种不同的说法：

一是认为在西汉哀帝以前，佛教就已传入内地。如"三代以前已知佛教"、"周代已传入佛教"、"孔子已知佛教"、"战国末年传入佛教"、"中国在先秦曾有阿育王寺"、"秦始皇时有外国僧众来华"、"汉武帝时已知佛教"、"刘向发现佛经"等种种说法。

二是认为在西汉哀帝时，佛教从西域传入内地。西汉末年西域与我国内地，以及西域人与汉族人都有所往来，西域派来的外交使节和商人中，还有一些佛教信徒。三国时魏国鱼豢《魏略·西戎传》记载："或汉哀帝元寿元年（公元前 2 年），博士弟子景庐（《魏书·释老志》作"秦景宪"）受大月氏王使伊存口授《浮屠经》。"大月氏于公元前 130 年左右迁入大夏地区，其时大夏已有佛教流传。至公元前 1 世纪末，大月氏受大夏佛教文化影响，接受了佛教信仰，从而辗转传进中国内地，是完全可能的。

三是汉明帝永平年间传入说。根据多种典籍的记载，东汉永平年间（58—75 年），汉明帝于夜晚梦见一位神人，全身金色，项有日光，右手握着两把箭，左手拿着弯弓，在殿前飞绕而行。第二天，明帝问占梦大师傅毅道："这是什么神？"傅毅回答道："听说西方有号称'佛'的得道者，能飞行于虚空，神通广大，陛下所梦一定是佛。"

于是，明帝派遣蔡愔等 18 人去西域访求佛道。3 年后，蔡愔等人从西域请来了僧人迦叶摩腾、竺法兰两人，并得佛像经卷，用白马驮着还洛阳。汉明帝对他们的到来表示欢迎，并专门为之建立佛寺，命名"白马寺"。白马寺便成为我国汉地最早的佛寺。这是佛教传入中国内地的又一种说法。这一说法在古代佛教徒中流传最为广泛。

总之，汉明帝求佛法说，从其基本情节来说是比较可信的，但它只是说明印度佛教继西汉哀帝之后继续向中国内地传播，而不能说这是佛教传入中国的开始。佛教初传中国，当是在西汉末年的哀帝时期。目前，这一说法也为佛教界所公认。1998 年佛教界在北京的八大处举办了庆祝佛教传入中国 2000 年的纪念活动，正说明了这点。

第三节　汉译佛典的产生

佛教在中国的传播，是与佛经的译介紧密相连的。东汉末年以前仅有《浮屠经》的口授和译者不明的《四十二章经》的流传；此外有无经典，已不可考。东汉末年桓帝、灵帝时，不少古印度和西域僧人来到汉地，以洛阳为中心，译出大量佛教典籍。

据现存最早的经录《出三藏记集》记载，从汉桓帝到献帝的四十余年中，共译出佛典 54 部，74 卷，知名的译者 6 人；唐代《开元释教录》勘定为 192 部，395 卷，译者 12 人。初期的佛经翻译内容，可分为两个系统：一是以安世高为代表的小乘禅数学，二是以支娄迦谶为代表的大乘般若学。

人们一般以《四十二章经》为中土佛教最初的译籍，又以《牟子理惑论》为中土佛教最初的论著。

一、《四十二章经》

该经是现存最早的汉文佛经。相传为天竺高僧迦叶摩腾、竺法兰抵洛阳后译出。汉明帝下令将它收藏于朝廷专藏图书的兰台石室，并为两人修建白马寺以居。这是佛教史上的一般看法。

但是，近代有学者认为，《四十二章经》并非真正译本，而是汉人自己的撰述。如梁启超先生说，这部经不是依据梵文原本比照翻译，而是人们在多种经内选择精要，依照《孝经》、《老子》

中国佛教

脉络

等书的编撰体例编撰而成。

汤用彤先生则提出不同看法，认为《四十二章经》既不是一部独立的经典，也不是汉人的撰述，它是从小乘佛教经典中辑录佛教基本教义的"外国经抄"；因它由 42 段短小经文组成，故名。

吕秋逸先生在对《四十二章经》与三国时代译出的《法句经》比较研究基础上，得出另一结论，即《四十二章经》抄自《法句经》，其抄出年代当在 306—342 年间。

《四十二章经》主要阐述了人生无常、众生皆苦的佛教原理，劝告世人放弃爱欲，积极修行，以求解脱。

佛教将人生苦短作为人生哲学探讨的主题。《四十二章经》中说："惟人自生至老，自老至病，自病至死，其苦无量。心恼积罪，生死不息，其苦难说"；"佛问诸沙门：人命在几间？对曰：在数日间。佛言：子未能为道。复问一沙门：人命在几间？对曰：在饭食间。佛言：子未能为道。复问一沙门：人命在几间？对曰：呼吸之间。佛言：善哉，子可谓为道者矣"。这段话是对人生短促的经典的描述，在佛教史上留下了深远的影响。

佛教又将人的苦恼归之于欲望的强烈。《四十二章经》说："爱欲之于人，犹执炬火逆风而行，愚者不释炬，必有烧手之患"；"人为道去情欲，当如草见火，火来已却。道人见爱欲，必当远之"；"人怀爱欲不见道，爱欲交错心中为浊，故不见道"。

总之，《四十二章经》中充满了对人生苦短的描述，并且将爱欲作为了人生修行的主要障碍。

该经虽然文字简短，但包含了佛教修道的基本纲领。

该经的文字叙述生动形象，常以比喻阐明佛理。如经中说，人之贪色爱财，好比小孩子以舌舔刀刃上的蜜，后果不堪设想。

又比如说，恶人陷害好人，好比仰天吐唾沫，天不会被他的唾沫所染污，而唾沫掉下来正好玷污了自己。正因为这些特点，使它成为一部适应佛教初学者所需的入门书，在佛教初期流传中起了重要作用。

二、《牟子理惑论》

该书通称《牟子》，又称《理惑论》。该书是最早的反映三教论争的著作，相传为东汉末年牟子所著；最早见录于刘宋陆澄的《法轮·缘序》中，并注曰："一云苍梧太守牟子博传。"但在《隋书·经籍志》中则注称"汉太尉牟融撰"。后来的新旧《唐书》因袭此说，致使人们将著《理惑论》的牟子与汉章帝时的太尉牟融相混淆，由此而引起对该书真伪问题的长期争论。

近代以来，国内外学者曾对《牟子理惑论》展开过热烈讨论。梁启超、吕秋逸等学者认为，该书系晋宋间人所撰。而胡适、周叔迦、汤用彤等学者则确定该书是汉魏时的作品。

目前，有关《牟子理惑论》的作者姓名及其生平事迹等，还不很清楚。但从现存《牟子理惑论》一书的内容来看，当是汉魏之际所撰成。尤其从"序传"一节来看，所述之事多可与史实相印证，并可补史料之所阙。

该书作者原是儒生，博览经传。他也曾熟读神仙家之书，但认为那些书大多虚妄不可信。后因见天下大乱，乃避乱到了交趾。他因信奉佛教受到当时人的非议，故作《理惑论》以自辩。

《牟子理惑论》共39章，若不计首尾"序传"和"跋"，则正文为37章。据称这是因见到"佛经之要有37品，老氏《道经》亦37篇"，故作37条问答。全书以自设宾主的问答方式阐发佛教基本的教义。

《牟子理惑论》内容包括释迦牟尼出家、成道、传法等事迹；佛经的卷数以及戒律的规定；佛教对于生死的看法；佛教在中国的初传情况等。

书中作者大量引用儒、道和诸子百家之言，以图说明佛教与中国传统思想一致，表现出明显的儒、佛、道三家一致的倾向。比如他对"佛"的解释，是以道家观点展开的，说："佛乃道德之元祖，神明之宗绪。佛之言觉也，恍惚变化；分身散体，或存或亡；能小能大，能圆能方，能老能少，能隐能彰；蹈火不烧，履刀不伤；在污不辱，在祸无殃；欲行则飞，坐则扬光。故号为佛也。"又比如他对佛教的解释，除了加以道家化，还加以儒家化，说："天道法四时，人道法五常。"所谓"五常"，即儒家的仁、义、礼、智、信。并认为通过对佛法的修习，"居家可以事亲，宰国可以治民，独立可以治身"。这显然是以儒家思想来解释佛教教义。

《牟子理惑论》从中国传统文化角度去理解佛教，反映了佛教在中国初传时期的实际状况。

三、安世高的禅学

在梁朝释慧皎的《高僧传》中说，安世高是位"多有神迹，世莫能量"的传奇人物；说他早已得到了神道，有宿命通，能知道前世的事。

据说，他两次验证了因果报应的道理。

传说，安世高前世也是一位出家僧人，在安息国一个大丛林里修持，当时有位同道与他相交甚好。这位同道脾气暴躁，动则大发雷霆。

安世高作为同道，经常以朋友的身份劝他说："你的学问及对佛法的理解都比别人强，但是，你的瞋心太重，脾气太坏了，能不能改改你的坏脾气？"

这位同道口头上承认，但本性难移。二十年后，他依旧如此。

有一天，安世高知道自己在世的因缘已到，前去与同道告别，并坦然地说："我过去欠了人家一条人命，今日要去偿还。咱们永别之际，我还是直言告诉你。你瞋心太重，以后一定会堕落成一个非常丑恶的东西。"

"你快给我指条明路吧！"同道真诚地恳求说。

"今生是没有办法。来生我要是能够证道，一定先去度你。"

安世高答应了他的请求。

安世高告别同道和众道友，离开了丛林，直奔中国南方的广州而去。当时广州一带兵荒马乱，他在路上遇到一位少年，手持一把刀，直奔而来，凶狠地说道："我找了你好多年，今天终于碰到了！"这少年说着就挥刀砍向安世高的头颅。

安世高竟然毫无惧色，面带微笑说："我的确是前世欠了你一条命，今天是特地赶来还债的，你就砍死我吧！"

安世高就这样结束了自己的生命。

安世高还了人命债后，他的神识又回到了安息国去投胎，才成了王子。

成了王子的安世高，看淡了人间的荣华富贵，后来出家来到了洛阳。在洛阳证悟了大道。

证悟大道的安世高一直没有忘记自己对那位性格不好、瞋心太重的朋友承诺。他开了天眼，知道自己的那位朋友现在庐山。

于是，安世高乘船去庐山寻找。没想到那位同道竟然变成了一条大蟒蛇。那条蟒蛇见了安世高痛哭流涕。

安世高说："你放心吧！我今天来就是要来度你的。"大蟒蛇把自己的头伏在安世高的膝盖上，眼里溢满了泪水，好似有无限的话要倾诉。

这时安世高抚摸着他的头，用梵语为他念咒、说法、忏悔，蟒蛇听了竟感动得号啕大哭起来。

安世高度完他前世的同道后，又到了广州，他找到了前生为他偿命的那位少年。当然那少年已经成为白发老翁了。当他听到安世高讲那次被自己砍杀的事情时，情景还历历在目。他认为安世高是前来索命的鬼，吓得顿时跪在地上求饶。

安世高宽慰地说："老伯，别害怕，我不是鬼，我是那个被你杀的和尚转世的安世高，现在是僧人。今天是特来看望你老的，同时想请你帮个忙。"

"还有这样的事，该不是你编的故事吧！不过你既不是鬼，有什么事就说吧，我一定帮忙。"

"老伯，我前世欠你的命已还了。可是，另外，我还欠人一条命，现在也该去还了。"安世高平静地说。

"什么？还欠人一条命？在哪里？"老翁见安世高这样慈祥的人，根本不信。

"在会稽（今浙江），请你一定陪我去，也好向世人作个证明。"

老翁听了，似是而非、将信将疑地跟着安世高上路了。

过了几天，他们来到会稽城，在大街上碰到了两派地痞在打斗，双方手持凶器，不让分毫。

当安世高走过去，有个人一棍打在他的头上，当场就毙命了。

这时，人群中一片混乱，有人大喊："不得了了，他们把出家人都打死了！"

杀人凶手也吓得直打哆嗦。

这时，广州来的白发老翁站出来，平静地说道："大家不要紧张，听我说原委。这位僧人亲口告诉我，他是来偿命的。他一定欠这位打死人者一条命。"他还饱含热泪地讲述了他自己杀死安世高前生的故事。

会稽城人听完老翁讲的故事，人人目瞪口呆，大家开始相信佛教的因果报应说了。

广州白发老翁亲身经历了安世高两次偿命债，从此发愤学佛，逢人便讲，千万别做坏事，更不能杀人放火，否则会有报应。这段故事记载在《高僧传》中。

安世高这段奇异的经历，应当说是他自己或世人编了一个用以警世的传说，现实的人很难相信。但是，人们可以以这个传说为鉴，时刻告诫自己别去做违法乱纪的事。

以上是一个奉劝世人行善向佛的故事而已，而现实中的安世高，名清，原为安息国太子，自幼勤奋好学，通晓天文、医学等，在西域诸国颇有名声；平时信奉佛教，经常讲经说法。其父王死后，他将王位让给叔父，出家修道。

后游历各国传教，在汉桓帝建和二年（148 年）到达洛阳，很快学会汉语，到灵帝建宁年间（168—171 年）二十余年中，共译佛典 34 部 40 卷。

其所译佛经主要有《阴持入经》、《安般守意经》、《道地经》、《大十二门经》、《小十二门经》、《百六十品经》和《人本欲生经》等。

灵帝末年，中原战乱，安世高避乱到江南，经庐山、南昌至广州，后死于会稽（今浙江绍兴）。

安世高的译经"义理明析，文字允正，辩而不华，质而不野"，① 很受后人好评，被誉为当时的"群译之首"。

吕秋逸先生认为，"安世高的汉译佛典，可算是种创作，在内容和形式方面都有它的特色。就内容说，他很纯粹地译述出他所专精的一切。……至于译文形式，因为安世高通晓华语，能将原本意义比较止确地传达出来。"②

吕秋逸先生又指出，安世高的译经从总体上来说毕竟偏于直译，有些地方顺从原本结构，不免重复、颠倒，而术语的创作也有些意义不够清楚的地方。

安世高翻译介绍了小乘佛教说一切有部的理论。说一切有部是从上座部中分化出来的，主要流行于古印度西北的克什米尔、犍陀罗一带。

关于安世高的译经，道安说："其所敷宣，专务禅观"；③ 又说："博闻稽古，特专阿毗昙学，其所出经，禅数最悉"；④ "安世高善开禅数"。⑤ 这些都说明安世高所精的是禅经与阿毗昙学，所传的为"禅数"之学。

所谓"禅数"的"禅"，指禅观，即通过禅定静虑，领悟佛教的人生观和世界观，以期达到神秘的涅槃境界。"数"即数法，指

---

① 《安世高传》，《出三藏记集》卷十三，《大正藏》卷五十五，第95页上。
② 吕秋逸：《中国佛教源流略讲》，北京：中华书局，1979年，第285页。
③ 《阴持入经序》，《出三藏记集》卷六，《大正藏》卷五十五，第44页下。
④ 《安般注序》，《出三藏记集》卷六，《大正藏》卷五十五，第43页下。
⑤ 《十二门经序》，《出三藏记集》卷六，《大正藏》卷五十五，第46页上。

阿毗昙。阿毗昙，也译为阿毗达磨、毗昙，因以数把教法分类，如四谛、五蕴、八正道、十二因缘，十八界等，故也可译为数法，此外还常译作"论"，是对经或教法的论释。由于阿毗昙能使人懂得佛教的道理，故也称阿毗昙为"慧"。因此，"禅数"也就是后来中国佛教常说的"定慧"、"止观"。

代表安世高一系禅学思想的主要是《安般守意经》和《阴持入经》。

这两部经典在三国时都已有了注释。它们的内容都是提倡通过戒定慧来对治各种"惑业"，通过禅定修习而获得解脱。两者的不同之处在于，《安般守意经》侧重于"禅"学，其所传禅法，影响最大的是"安般守意"（"安般"是梵音安那波那之略，指呼吸），后称"数息观"。"数息观"要求用自一至十反复数念气息出入的方法，守持意念，专心一境，从而达到禅定境界。并且认为这种禅法最后可导致"存亡自由"、"制天地，住寿命"的境地。这种修行方法颇似中国古代神仙方术家的呼吸吐纳、食气守一等养生之术。

《阴持入经》侧重于"数"学。"阴持入"，新译作蕴、处、界，称佛教"三科"。它偏重于对名相概念的分析与推演，其理论是通过对四谛、五蕴、十二因缘、三十七道品等佛教基本概念的分析来表达的。

安世高小乘禅数之学中所强调的"止观双俱行"，重视"持戒"等，都对后世的禅学乃至整个中国佛教产生了一定的影响。

当时临淮（安徽宿迁西北）人严佛调是汉地第一个出家者。他撰写了第一部汉僧佛教著作《沙弥十慧章句》，开始发挥安世高学说；三国吴康僧会曾从安世高弟子韩林、皮业、陈慧随学，并

中国佛教
脉络

与陈慧共注《安般守意经》；晋僧道安，为大小《十二门经》、《安般守意经》、《阴持入经》、《人本欲生经》等经作序作注；东晋名士谢敷也曾为《安般守意经》作序。东晋时期著名的佛学家释慧远和竺道生等也都深受其影响。

在洛阳另一个译经的安息人是安玄。他是个在家持戒的居士，汉灵帝末年到洛阳经商，常与沙门讲论佛法，世称为"都尉玄"。他同严佛调一道翻译了大乘佛经《法镜经》一卷。此经与《大宝积经·郁伽长者会》属同本异译，是阐明在家修菩萨的大乘经典。安玄比安世高晚来洛阳40年，已开始翻译大乘佛经，说明大乘佛教此时已在安息流传。

四、支娄迦谶的般若学

在和安世高同时期来到洛阳的佛经翻译家中最有名的是支娄迦谶。

据《出三藏记集》卷三十《支谶传》记载，他本是月氏国人，简称支谶，东汉桓帝建和元年（147 年）来到洛阳，至灵帝中平年间（184—189 年）为止，译出佛经十四部二十七卷（或作十五部三十卷）。主要有《道行般若经》、《首楞严三昧经》、《般舟三昧经》等，全系大乘佛教经典，其中以《道行般若经》最为重要。

《道行般若经》亦称《般若道行品》，与三国吴支谦译《大明度无极经》、姚秦鸠摩罗什译《小品般若波罗蜜经》属同本异译；宣扬"诸法（一切事物和现象）悉空"、"诸法如幻"的大乘佛教般若学理论。

《道行般若经》是大乘般若学介绍进中国内地之始。大乘般若学在魏晋时曾依附玄学而盛极一时，并对整个中国佛教的理论产生过巨大的影响。

《首楞严三昧经》和《般舟三昧经》都是讲大乘禅法的。"首楞严"意译为"健相"、"勇伏"等,"三昧"即是禅定的另一种梵音。所谓"般舟",意为"佛现前"、"佛立"。修此"三昧"可使"十方诸佛"在虚幻想象中出现于行者面前。《般舟三昧经》还将阿弥陀佛介绍到中国,给中国佛教以很大影响。净土经典《无量清净平等觉经》也被疑为支娄迦谶所译。

此外,有《宝积经》一卷、《兜沙经》一卷等十部经,道安认为"似支谶出"。

支谶经常和天竺沙门竺佛朔合作译经,经常是竺佛朔宣读梵文,支谶译为汉语,汉人孟元士笔录成文,有时是汉人孟元士、张莲笔录成文。东汉末年外国僧人来华译经还得到了汉族地主阶级及知识分子早期信徒的支持,如孙和、周提立等"劝助者"就是提供译经资金、场所和各种生活用品的施主。可见,民间地主阶级及知识分子对译经事业的赞助,是译经事业顺利开展的重要条件。

在汉灵帝、献帝之间于洛阳从事译经的还有支曜、康巨、康孟详等人。支曜,疑为大月氏人,所译《成具光明经》一卷,与支谶所译《光明三昧经》是同本异译,也是大乘禅经。康巨,当是康居人,译《问地狱事经》一卷,已佚。康孟详,也许是康居人,与昙果合译了《中本起经》。

综上所述,东汉末年的译经者主要是外来僧,他们或是单译,或是合译,虽有汉地僧人或居士参加,但只是从事辅助工作。他们所译经典,包括了大、小乘佛经。这一时期以译经为主,著述和注释极为少见。

第四节　东汉佛教概况

汉代佛教在中国流布的区域还不普遍，其重心大略有三处：洛阳、江淮之间和交趾。

因为洛阳是东汉的首都，是西域人聚集之所。安世高和支谶等人是从安息国和大月氏国来中国的。由西域来中国，凉州（即今甘肃张家川一带）和长安是必经之地。但因为没有文献资料可考，对当时凉州和长安的佛教情况不明，洛阳乃成为我们所知的东汉唯一译经场所。安世高和支谶均在洛阳活动，严佛调也在洛阳出家。

西域交通开辟后，洛阳最先成为佛教中心。东汉末年爆发了黄巾农民大起义，不少佛教徒因逃避战乱，从洛阳、关中汇集到丹阳（今安徽宣城）、彭城（江苏徐州）、广陵（江苏扬州）等地，即江淮流域。江淮流域古代盛行黄老之学，相信方术和仙道的人很多，这种情况有利于佛教在该地区的流传。东汉初楚王刘英受封的楚国就在此处，其领地以彭城为中心，涉及淮河南北。据《出三藏记集》卷五载慧毅《喻疑》说："汉末魏初，广陵、彭城二相出家（广陵相是赵昱，彭城相是薛礼），并能任持大照，寻味之贤，始有讲次。"就是说，他们都信奉佛教，并且招有学问的佛僧宣讲佛经。再者，从丹阳人笮融在彭城和广陵之间建造浮屠寺等事看来，当时徐州、扬州等地佛教已很流行了。

交趾是中国与印度水陆交通的枢纽，也是中国早期佛教最发达的地区之一。东汉建安八年（203 年）改称交州。交州刺史统辖七郡，即：南海郡（今广东东部），治在番禺（今广州）；苍梧郡

（今广西壮族自治区东部），治在广信（今梧州）；郁林郡（今广西壮族自治区中、西部），治在布山（今桂平西）；合浦郡（今广东广西南部，包括海南岛），治在合浦（今广西合浦东北）；交趾郡（今越南北部），治在龙编（今河内东北）；九真郡（今越南中北部），治在胥浦（今清化）；日南郡（今越南中南部），治在西卷（今广治）。汉末士燮（137—226 年）任交趾太守（同时领有广州），任职四十余年，社会相对稳定，一些中原士人避难在此。《三国志·吴志·十燮传》载："燮体器宽厚，谦虚下士，中国士人往依避难者以百数。"佛教和道教方面的"异人"也集中了不少。据说牟子避乱至交趾，在此著《理惑论》。三国时吴国名僧康僧会即在交趾出家为僧，后入建业传教。此外，三国时在交趾译经的还有西域僧人支疆梁、耆域等人；南朝齐梁之际，有释慧胜、道禅等人在交趾传播佛教。

近年来，从考古发掘看，东汉年间四川地区也有佛教的流传。在四川乐山县麻浩享堂梁上刻有一个端坐佛像，高 0.37 米，宽 0.30 米，面部已残，绕头有佛光，身上好像披着通肩袈裟，右手上举，仲五指，掌心向外，似作"施无畏相"，左手似有所执。在其附近与其风格相同的有纪年铭的崖墓里，有顺帝"永和"（136—141 年）和桓帝"延熹"（158—166 年）等年号。可见，乐山崖墓所雕佛像应是东汉末年的作品。

同时，在四川彭山崖墓内，发掘出一个陶制佛座，高 20.4 厘米。上塑有一个端坐佛像，左右各立一侍者。墓内虽无纪年文字，但与陶制佛座同时出土的陶俑、陶动物以及陶制屋宇等，都具有明显的东汉器物特征。

关于四川的佛教，在东晋之前缺乏文献记载。四川佛像的发现，给佛教史学界提出了一个问题：四川佛教是从什么途径输入的呢？史书不能给我们满意的答复，但从这些考古发现中，至少可以证明在三国以前，四川已传入佛教。

一、中国第一古刹——洛阳白马寺

白马寺初创于东汉永平十一年（68 年）。《历代三宝纪》、《洛阳伽蓝记》等书记载，东汉明帝永平年间（58—75 年）摄摩腾和竺法兰将《四十二章经》和画像用白马驮着回到洛阳，汉明帝礼请二位高僧暂时下榻于鸿胪寺（负责外交事务的官署）。翌年，又敕命于洛阳城西雍门外修建僧院，这就是著名的白马寺。为什么叫白马寺呢？据载，一是为铭记白马驮经之功；二是因二位高僧下榻于鸿胪寺，遂取其"寺"字。

但是，最早记述东汉明帝感梦求法的《牟子理惑论》、《四十二章经·序》等以及正史资料均不见白马寺这个名称。那么，到底汉明帝时有没有修建白马寺，从现在考察，随着佛教传入中国，为安置西域僧侣居住而兴建一些佛寺是可能的；当然，开始不一定叫白马寺。无论如何，白马寺是我国汉地最早的佛寺。

白马寺被后世佛门弟子尊为"祖庭"（祖师之庭院）和"释源"（佛教的发源地）。寺内现存的不少碑刻和法器上都还留有"祖庭"、"释源"字样。汉明帝"永平求法"是我国佛教史上第一次"西天取经"。因此，白马寺的建立是我国佛教史上的一大盛事。

白马寺建立后，第一部汉文佛经《四十二章经》即由摄摩腾、竺法兰在此翻译完成。中天竺律学沙门昙柯迦罗在此译出第一部汉文佛律——《僧祇戒心》，昙柯迦罗被后世佛教徒尊为中国律宗之祖。后来，又有僧人相继在此译经。随着佛经翻译的兴起，佛教的传播日益广泛。白马寺作为我国早期佛教活动的中心永远被载入史册。

二、楚王英奉佛

东汉明帝的异母弟楚王刘英是佛教传入中国后最早信仰佛教的人。

《后汉书·楚王英传》记载，楚王刘英年轻时好游侠，结交宾客，建武十五年（39 年）封楚王，二十八年（52 年）赴楚国就任。

楚王英晚年"更喜黄老，学浮屠，斋戒祭祀"。

楚王英曾被人诬告意图谋反，汉明帝后来搞清楚了楚王刘英是"诵黄老之微言，尚浮屠之仁祠，洁斋三月，与神为誓"。意思是说，楚王刘英兼信黄帝、老子和浮屠（佛陀）之事。这件事被公认为东汉上层统治阶级兼信黄老和浮屠的典型个案；"洁斋三月，与神为誓"则说明楚王英还奉行一定的佛教仪式。

按照佛教规定，居士在一年的正月、五月、九月这三个月的初一到十五日要严守五戒或八戒，不杀生，奉行素食等，称为"三长斋月"。

永平十三年（70 年），有人告发刘英等人造作图书，密谋造反，朝廷派人调查属实。明帝废去刘英的楚王封号，派人把他遣送丹阳泾县。第二年，刘英在丹阳自杀身亡。

汉明帝对于楚王英一案的追究很严，以致"坐死徙者以千数"。自此以后近百年中，史籍不再见有关佛教在中国传播的记载。显然与这次株连有关。

以上史实也说明，在东汉初年佛教只是作为当时流行的重视祭祀的黄老方术的一种，受到统治阶级上层中极少数人的信奉，还未在民间广泛产生影响。

三、汉桓帝信佛

汉桓帝名刘志，是东汉第一个信奉佛教的皇帝。

汉桓帝 15 岁当了皇帝，由梁太后和大将军梁冀把持朝政。

159 年，汉桓帝在宦官单超等人的帮助下，杀死梁冀等数十人，掌握了朝中大权。据史书记载，汉桓帝非常迷信宗教，为了延年祈福，他派人到苦县（今河南省鹿邑县东）祭祀老子，还在宫中祭祀黄老。

《后汉书·桓帝纪》说：汉桓帝"好音乐，善琴笙。……设华盖以祠浮图、老子"。由此可见，桓帝在濯龙宫中合祭了浮图（屠）和老子。距桓帝约百年之前的楚王英兼信黄老和浮屠，而汉桓帝仍把浮屠与黄老并行祭祀，把佛教看做是黄老道术的一种。

当时的山东学者襄楷到洛阳上疏桓帝，说："又闻宫中立黄老、浮屠之祠。此道清虚，贵尚无为，好生恶杀。省欲去奢。今陛下嗜欲不去，杀罚过理，既乖其道，岂获其祚哉！"

可见，襄楷提倡佛教教义是为了谏诫桓帝的胡作非为。其实，桓帝关注的是佛教能否同黄老之术一样可以使他长生不老。

四、笮融建寺、造像及民间奉佛

随着佛教的不断传入与发展，洛阳、徐州、豫州等地区先后兴建了一些佛教寺塔，并开始塑造佛像。

史籍中关于笮融祠佛的记载，最早记述了东汉时建寺造像和民间奉佛的有关情况。

笮融是丹阳人，曾聚众数百人投靠当时的徐州刺史陶谦。陶谦任命他督管广陵、下邳（江苏宿迁西北）、彭城三郡的粮食运输。笮融利用职权把三郡的钱粮用来大建佛寺。

《三国志·吴志·刘繇传》记载他"以铜为人（按：此指佛像），黄金涂身"。意思是说，笮融用铜和金为原料建造佛像；又建造"重楼阁道，可容三千余人，悉课读佛经"。意思是说，他又造佛教寺庙，规模宏大，可容纳三千余人，在庙中诵读佛经。笮融又用信佛免役的方法招引民户，前后招致民户达五千多信奉佛教。他还举行盛大的浴佛法会，"每浴佛，多设酒饭，布席于路，经数十里，民人来观及就食且万人，费以巨亿计。"

以上史料说明：①佛教在东汉末年已从宫廷贵族上层逐渐走向了民间。不管当时信奉佛教的民众是只图"就食"和免役，还是出于真心，史书所列举的"三千余人"、"五千余人户"、"万人"等各项数字，表明佛教已在民间有了一定影响。②笮融建寺造像具备了一定规模。寺庙"可容三千人"，由此我们可以想见其规模之大。日本佛教学者镰田茂雄说："笮融所建造的佛寺，可以说是中国佛教最古的寺院。"[1] 在佛像的塑造上也开始用铜塑佛并涂以黄金。③在佛教礼仪上有了一定发展。笮融的信佛与楚王英、桓帝时相比有很大变化，那就是出现了铸造佛像、

① 镰田茂雄：《简明中国佛教史》，上海：上海译文出版社，1986 年，第 21 页。

建立寺院、举行浴佛会和实行施食等。尤其值得注意的是笮融没有把黄老与浮屠并祠，反映了当时的人们已开始把浮屠与黄老分开。从记载中的寺中三千余人"悉课读佛经"，则反映了当时已经流传着汉译佛教经典了，而且诵读佛经作为礼佛仪式的一种已经存在着了。

第八章

三国时期的佛教

曹魏政权是靠镇压黄巾农民起义起家的。鉴于起义农民对道教的利用，曹魏政权对东汉以来广泛流行的黄老道术和鬼神祭祀，采取了严格限制的政策。因为佛教在东汉以来是被看做黄老道术的一种，所以洛阳的佛事活动也由此一度消沉。但到了魏国中期，这种禁令便松弛下来。魏嘉平（249—253 年）以后，昙柯迦罗、康僧铠、昙谛等僧人又先后来到洛阳，从事译经和传教活动。

第一节　戒律始传

最早来到魏国的外国僧人是昙柯迦罗。

据《高僧传》卷一载，他本是中印度人，自幼聪颖过人，博览诗书。25 岁接触佛典后，深悟因果，乃出家修行，并于魏嘉平年间来到洛阳。

当时洛阳的僧侣不按戒律生活，只有剃发这一点与俗人不同。不仅斋戒和忏悔之法按中国祠庙里的宗教仪式进行，而且僧侣是不受戒的。

118

因此，昙柯迦罗翻译了大众部戒律的节选本《僧祇戒心》。

从昙柯迦罗以后，中国便有了出家受戒的制度。

昙柯迦罗所译的《僧祇戒心》在中土早已佚失，但他首创的受戒度僧制度对中国佛教的发展产生了深远影响。昙柯迦罗因此被奉为律宗初祖。

安息国沙门昙谛，也擅长律学，魏正元年间（254—255 年）来到洛阳，翻译了《昙无德羯磨》一卷，即昙无德部的四分律的受戒礼节。

康居沙门康僧铠也于魏嘉平末年（253 年）来到洛阳，译出有关在家居士学出家之戒的《郁伽长者所问经》一卷、《无量寿经》二卷等。

第二节 "中国第一僧"

魏正始年间（240—248 年）以后，玄学盛行，谈玄说虚也激起了人们对佛教般若学的兴趣，人们倾心于对般若空义的探究，并促成了中国内地僧人西行求法的开始。

朱士行是中国佛教史上第一个西行求法的汉僧，同时，他又被认为是中国佛教史上第一个依律受戒成为比丘的汉人。因此，他在中国佛教史上被誉为"中国第一僧"。

朱士行是曹魏时代颍川（今河南许昌）人。少年出家，时当嘉平年中（249—253 年）昙柯迦罗传来《僧祇戒心》，并创行羯磨受戒。他依法成为比丘，与在他以前的仅以离俗为僧有所区别。从这一点上，后人将他作为汉土真正沙门的第一人。

他出家后，"便以大法为己任"，常于洛阳讲《小品》（即支讖所译的《道行般若经》）。由于支讖的译本"译人口传，或不领辄抄撮而过，故意义首尾，颇有格碍"，[①] 其中的意义往往解说不通，朱士行"每叹此经，大乘之要，而译理不尽"，[②] 闻西域有更完备的大品《般若》，朱士行乃"誓志捐身，远迎《大品》"。[③]

甘露五年（260 年），他从长安西行出关，渡过沙漠，辗转到了大乘经典的集中地于阗。在那里，他果然得到了《放光般若经》的梵本，凡九十章，六十余万字（二万余颂）。西晋太康三年（282 年），朱士行遣弟子弗如檀等 10 人将经送回洛阳，他自己 80 岁时卒于于阗。

《放光般若经》后被译成汉语，对西晋般若学的兴盛影响很大。译本风行京华，凡有心讲习般若学的，皆奉之为圭臬。当时佛教学者如竺法汰、于法开等，都借着《放光般若经》来弘扬般若学说。从此以后，讲习般若，成为一代风气。

第三节　梵呗的创始

梵呗为一种以短偈形式赞唱佛、菩萨之颂歌，可有乐器伴奏。在印度，"凡歌咏法言，皆称为呗"。在中国，"咏经则称啭读，歌赞则号为梵呗"。[④] 啭读和梵呗有区别。大概前者指念经的讽诵调，比较单调；后者指歌赞的唱腔，旋律性强。

① 《朱士行传》，《出三藏记集》卷十三，《大正藏》卷五十五，第 97 页上。
② 《朱士行传》，《出三藏记集》卷十三，《大正藏》卷五十五，第 97 页上。
③ 《朱士行传》，《出三藏记集》卷十三，《大正藏》卷五十五，第 97 页上。
④ 梁释慧皎：《经师篇》，《高僧传》卷十三，《大正藏》卷五十，第 415 页中。

印度的音乐从乐器以及旋律节调方面都与中国不同，印度文字是多音，中国文字是单音，这就是说，在佛教内用印度乐谱歌唱汉文歌词，是不调和的。而佛教逐渐流行之后，必然要求创造一种适当的乐谱来歌唱佛曲，梵呗便应运而生。

相传魏武帝第三子陈思王曹植是中国佛教最早的梵呗创始者。他当年在鱼山（今山东省东阿县西北八里）游历时，闻流水之音而有感，于是根据汉康孟详所译《瑞应本起经》，写成《太子颂》等的梵呗。后世称之为鱼山梵呗。现在《太子颂》等梵呗都不传，从其名称来看，《太子颂》是叙述释迦降生后的故事的。

曹植的这种梵呗被东吴支谦和康僧会继承下来，据说支谦传承"梵呗三契"，康僧会创作了"泥洹梵呗"。这种歌咏佛德或佛法的法曲，对佛教的弘扬无疑会起到推动作用。

第四节　康僧会的禅学

康僧会的先祖为康居人，世居天竺，其父因经商而移居交趾。10余岁时，父母双亡，服丧后，他出家为僧。康僧会好学博览，不但明解三藏，且对于六典、天文、图纬诸学亦无不精通。他曾学习安世高的禅数学。

吴赤乌十年（247年），康僧会至建业，建茅屋并安置佛像，立志将佛法传播于江南。

据说吴主孙权初时并不信佛教，后因康僧会显示神异，求得舍利，才发心信佛，并为康僧会建立寺庙，是为江南建寺之始，故号"建初寺"，江南佛法由此大兴。

康僧会自此以后也就一直以建初寺为中心从事译经和传教活动，直至太康元年（280 年）去世为止。

孙权驾崩，孙皓即位。据说孙皓即位后曾对佛教产生怀疑，一度想把建初寺烧掉，康僧会又用因果报应一类的灵验，对其进行劝说，才保护了佛教免予劫难。

康僧会翻译的经典有多部，最重要的是叙述释迦牟尼前世故事的《六度集经》。

《六度集经》按大乘菩萨"六度"（即布施、持戒、忍辱、精进、禅定、智慧）分为六章，通过佛前生的种种神话本生故事——菩萨本行，来说明佛教义理。其中突出的特色是，用佛教的菩萨行发挥儒家的"仁道"说，把佛教与儒家思想调和起来，会通儒、佛。经中不仅大讲"恻隐心"、"仁义心"，而且还极力主张"治国以仁"，认为"为天牧民，当以仁道"。除了这些治国牧民之道以外，经中还大力提倡"尽孝"，歌颂"至孝之行"，认为"布施一切至贤，又不如孝事其亲"，这些思想显然打上了中国儒家文化的烙印。

可见，佛教的中国化与康僧会等一批佛教高僧的努力是分不开的。另外，因其教义全是通过有关佛的前生故事陈述出来的，取材自虫兽鸟龙、天王帝释，包含有丰富的寓言和神话，有相当高的思想价值和艺术价值。

康僧会又对《安般守意经》、《法镜经》、《道树经》三经进行注释，合写了一个经序。据《高僧传》卷一之《康僧会传》载，他还曾制《菩萨连句梵呗》三契，所传"泥洹呗声，清靡哀亮，一代模式"，所以，他也是中国佛教音乐的创作家。

关于康僧会的译述，汤用彤先生说："（康僧）会生于中国，深悉华文，其地位重要在撰述，而不在翻译。"① 可惜康僧会的译注，大多佚失。现仅存有他撰写的两篇经序和编译的《六度集经》八卷。从这些材料来看，康僧会的佛教思想主要是继承发挥了安世高的小乘禅学。他对安般禅法的认识受汉代佛教的影响，仍然是将禅定引发的神通作为追求的理想境界。

第五节　支谦的般若学

吴国占据长江中下游广大地区，南面的交州（原称交趾，现广东、广西和越南大部）也在它的版图之内。由于地域的关系，东吴佛教是由南下和北上两路传入的。

东汉末年，楚王刘英在他的封地与沙门、居士一起奉佛，笮融在广陵、彭城一带祠佛以招徕民户，并建寺造像，这些都扩大了佛教的影响和传播范围，使佛教逐渐由中原向江南传播。

另外，由于东汉末年的战乱，洛阳、长安的居民大批南迁，佛教僧侣也来到了江南。当时南海交通发达，佛教从海路经由越南中南部、柬埔寨等地也传到了广州、交州一带。南下和北上的佛教齐汇吴地，吴都建业遂发展为佛教重镇，成为江南佛教的中心。

佛教北上的代表人物是来自交趾的康僧会，南下的代表人物是月氏人支谦。

支谦，又名支越，字恭明。生卒年不详。他是吴地著名佛教居士、佛经翻译家。祖籍月氏，其祖父法度于汉灵帝（168—189

---

① 汤用彤：《汉魏两晋南北朝佛教史》，北京：北京大学出版社，1997 年，第 96 页。

年在位）时率领数百人来华，寄居河南，受封"率善中郎将"。支谦自幼勤学中外典籍，精通多种语言。后受业于支亮，而支亮曾就学于著名佛经翻译家支谶，故世称"天下博知，不出三支"。支谦于汉献帝末年，与乡人数十名避乱到吴国。吴王孙权闻得其博学才能，聘为博士，并使辅导太子孙亮。

自孙权黄武二年（223 年）至孙亮建兴二年（253 年），凡 30 年间，支谦广事译经，弘传佛法。他先后译出《维摩诘经》、《大明度无极经》、《大阿弥陀经》、《本业经》、《太子瑞应本起经》、《首楞严经》、《大般泥洹经》、《法句经》等共大小乘经典 36 部 48 卷。据说他曾依《无量寿经》、《中本起经》思想，作《连句梵呗》，对中国佛教音乐的形成也有过贡献。他还注解了自己翻译的《了本生死经》等。

支谦的译经，以继承支谶事业，宣传大乘"般若性空"思想为重点。如《大明度无极经》虽只是《道行般若经》的改译，但经过支谦的努力，将原译的晦涩难懂处，改得大都通畅可读，促进了般若理论在汉地的传播。

支谦又将"般若"空观思想与《维摩诘经》的入世精神相贯通，通过主人公在家居士维摩诘修行之事，宣传佛国与世间的无二无别。在支谦看来，佛教的根本目的在于深入世间，解救众生，所以修道成佛不一定要落发出家，居士也能达到涅槃解脱的境地。支谦本人也是在家居士，所以他译此经充分表现了大乘佛教的善权方便以统万行的精神。此经后由姚秦鸠摩罗什重译，在门阀士大夫阶层中广为流行。

支谦还翻译了净土经典《阿弥陀经》，为了与鸠摩罗什译《阿弥陀经》相区别，一般称《大阿弥陀经》，全称《阿弥陀三耶三佛萨楼佛檀过度人道经》，共两卷。宣传阿弥陀净土信仰，称"一心念欲"生阿弥陀净土或听闻阿弥陀佛名字者，皆可往生西方"阿弥陀佛国"。

支谦作为在汉的西域人的后裔，有很好的"双语"基础，从而既能深刻地明了原文本意，又能用流畅的汉语恰到好处地表达出来。东晋支敏度赞扬他的译文"属辞析理，文而不越，约而义显，真可谓深入者也"。① 支谦努力改"胡音"为汉音，也就是用意译取代音译。例如他把《摩诃般若波罗蜜经》意译为《大明度无极经》，其中像"须菩提"、"舍利弗"这类人名，都要意译成"善业"、"秋露子"。

可见，支谦的译文力图适应汉人的口味，开了"意译派"的先河。由于过分强调意译，其译文的忠实性就不能不受到一定的影响。东晋道安、姚秦鸠摩罗什都曾对支谦译文的忠实性问题提出过批评；僧肇更是认为支谦所译是"理滞于文"，以致"常惧玄宗坠于译人"。② 其实，从三国到西晋，支谦所开创的译风一直占据着重要地位。除了支谦和康僧会之外，来吴地从事译经传教的还有维祇难、竺将炎和支疆梁接③等人。

总之，三国时期的佛教思想有两大系统，一个是支娄迦谶的大乘般若学系统，另一个是安世高的小乘禅学系统。支谦与康僧会分别为这两系学说三国时期的主要代表人物。支娄迦谶的大乘般若学系统的重要经典是支娄迦谶译的《道行般若经》和《首楞

---

① 支敏度：《合首楞严经记》，《出三藏记集》卷七，《大正藏》卷五十五，第49页上。

② 僧肇：《维摩诘经序》，《出三藏记集》卷八，《大正藏》卷五十五，第58页中。

③ 汤用彤先生曾认为支疆梁接"恐与西晋在广州之疆梁娄至为一人"，见其著《汉魏两晋南北朝佛教史》，第88页。

严经》、支谦译的《维摩诘经》和《大明度无极经》等；重要人物是支娄迦谶及其弟子支亮、支亮的弟子支谦。安世高系统的重要经典是安世高译的《安般守意经》和《阴持入经》、安玄译的《法镜经》、康僧会译的《六度集经》等；重要人物是安世高、安玄、康僧会等。

支娄迦谶和安世高同住洛阳，支谦和康僧会同在建业活动，他们又分属于同一个时代，但其弘传的思想系统却完全不同，这不能不引起我们的思考。提倡般若学的支娄迦谶和支谦系统与玄学相接近，开拓了两晋以后的以玄释佛的先河。安世高和康僧会系统则接近以长生不老为主的道教性佛教。[①] 从他们的译述中我们可以清楚地看到佛教中国化不断推进的轨迹以及外来佛教与传统思想文化进一步相结合的趋势。

————————

① 镰田茂雄：《简明中国佛教史》，上海：上海译文出版社，1986 年，第 33 页。

第九章

两晋南北朝时期的佛教

魏宰相司马炎（晋武帝）于 265 年篡夺魏之帝位，建都洛阳，国号为晋，史称西晋。后于 280 年灭了南方的吴国，统一天下。316 年，北方胡族灭了西晋，中国历史进入了五胡十六国时代。

西晋皇祚历时不长，只有半个世纪（265—317 年），但其思想领域却非常活跃。王戎、王衍祖述何晏、王弼，仍主"以无为本"；裴頠著《崇有论》，斥责玄学贵无派；郭象注《庄子》，肯定一切存在都是合理的。西晋玄学出现了"贵无"与"崇有"两派并存的局面。佛教大乘"般若"学对"空"、"有"的讨论，与玄学遥相呼应。在这种学术氛围中，佛教发展迅猛。

西晋时期，译经仍然是佛教的主要活动，从事翻译活动的国内外沙门和居士翻译了很多经典，其中最有成就的是竺法护。

第一节 "敦煌菩萨"竺法护

竺法护是世居敦煌的月氏侨民，原来以支为姓，8 岁依竺高座出家，以后从师姓竺。他除诵读佛经外，还博览《六经》和百家之言。

一、"经法所以广流中华者，护之力也"

后随师游历西域各国，遍学36种语言，搜集了大量胡本佛经，带回长安。他往来于洛阳、长安、敦煌之间，翻译经典，据《高僧传》记载为一百六十五部，隋朝《历代三宝纪》中的记载增加至二百一十部，而在《开元释教录》中整理为一百七十五部，声名远播，从学者达千余人。

竺法护所译经，除小乘《阿含》中的部分单行本外，大部分是大乘经典，包括《般若》类的《光赞般若经》，《华严》类的《渐备一切智德经》，《宝积》类的《密迹金刚力士经》，《法华》类的《正法华经》，《涅槃》类的《方等般泥洹经》等。

早期大乘佛教各部类的有代表性的经典都有翻译，为大乘佛教在中国的弘传打开了广阔的局面，梁僧祐在《出三藏记集·法护传》中评论说："经法所以广流中华者，护之力也。"正因为竺法护译经多，推进了佛教向社会的普及，故被当时的信徒誉为"敦煌菩萨"。

二、《法华经》的翻译与般若学的兴盛

竺法护所译经中，最有影响的是《正法华经》、《光赞般若经》、《渐备一切智德经》等。《正法华经》十卷的译出，使印度大乘佛教的重要经典首次传到中国。经中通过许多比喻说明佛以"权方便"设种种教化以普度众生，使人人得以成佛。因有这部经

典，产生了竺道潜、于法开、竺法义、竺道壹等研究《法华经》的专家。又由于《法华经》之"光世音菩萨普门品"的流传，导致了观音信仰的逐步兴盛。

《光赞般若经》十卷是竺法护与朱士行在于阗所得。

竺叔兰等所译的《放光般若经》是同本异译。后东晋名僧道安曾将此经与《放光般若经》作对比研究，著《合放光光赞随略解》等书，促进了般若学的深入研究和广泛传播，西晋佛教界迎来了般若学研究的全盛期。

《渐备一切智德经》十卷，是《华严经·十地品》的异译本，主要讲述大乘菩萨修行所必须经历的十个阶段。

后来北朝菩提流支等译的《十地经论》，就是更具体地阐述这一内容的，并由此形成了专门研习《十地经论》的地论师。

三、竺法护译经特色

竺法护译经忠实于原本而不厌详尽，一改从前译家随意删略的偏向，"言准天竺"，不加藻饰，这样"辞质胜文"的译文，用作对照异译的资料，对理解经义有很大帮助。道安在《合放光光赞随略解序》中称赞他译的《光赞般若》"事事周密"。

竺法护的译经事业得到了许多人的帮助。在他的译经工作中，有许多助手为之执笔、详校，其中著名的是聂承远和他的儿子道真。聂承远父子对法护译事帮助最大，他们除承旨笔受外，聂承远又对法护所译部分经典加以删改整理。聂道真还将法护所译经典编成目录，即后世所称《聂道真录》（亦称《竺法护录》）。

第二节　玄学化僧人竺叔兰

竺叔兰是天竺人，其祖父因国乱被害，其父携妇及身为沙门的妻兄二人逃至中国，在河南定居下来，生叔兰。竺叔兰自幼师从舅舅学习佛教经典。

一、醉酒狂而不乱

据载，他非常嗜酒，且每饮必醉，常大醉卧于路旁，无所顾忌。

有一天，他醉后闯入河南的官府狂呼乱叫，被拘送狱。

当时的河南玄学名士尹乐广与宾客饮酒已醉，对竺叔兰说："你又不是中国人，何以学中国人饮酒？"

叔兰曰："杜康酿酒，天下共饮，为什么外国人就不能饮呢？"

广又曰："饮酒可以啊，为什么酒后狂呼乱叫？"

答曰："民虽狂而不乱，好比先生您虽醉而不狂。"

广听后大笑不止。

时坐客又对竺叔兰说："你怎么长得那么白？"

叔兰曰："河南人面黑尚且不引起怀疑，我面白有什么值得奇怪的啊？"

于是宾主叹其机辩，"遂释之"。①

据传，他后来因惧怕佛教所说善恶因果报应之说，于是"改节修慈，专意经法"，从事译经传教活动。

---

① 《出三藏记集》本传，《大正藏》卷五十五，第98页中。

竺叔兰嗜酒放纵，以及与乐广等人的一番对话，都表明他受到了西晋崇尚玄谈的社会风气的影响，是一位典型的玄学化了的僧人。

二、《放光般若经》的翻译

竺叔兰和无罗叉共译《放光般若经》二十卷。

该经的译出在社会上影响很大，流传于当时盛行清谈、玄学的中原知识阶层中。

当时研读《放光般若经》的名僧，有竺法深、支敏度等人。

此外，据《高僧传》载：于法开，"善《放光》及《法华》……乃出京讲《放光经》"；竺法汰受请为晋简文帝讲《放光般若经》；竺法蕴"悟解入玄，尤善《放光般若》"；后秦僧叡"尝听僧朗法师讲《放光经》，屡有机难"。

鸠摩罗什译出《摩诃般若经》以后，《放光般若经》仍为一些佛教学者所重视。东晋名僧僧肇在其佛学名著《肇论》中就多次引用了《放光般若经》作为理论依据。

三、《首楞严经》和《维摩诘经》的翻译

竺叔兰的另一重要翻译经典是《首楞严经》（全称《首楞严三昧经》），该经乃汉魏以来比较流行的另一部大乘佛经。此经谓修禅定可得无限神通。

竺叔兰还翻译有《维摩诘经》，也是汉魏以来比较流行的一部大乘佛经。吴支谦首译（今存），西晋竺法护、竺叔兰皆有译本，支敏度以支谦所译为底本，附上法护和叔兰所译为《合维摩诘经》

五卷。现存本有支谦、鸠摩罗什和唐玄奘的译本。

第三节　帛法祖与《老子化胡经》

大约与竺法护同时在长安译经的，还有帛法祖。

法祖名帛远，号法祖，俗姓万，河内（河南沁阳）人。父威达，以儒雅知名，州府辟命皆拒之不理。

法祖自幼出家，深研佛经，博读世典。在长安建筑精舍，以讲习为业，僧俗禀受者近千人。

一、《老子化胡经》的出现与帛法祖有关

当时道士祭酒王浮与帛法祖争佛道之高下，王浮争他不过，愤而作《老子化胡经》，攻击佛教，成为西晋佛道二教争论优劣中的一大公案。

"老子化胡"说是东汉桓帝时代就已有的说法。老子是道教所信奉的教主，传说老子晚年出关而不知去向。"老子化胡"的说法就解释成老子西出阳关，经西域到了天竺，化身为佛，教化胡人，因此这才产生了佛教。王浮即据此说法而撰写成《老子化胡经》以与帛法祖等佛教徒相抗衡。

秦州（今甘肃天水）刺史张辅知道帛法祖声名远扬，欲令其还俗为己僚佐。

法祖不从，得罪了张辅。不久，又有人在张辅面前进法祖的谗言。张辅派人杀了法祖。帛法祖在关陇一带汉族和内迁少数民族中享有很高的威望，被"奉之若神"。

因此，人们对其死表示极大的悲痛和愤恨，他们"共分祖尸，

132

各起塔庙"，以便供养。

二、帛法祖在翻译佛经上的贡献

帛法祖精通胡汉语，曾为《首楞严经》作注。他还翻译了《菩萨修行经》一卷、《佛般泥洹经》二卷、《大爱道般泥洹经》一卷、《菩萨逝经》一卷、《贤者五福德经》一卷等十六部（上述五部现存）。

《菩萨修行经》主张菩萨应从四十二个方面来做禅观修行，谓通过种种观想，可消除一切贪爱情欲和迷误见解。

《佛般泥洹经》讲释迦牟尼去世前的说教和有关逝世的宗教传说。

《大爱道般泥洹经》讲释迦牟尼的姨母大爱道与五百比丘尼不忍见到佛陀先于她们"涅槃"（逝世）而先行"涅槃"的传说。

以上三部经典各有特色，都在佛教史上产生了一定影响。

帛法祖弟子众多，以法祚最为知名。他25岁出家，深洞佛理，为《放光般若经》作注，著《显宗论》等。

西晋的佛经翻译从内容上看，主要是大乘佛经；而在各类大乘佛经中，又以般若类经典所占分量较大。如被誉为"敦煌菩萨"的竺法护所译佛经，主要是在于弘扬般若性空的思想；竺叔兰、无罗叉译出的《放光般若经》盛行于当时；法祚做了一部《放光般若经》的注解。另外，《首楞严》在西晋有竺法护、竺叔兰两种译本，帛法祖还作了一部注解。

可见，般若类经典在当时受到高度重视。从社会影响来看，以竺叔兰、无罗叉译的《放光般若经》和竺法护译的《正法华经》最为流行，在中国佛教史上地位显赫。

从翻译者看，除了华籍胡裔如竺法护（世居敦煌的月支后裔）、竺叔兰（生于河南的天竺后裔）之外，还有汉族僧人帛法祖等人。

译经者队伍在不断壮大。一些汉族知识分子作为助手，如聂承远、聂道真等参加了译经工作。这些汉族知识分子在译经过程中难免会受到本土文化及当时魏晋玄学的影响。可以说，他们的参与加速了佛教的中国化进程。

总的说来，三国、西晋时的佛教比东汉有了很大程度的发展。除有戒律的传入和僧人受戒外，佛教在统治者的支持下，寺庙和僧尼人数都有所增加。但这一时期佛教的活动，主要还是对佛经的翻译，佛教还没有形成独立的体系，依附于玄学。

第四节　神僧佛图澄

北方"五胡十六国"中以石勒、石虎父子的后赵、苻坚的前秦和姚苌、姚兴父子的后秦对佛教最为崇奉。后赵佛教的佛图澄有"神僧"之称，与石勒父子关系极为密切。

佛图澄，西域人，本姓帛氏。九岁出家，曾学习说一切有部的小乘佛教。西晋年间经敦煌来到洛阳。东晋永和四年（348 年）于邺都（今河南临漳县西南）去世，活了 117 岁，可谓非常高寿的一位僧人。

佛图澄能诵经数十万言，强闻博记，与中土学人论辩，辩才无碍。又重视戒学，平生"酒不逾齿、过中不食、非戒不履"。佛图澄尤以神异名世，《高僧传》将其归入"神异"部，记述了他的许多神通事迹。

佛图澄

莫高窟初唐第323窟北壁东侧中部，以全景式连环画描绘了佛图澄的神异事迹，根据《高僧传》、《晋书》记载，主要神异事迹如下：

一、幽州灭火

一次佛图澄与石虎共同坐在襄国①（邢台）中堂之上，谈论经法。

佛图澄忽然神色凝重起来，大惊道："幽州发生火灾了！"

随即，他找人取酒来向幽州方向喷洒。

---

① 襄国：古县名，其地包含今河北邢台县和沙河县。春秋时为邢地，战国时为赵地。秦朝置县为信都县，项羽改为襄国。秦汉之际，赵歇为赵王，张耳为常山王，皆以此县为都。东晋列国时，后赵石勒亦占据此地为都。隋初改名为龙冈，为邢州治所。宋代改名为邢台县。

过了很久，佛图澄笑着对石虎说："现在幽州的火灾已经扑灭了。"

石虎觉得奇异，不太相信，就派遣使者前往幽州验证。

使者回来对石虎说："那一日火从四大城门烧起，火势猛烈。忽然从南方飘来一片黑云，立刻天降大雨，将火扑灭。雨中还能闻到酒气呢。"

莫高窟初唐第 323 窟北壁东侧中部四组故事画中的两组画面是描绘《幽州灭火》的。

二、闻铃断事

《高僧传》中有多处关于佛图澄闻铃断事的神异事迹的记载。

莫高窟初唐第 323 窟北壁东侧中部上层故事画，据考证是指"擒获刘曜"一事。

光初十一年（328 年），刘曜亲自率兵攻打洛阳。

石勒欲亲自率兵抵抗刘曜，朝廷内外，文武大臣，无不劝谏石勒不要亲率出兵。

石勒心意不定，因而前去拜访佛图澄，以决行动。

佛图澄对石勒说："听一下佛塔相轮上的铃声就可以断定该不该出兵了。"

佛图澄听了一会儿铃声，告知说："军队出征，刘曜必擒。"

当时，徐光听闻佛图澄的预言后，苦苦相谏石勒立即出兵，两军激烈交战，刘曜军马大败而逃。

刘曜落荒，乘马落入水中。石勒之子石堪乘机活捉刘曜，押送至石勒帐前。

此时，佛图澄用麻油胭脂掺和，涂在掌心，看到手掌中有许多人，其中一人被绑缚，朱红丝线束在脖子上。佛图澄因此告诉身边的石勒说："刘曜已擒。"

佛图澄相告之时，正是刘曜被擒之时。

刘曜平定之后，石勒就自称赵天王，行皇帝之事，改纪元为建平，这一年是东晋成帝咸和五年（330年）。

石勒登位以后，对佛图澄更加崇敬，侍奉更厚。

此幅故事画上层画一佛塔，佛塔下是石勒拜访佛图澄，所描绘的就是佛图澄以铃声预言刘曜生擒之事。

三、以水洗肠

《高僧传》上记述：佛图澄左乳房的旁边起先有一个小洞，直通腹内。

有时佛图澄把肠子从小洞中取出来，有时佛图澄用棉絮把小洞塞住。如果想读书时，就把棉絮拔掉，洞中发出的光亮，使一室通明。

逢到斋戒之日时，佛图澄来到河边，把肠子从洞口掏出来，用水洗净，然后再装进腹中。

莫高窟初唐第323窟北壁东侧中部故事画下层左侧，描绘的就是佛图澄在河边以水洗肠的情景。

四、龙岗咒水

《晋书·佛图澄传》记载，佛图澄在襄国（邢台）时，最有名的当为敕龙取水。

当时襄国城堑干涸，石勒问佛图澄解除缺水良方。

佛图澄说："今当敕龙。"

石勒以为佛图澄是在开玩笑，佛图澄即刻说出了理由。

他说："水泉之源，必有神龙居之，今往敕语，水必可得。"

佛图澄即带领弟子数人来到泉源旁，自己坐于绳床之上，"烧安息香，咒愿数百言"。如此三日，"水泫然微流"。

此时，一条小龙"长五六寸许，随水出来"。不久，"水大至，隍堑皆满"。

佛图寺

五、以佛图澄命名的古老寺庙

晋朝时期佛教开始在太湖县流传。据史料记载，东晋时天竺高僧佛图澄到中国宣扬佛法，于大兴二年（319 年），路经太湖县时，见山势突兀耸拔，一石奇峰异起，大有佛家胜地之相，于是在此修建寺庙，定名为佛图寺。这是太湖县有文字记载的首座寺庙。

138

佛图寺位于风景秀丽、人杰地灵的寺前镇，寺前镇是原全国政协副主席、中国佛教协会会长赵朴初先生故乡。佛图寺不但是外来僧人在太湖县所建的首座佛教寺院，也是太湖县乃至江淮地区有文字记载的首座佛教寺院。佛图寺的建设，标志着佛教文化在晋代就正式传入太湖县，传入江淮地区。

千百年来，佛图寺吸引了无数游人，留下了大量石刻和诗篇。1981年，佛图寺摩崖石刻收录入《中国名胜词典》。1982年，太湖县人民政府又将其列入县级重点文物保护单位。佛图寺以佛图澄而得名，一千六百多年来，从未易名至今，现在全国所存佛图澄所建寺庙为数不多，但以佛图澄命名的寺庙，太湖佛图寺独一无二。由此可见，佛图寺在中国佛教文化中的历史地位相当突出。

石勒、石虎父子以残暴闻名，佛图澄则以神异折服石勒，后来的石虎也很敬重他，尊他为"大和上"。佛图澄经常劝诫二石要"不为暴虐，不害无辜"。

在后赵两代统治者石勒、石虎的支持下，佛图澄大力推广佛教，使佛教在后赵得到广泛的传播与发展，西晋以前，官方只准西域人出家，石虎治下的后赵公然允许汉人为僧。此后民众相率出家，计当时有寺院八百九十所之多，后赵佛教可谓盛极一时。

六、灯火相续

佛图澄虽无译经和著述流传下来，但其门徒中不乏义学高僧。在其门下聚集了大批英才。当时慕佛图澄高名而来拜师受业者，有中土大德释道安、竺法雅等人，门下受业追随者常有数百，前后门徒几近万人。

释道安可以称得上中国佛教发展史上的划时代人物，而慧远又是道安的弟子。

佛图澄、道安和慧远一系在中国佛教史上影响卓著。正如《高僧传》卷八《义解论》所言："中有释道安者，资学于圣师竺佛图澄，安又授业于弟子慧远。惟此之叶，世不乏贤。并戒节严明，智宝炳盛。使夫慧日余晖，重光千载之下；香土遗芬，再馥阎浮之地。涌泉犹注，实赖伊人。"

竺法雅在佛教史上则开创"格义"方法。东晋十六国和南北朝佛教以佛图澄及其活动为起始，对中国佛教产生了深远影响。

第五节 "弥天释道安"

道安是佛图澄最著名的弟子，在中国佛教发展史上地位显赫。

一、道安的生平

他生于西晋怀帝永嘉六年（312 年，一说 314 年），卒于孝武帝太元十年（385 年），常山扶柳人（今河北冀县境内）。12 岁出家，受戒后游学四方。约 335 年，道安拜佛图澄为师，直到 348 年佛图澄去世。

道安一生重禅修、戒律，精研毗昙、般若，可以说在很大程度上受佛图澄的影响。365 年，襄阳大名士习凿齿迎请道安往彼处弘法，道安遂率弟子四百余人到达襄阳。史载习凿齿曾以"四海习凿齿"自许，道安则对以"弥天释道安"。

道安在襄阳 15 年，受南方佛教重义理的影响，集中研习般若。每年讲两次《般若经》，还对《般若》和《安般》等经作注，收集整理经典、编撰经录，受到时人推崇。

379 年，前秦苻坚遣苻丕攻占襄阳，道安和习凿齿来到长安。苻坚对佛教有浓厚的兴趣，称发兵南下，只为获得一个半人而已，一人指道安，半人指习凿齿。

二、道安对佛教发展的贡献

道安十分注意获取统治者对佛教的支持，认为"不依国主，则法事难立"。这种竭力将佛教与世俗统治者相协调的思想对以后中国佛教的发展也产生了重大的影响。

道安住长安五重寺，于 385 年去世。在此七八年中，最主要的活动是组织翻译，共计译出众经十部一百八十七卷，百余万言。

除般若经典外，还重视对禅修和小乘毗昙经论的译介，这些都对以后中国佛教的发展产生了重要影响。

道安注重对前代和当时所出经论的介绍和整理工作，其成绩主要体现在他所写的大量经序和注疏之中。

据《出三藏记集》、《隋众经目录》和《历代三宝记》的记载，道安的著作共约六十种。其中佚失约四十种，现存约二十种。这些序和注对阐明经义的作用很大，有的学者认为道安才是中国佛典注疏的真正始祖。

在这些著述中也包含了道安自己的佛学思想，尤其是对般若空宗经典的研究有独到之处。

道安的般若理论被称为"本无宗"，是"六家七宗"之一，推动了般若思想的流传和发展。

道安又开创了中国编纂佛经总录的先河。现存最古的经录梁僧祐所撰《出三藏记集》的第二部分经录本文，就是在全部吸收《道安录》的基础上加以扩充而成的，从中可窥《道安录》之一斑。

道安提倡沙门以释为姓，这条规定被中国佛教徒传承至今。

另外，道安还制定了僧尼赴请、礼忏等行仪规范，使佛教僧尼活动进一步规范化。

三、"五失本、三不易"的佛经翻译注意事项

佛教经典的汉译是我国翻译史上最灿烂光辉的一页。

《四十二章经》是中国第一部翻译的经典，那时正是佛教初传中国的开始。中国佛教的译经事业从东汉到唐代中叶，历时八百年左右。中唐以后，仍有大量佛教经典从梵文译成汉文、西藏文，也有从汉文转译成西藏文。中唐前后的这些译经事业及其成果，成为我国佛教典籍文献中的一大宝藏。到了宋、元二代，经典的汉译数量显著减少，对中国佛教的发展而言影响力也较小。

译经事业发展的过程，可分为三个阶段：即汉魏西晋时期——译经的初创时代；南北朝、隋时期——译经的进展时代；唐代时期——译经的全盛时代。

第一期佛经的引入并非直接由印度本土，而是从西域诸国间接传来的，如大月氏、安息、康居等地（阿富汗以北到苏俄南部，西到波斯一带），有许多佛教学僧前来中国。

当时翻译所根据的佛典大多是西域当地的语言或文字写成的，通称为"胡本"或"胡语经典"。

汉代佛经的翻译，主要有大小乘两大系统：一是以来自安息国，以安世高为代表的小乘禅学派；一是以大月氏的支娄迦谶为代表的大乘般若学。

佛教传入中国是大小乘同时并行，从经典翻译的现象来看正反映了这个事实。

汉末三国时代的译经僧中最著名的是来自交趾（祖籍康居）的康僧会，他对江南佛教的传播影响极深。

我国僧侣最早前往西域求法的朱士行从于阗抄写胡本的《大品般若经》九十章，嘱咐弟子带回洛阳，经由竺叔兰与无罗叉译出，称为《放光般若经》。这部经在东晋时代，普遍受到研究。

晋代译师中，译经数量最多的，首推西晋的竺法护，共译出大乘经典154部309卷，译出时间在265—274年。竺法护在286年译出《正法华经》，为观音信仰的流行起了铺垫作用。

第二期译经高僧是从印度来的。他们精通梵汉文，诸译师系统地介绍佛经，分判不同宗论著作，确立了特有的翻译文体。他们的文体不求华美，但求切合原意，这是汉译经典的大发展时期。这一时期的代表人物有鸠摩罗什、佛驮跋陀罗、真谛等人。

道安大师生活在东晋时期，介于译经的第一和第二大阶段之间。他总结佛经翻译的经验，提出"五失本、三不易"的翻译方法性原则，这些总结对以后的佛经翻译产生了影响。

"五失本、三不易"是指在译经时应予避免误导的五种情形，及佛典翻译本质上的三种困难，详载于《摩诃般若波罗蜜经抄序》文中。

所谓"五失本"，就是将原典翻译为汉语时，有五种情况易于失去本意：在语法上，原典和汉文结构不同，所以在汉译时有语序变更的问题；原典的文字本是质朴无华，而中国人一向喜好文饰，所以汉译时会因修饰而失去本意；原典常有同类语词几次反复重述的情形，翻译时容易被随意删削，所以会失去本意；原典经文中，常附有说明的文字，汉译时若被任意删除，会失去本意；原典在说完一事再接叙他事之时，常有重复前述文词的情形，汉

143

译时多省略重复的部分，所以会失去本意。

所谓"三不易"，是三种不易翻译的情况：佛经是依当时的风俗、语言等而说的，但物换星移，时俗全然不同，要使经文变为适合现代人可读可懂的文章，不容易；贤所说深义，历经千年百世，要使末世凡夫理解，不容易；佛经是由大迦叶、阿难等具足神通的大阿罗汉结集而成，距佛世不久，现在要由千年后的凡夫来传译，不容易。

生在乱世中的道安大师不止学养具足，尤其能够高瞻远瞩，见地超凡，他对佛经翻译的主要立场是，不失原典的本旨，一心要使译文的文字契合经典的内涵。这些见解受到后世的赞扬。在长安时期，道安还多次敦促苻坚迎请鸠摩罗什。

四、弟子众多

道安弟子众多，是当时中国最大的僧团。

其高足有慧远、慧永、慧持等，其中以后来成为东晋佛教领袖的一代大师慧远最为著名。

道安在新野和襄阳两次分遣徒众，扩大佛教的影响范围，东至扬州，西抵四川，南达长沙，都有道安的弟子。

道安僧团的势力由北向南推移，由黄河流域扩展到长江流域，这是中国佛教史上的一个重要事件。

道安还是一个虔诚的弥勒信徒，曾与隐士王嘉、弟子法遇、昙戒、道愿等八人在弥勒像前发誓，祈愿兜率往生，在中国兴起了佛教的弥勒信仰。其弟子慧远却发愿往生弥陀净土，与道安归宿不同。这一问题值得深入研究。

第六节 "四海习凿齿"

习凿齿（？—383年）是中国习姓先祖，字彦威，东晋著名文学家、史学家，襄阳（今湖北襄阳）人，世代为荆楚豪族，东汉襄阳侯习郁之后人。

习凿齿主要著作有《汉晋春秋》、《襄阳耆旧记》、《逸人高士传》、《习凿齿集》等。其中《襄阳耆旧记》是有影响的人物志之一。

习凿齿初为荆州刺史桓温的别驾，位列诸参佐之首。

一、尊奉蜀汉与不畏权贵

桓温北伐时，也随从参与机要。后桓温企图称帝，习凿齿著《汉晋春秋》以抑制桓温的野心；因习凿齿忤逆了桓温，遂贬官为荣阳太守。不久辞职归乡。

《汉晋春秋》的内容是宣扬以蜀汉为正统的思想。《四库总目提要》评道："其书（《三国志》）以魏为正统，至习凿齿作《汉晋春秋》，始立异议。自朱子以来，无不是凿齿而非寿。然以理而论，寿之谬万万无辞，以势而论，则凿齿帝汉顺而易，寿欲帝汉逆而难。著有《汉晋春秋》五十四卷。"在这里，分析了陈寿的《三国志》与习凿齿的《汉晋春秋》的不同之处；习凿齿以蜀汉为正统，而陈寿以魏为正统，两者立意不同，造成了后人评价的殊异。自从朱熹之后，都是肯定习凿齿而非难陈寿。然而，从理上来论，陈寿是错的无可争辩；若从势上来论，习凿齿是遵奉从汉到蜀的帝王位置的变迁，而陈寿是非难从汉到蜀的帝王位置的变迁。因此，习凿齿写了五十四卷的《汉晋春秋》。

该书上起东汉光武帝刘秀，下迄西晋，记了近三百年的史事。

习凿齿在叙述三国历史时，以蜀汉刘备为正统，魏曹操为篡逆；认为晋司马氏虽受魏禅让，应该是继承的汉祚，而不应是继魏。所以，晋朝国统不正，不能昭示后世。在这里显示出习凿齿不畏权贵的大无畏精神。

南宋理学家朱熹也赞成这个观点，特意在《通鉴纲目》中说到此事。

习凿齿以蜀汉为正统，所以对诸葛亮深怀敬仰之情。

他曾专程去隆中凭吊孔明故宅，并写了《诸葛武侯宅铭》，记叙了孔明故宅的情景，论述了孔明志在兴复汉室、统一中原大业的抱负，颂扬了公正无私、执法严明、鞠躬尽瘁、死而后已的思想作风。

《诸葛武侯宅铭》曰："达人有作，振此颓风，雕薄蔚采，鸱阑惟丰，义范苍生，道格时雄，自格爱止，於焉盘桓，躬耕西亩，永啸东峦，迹逸中林，神凝岩端，罔窥其奥，谁测斯欢，堂堂伟匠，婉翩扬朝，倾岩搜宝，高罗九霄，庆云集矣，鸾驾亦招。"

在他的著作中，还收录了孔明的《后出师表》，对考证此文提供了有力的佐证。

因此，在四川成都的武侯祠里，后人留下这样一副对联：

"异代相知习凿齿，千秋同祀武乡侯。"

二、博学多才与诙谐幽默

习凿齿为人刚正有气节，而且幽默诙谐，在谈吐中显示其非凡的学识。

晋代另一著名文儒名叫孙兴公，他曾经造访桓温，习凿齿没有见过孙兴公。于是，桓温便让他们两人在家中相见交谈。

孙兴公一见到习凿齿，便想显示自己的才华，开口便说："蠢尔蛮荆，大邦为雠？"

这句话是《诗经·小雅·采芑》中的句子，原是指周天子警告蠢蠢欲动的荆州蛮族，要他们不可与中原大国作对。而习凿齿恰好是湖北襄阳人，襄阳在古代属于"蛮荆"之地。

显然，孙兴公引用这两句诗，是对初次见面的习凿齿的学识的挑战。

然而，习凿齿更是饱学之士，便也毫不示弱，立即回送一句："薄伐严狁，至于大原。"

这是出自《诗经·小雅·六月》中的诗句。"大原"即为现在的太原，"严狁"则是周代北方的少数民族，曾被周天子下令讨伐，被驱赶到山西太原一带，而孙兴公恰好原籍山西太原。习凿齿移用涉及孙兴公祖籍的诗句，也巧妙地笑讽回敬了孙兴公。

习氏故里

习凿齿的学问由此可见一斑。

又有一次，有一个叫绰的文人，性情通达率真，喜欢开玩笑斗机锋；曾经与习凿齿共行，绰走在前面，回头对凿齿曰："沙之汰之，瓦石在后。"凿齿亦不示弱，曰："簸之扬之，糠秕在前"。

三、"半人"习凿齿

习凿齿亦精通佛学，力邀著名高僧释道安到襄阳弘法，在我国佛学史上产生了很大的影响。

习凿齿崇信佛教，深通佛理，和东晋著名佛教学者道安法师是至交。道安法师是般若学传入我国初期影响最大的"本无宗"的代表人物，曾在襄阳住了十五年。

凿齿久闻道安法师的名声，在道安法师率领僧众即将到达襄阳时，就先致书通好（见《弘明集》卷十二《与释道安书》）。在信中，凿齿表达了他本人以及襄阳僧俗对道安的崇敬和期待的心情。

他说："承应真（即阿罗汉）履正，明白内融；慈训兼照，道俗齐荫。宗虚者悟无常之旨，存有者达外身之权。清风藻於中夏，鸾响厉乎八冥。玄味远猷，何荣如之……此方诸僧，咸有倾想，目欣金色之瑞，耳迟无上之箴。老幼等愿，道俗同怀，系咏之性，非常言也。"崇敬之情，溢于言表。

凿齿在信中还对肃祖明帝（司马昭）倡兴佛教给予了高度赞扬，他说："夫自大教东流，四百余年矣，虽藩王居士时有奉者，而真丹宿训，先行上世，道运时迁，俗未金悟；藻悦涛波，下士而已。唯肃祖明皇帝实天降德，始钦斯道。大块既唱，万窍怒号，贤哲君子，靡不归宗。""真丹宿训"是指佛祖初说的教法、真谛在这里，凿齿表明了自己对先行上世者未悟"真丹"的憾惜之情，也对明帝以来"始钦斯道"深表欣慰。

道安法师到达襄阳后，凿齿便尽地主之情，对其日常起居悉心安排，"多方翼护"。道安法师定居下来后，往见凿齿。就座以后，凿齿自通姓名曰："四海习凿齿。"道安应声曰："弥天释道安。"时人以为名对。从此二人往来不断，相磋佛经妙义。

凿齿又向他的好友谢安推荐道安法师。说道安法师不仅博通内外群书，于"佛经妙义，故所游刃"，"远胜非常道士"，"乃是吾由来所未见"（《高僧传》卷五）。

道安也称凿齿"锋辩天逸，笼罩当时"（《高僧传》卷五）。可见二人对佛教义理皆有深研，甚为投机。前秦苻坚也是一个对佛教很虔诚的信徒，后来他带兵攻陷了襄阳，把凿齿和道安法师二人一齐接往长安，说："朕以十万师取襄阳，所得唯一人半，安公一人，习凿齿半人。"（《高僧传》卷五）对二人如获至宝，给以隆重的礼遇。凿齿在长安不久，便以病请回。

后襄阳为晋室收复，习凿齿被征以"国史职事"，未就而卒。

习凿齿有三子：习辟强、习辟疆和习辟简。其中长子习辟强，元兴元年位至骠骑从事中郎。

第七节　隐居庐山的慧远

慧远，俗姓贾，334 年生于雁门楼烦（今山西省淳县东部）一个士族家庭。他自幼聪颖好学，加之良好的家庭教育，十二岁时已经熟读过不少书，是远近闻名的少年才子。

慧远十三岁时，与胞弟慧持随舅父令狐先生到许昌、洛阳求学。他开始学习儒家经典，几年后即能通晓"六经"（诗、书、乐、礼、易、春秋）。慧远有个同窗好友名卢瑕，其祖父曾任过赵国太学的国子祭酒，不仅精通儒家经典，而且还对《庄子》、《老子》情有独钟。慧远即拜卢瑕祖父为师，研读《老子》、《庄子》两部道学经典。足见，慧远对儒学和道学的著作有精深的把握，史书称道慧远是"内通佛理，外善群书"。

一、"使道流东国，其在远乎"

慧远是继道安之后中国佛教的领袖，21 岁在太行恒山与弟弟慧持一同拜道安为师。道安的外貌虽然又黑又矮，但言谈举止的风度，决非常人可比；听道安讲解《般若经》以后，豁然而悟，认为"儒道九流，皆糠秕耳"。在道安门下，慧远精进敏捷，颇受器重。道安夸赞道："使道流东国，其在远乎！"

道安在佛教思想方面属于般若学"六家七宗"之"本无宗"，慧远跟随道安也主张"本无义"。他 24 岁便开始讲解《般若经》。由于当时听众对般若"实相"很难理解，慧远就援引流行的《庄子》作类比来解释般若实相，听众心有所悟。在随道安南下襄阳以后，慧远还与主张"心无义"的道恒有过辩论。

有一天，道安因故不能出席原定的大法会。他对慧远说："你今天要替我去讲《涅槃经》中的关于'实相'的问题。"

"我行吗？"慧远心想自己初出茅庐，还是个毛头小伙子怎能顶替师父说法。

"当然可以，快点去吧！不要让大家久等啊！"道安十分信任地说道。

慧远点了点头，立即充满信心地走向佛堂。

佛堂里的听众见走进一个年轻的和尚，立即交头接耳，一阵骚动。可慧远十分镇定地坐在蒲团上，讲了起来，几句话后，大家都肃静下来。

当慧远讲完，座中许多和尚站起来提问，他们怎么也搞不清佛学中说的"无相之相，名为实相"这一概念。

这时，慧远用庄子的《齐物篇》中所讲的"其分也，成也；其成也，毁也；凡物无成与毁，复通为一"等相对论来解释，结果所提问题迎刃而解。

慧远这次讲法，不仅赢得了听众的赞扬，就连一起学佛的沙门昙徽、慧永等也都十分佩服。

道安也从中得到启发，他本来是个允许弟子读儒学和道学的。从这天起，他看到了中国传统文化对理解佛学的重大作用，开始特许慧远读诸子百家的书。

慧远跟随师父道安的四五年中，辗转流离于恒山、邺城、武邑（今河北大名）、冀都、王屋女休山、陆浑（今河南篙县）等地。他们的生活很艰难，有时靠野菜、野果充饥。

359 年，中原又发生大的战乱，道安师徒数百人被迫迁移，向襄阳进发，这时的慧远仍然跟随道安左右，他们终于到达襄阳，先住白马寺，后建檀溪寺，全心协助师父弘扬佛法。

365 年，荆州刺史桓豁请道安前往江陵弘法，慧远随侍。十二年后，桓豁死，他们又回到襄阳。

379 年，前秦苻坚攻陷襄阳，道安后被苻坚带往长安，遂吩咐弟子往各地传教。临行前，道安对弟子一一加以诲勉，唯独对慧远不发一言，慧远乃跪拜曰："独无训勖，惧非人例？"安曰："如公者岂复相忧。"充分表明道安对慧远的刮目相看。

二、庐山清净，足以息心

慧远与道安分别后，同慧持及弟子数十人南下，进荆州上明寺，后欲南下罗浮山，途经浔阳（今江西九江），来到龙泉寺，眺望庐山清净，足以息心，遂生住此修炼之心，由同学慧永迎入庐山西林寺，后住于东林寺。

慧远在庐山讲经论道，培养僧徒，撰写文章，组织译经，广泛结交，使庐山成为当时南方佛教的中心，自己成为东晋佛教的领袖。

慧远学兼内外，重视以儒、道典籍来会通佛教义理，吸引文人学士接近和信仰佛教。当时的名士刘遗民、雷次宗、周续之、宗炳等皆服膺慧远的学问，执弟子礼，扩大了佛教的影响。

慧远与上层统治者的关系也十分密切，甚至安帝也致书问候，远在北方的后秦主姚兴致书赠礼以示尊崇；尤其是东晋时期的权臣桓玄也为慧远的学识和声望所折服，在准备令沙门拜俗和沙汰沙门时，特别说明"唯庐山道德所居，不在搜简之例"。慧远还在庐山会见当时农民起义军首领卢循。

慧远是精明而富于政治头脑的高僧，鉴于佛教徒直接参与政治，引起世俗统治者攻难的教训，竭力在表面上保持佛教徒的"清净"与"出世"，住庐山30余年，迹不入俗，送客不过庐山虎溪，连安帝过庐山他也不前往迎候。这种超脱的态度，博得了统治者的尊重，达到了维护佛教相对独立性的目的，为佛教的发展赢得了广泛的空间。

三、"虎溪三笑"的故事

宋代的《虎溪三笑图》

历史上流传着关于慧远"虎溪三笑"的故事。虎溪是庐山东林寺门外的一条小溪，《名山洞天福地记》称其为"四十七福地"。东晋孝武帝太元八年（383年），慧远到庐山宣扬佛法，在州刺史桓伊的资助下创建了东林寺。当时的名士谢灵运十分钦佩慧远，帮他在东林寺中种植了两池白莲，慧远所创之社因此被称为"白莲社"，净土宗也被称为"莲宗"。

"虎溪三笑"最早的记载见于宋代陈舜俞《庐山记》卷二："慧远法师庐山阜三十余年，影不出山，迹不入俗。送客过虎溪，虎辄鸣号。昔陶元亮居栗里，山南陆修静，亦有道之士。远师尝送此二人，与语道合，不觉过之，因相大笑。"说的是慧远大师在庐山修行，深居简出，有客来访也不远送。诗人陶渊明和道士陆修静来访慧远，三人话语投机，不知不觉过了虎溪，溪下的老虎大吼一声，三人才回过神来，不禁相视大笑。这个故事成了后世艺术家们吟诗作画的题材，作为儒释道三教和睦相处的象征。

慧远出身于仕宦家庭，从小好学，十三岁随舅父令狐氏游学洛阳、许昌，阅读了大量的儒家、道家典籍，深受儒家和玄学的熏陶。慧远信仰佛教以后，"常欲总摄纲维，以大法为己任"[①]。慧远以弘扬佛教义理为己任，自然会得到道安的器重。慧远 24 岁即登讲席，时引《庄子》一书以说明佛教义理，使惑者开悟。自此以后，道安允许慧远引用佛典以外的书籍来比附说明佛理，这开了慧远融合佛、道、儒思想的先河。

陶渊明（约 365—427 年），名潜，字元亮，自号五柳先生，浔阳柴桑人，晋代文学家，田园派诗人。陶渊明出身于没落的官宦家庭，早年担任过一些小官，后因官场黑暗，感叹："吾不能为五斗米折腰，拳拳事乡里小人邪。"（《晋书·陶潜传》）辞官回家，归隐山林。田园生活是陶渊明诗的主要题材，代表作品有《桃花源记》、《五柳先生传》、《归去来兮辞》、《饮酒》、《归园田居》等。钟嵘称陶渊明为"古今隐逸诗人之宗"。

陆修静（406—477 年），字元德，出身士族，幼习儒书，但性喜道术，长大后弃妻舍子，入山修道，隐居云梦山，后四方云游，以搜寻道书，寻访仙踪。宋文帝元嘉三十年（453 年），他到京城建康（今南京）卖药，文帝派左仆射徐湛之请他入宫讲道。太后王氏对陆修静执门徒之礼，对他十分尊敬。泰始元年（465 年），明帝即位，在北郊天印山为陆修静修建了一所崇虚馆，让陆修静在此讲经传道，礼遇甚厚。

① 石峻，楼宇烈，方立天，等：《中国佛教思想资料选编》第一卷，北京：中华书局，1980 年，第 124 页。

陆修静对道教的贡献主要有：第一，整理道书。到了陆修静时代，道教经书由于伪造滥传已被搞得十分混乱，真伪难辨。因此，需要有人加以整理，弄清传授源流，去伪存真。陆修静到处搜访道经编制成道教史上第一部道经目录，即《三洞经书目录》（已佚），首创"三洞四辅十二类"的道教典籍分类法，为道教经典的编写创立了体例和原则，对后来整理和保存道教经典起了重要作用。

第二，制定和完善了道教戒律和斋醮仪范。道教有一套约束入道的纪律，叫戒规或戒律。戒的内容主要规定道教信徒应该遵守的事项，律的内容主要是关于道士犯戒时的惩罚条文。道教还有一套有特色的宗教仪式活动，叫斋醮。斋的原意是齐和净，即祭神前使自己身心清洁，言行规矩，表示对神恭敬；醮的原意是祭，即祭祀神灵，求神赐福免灾。后来，斋醮不分，成了一回事。陆修静综合所了解的道教各派戒律和斋醮仪轨，整理出一套比较完整的规定。经他改造增修后的道教斋仪扩展为包括天师、上清、灵宝各派斋仪在内的"九斋十二法"。可以说，道教的基本斋仪大都是由陆修静创制的。另外，他还从理论上论证了斋醮的重要性。他说，斋醮是修道求仙的根本，其他修炼方法都不能与之相比。

第三，整顿道教组织。当时南朝的天师道祭酒制度，也像北朝一样混乱不堪。陆修静曾著《陆先生道门科略》，按三张旧法对天师道进行整顿，然收效不大。后来他针对南朝在孙恩起义失败后民间天师道衰落，士族神仙道教的上层天师道发达的事实，结合天师道亦属于符箓道教的特点，将上层天师道和南方盛传的经箓派道教（三皇派、灵宝派、上清派）融汇到一起，并区分修行次第，形成了一种按道阶修行的统一的经箓派道教。与寇谦之的北天师道相对，经陆修静改造后的天师道，被称为南天师道。

现代著名学者林语堂曾有评论说："这象征三位无忧无虑的智者的欢乐，象征三位宗教代表人物在幽默感中团结一致的欢乐。"

李白的《别东林寺僧》诗云："东林送客处，月出白猿啼，笑别庐山远，何烦过虎溪。"唐英在清朝乾隆年间任内务府员外郎，他擅长诗歌，工于书画。他的《题庐山虎溪三笑亭联》曰："桥跨虎溪，三教三源流，三人三笑语；莲开僧舍，一花一世界，一叶一如来。"

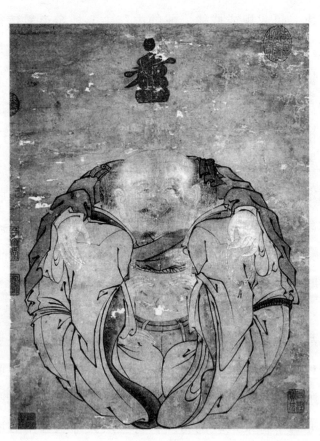

《一团和气图》

一团和气是中国著名的艺术体裁，有国画、年画和刺绣等众多版本，北京故宫博物院收藏有一幅明宪宗朱见深御制的《一团和气图》。明宪宗朱见深，年号成化，明英宗长子，明朝第九代皇帝，擅长神像画。画中慧远、陆静修与陶渊明三人抱作一团，乍看之下神似弥勒佛，但仔细观察可分出中间的胖和尚手持念珠，怀抱左右两位老者，是慧远大师；左边的老者头戴道冠，是道士陆静修；右边的老者头戴儒巾，是陶渊明；两人各持卷轴的一边，相对而笑。三者抱在一起，一团和气，与虎溪三笑图有异曲同工之妙，象征着儒释道三教的和谐相处。朱见深在题画的"赞"中说："合三人以为一，达一心之无二。忘彼此之是非，蔼一团之和气。"

四、慧远的西方净土信仰

净土思想的初传始自净土经典的翻译，随着有关净土的经典译为汉文，净土思想也逐渐传播开来。净土思想主要有两大流派：一是弥陀西方净土，二是弥勒兜率净土。弥陀净土的传播以东汉末年支娄迦谶、竺佛朔共译《般舟三昧经》为嚆矢。

该经宣扬依专念之法即可往生西方阿弥陀佛国。如经载："当持何等法生阿弥陀佛国？尔时，阿弥陀佛语是菩萨言：'欲来生我国者，常念我数数，常当守念，莫有休息，如是得来生我国。'"[1]三国时，吴支谦译出《大阿弥陀经》，详述阿弥陀佛愿力的弘大和极乐净土的庄严。随后净土类的重要经典又相继译出，如曹魏康僧铠译《无量寿经》，西晋竺法护译《无量清净平等觉经》二卷，

---

[1] 《大正藏》卷十三，第 905 页中。

姚秦弘始三年（401 年）鸠摩罗什译出《阿弥陀经》，刘宋宝云译《新无量寿经》（421 年），畺良耶舍译《观无量寿经》（424 年）。后世把《观无量寿经》、《无量寿经》、《阿弥陀经》合称"净土三部经"，至此弥陀净土经典传译已臻完备。弥勒净土思想的传播亦约始自东汉末年，支娄迦谶译出《道行般若经》，其中卷五就记载有弥勒信仰的内容。此后西晋竺法护译《弥勒下生经》，后魏天竺三藏菩提流支译出《弥勒菩萨所问经》等。信仰弥勒净土以东晋道安为最早，迄至唐代，玄奘与窥基也以弥勒净土为行持及依归。此后弥勒信仰日趋衰落，而弥陀信仰则益趋兴盛。

随着弥陀净土经典的译出，就有人开始信仰和追求往生西方净土了。传说西晋阙公则及其弟子卫士度是中国最早欲往生西方净土之人。据《高僧传》载，东晋竺法旷说："每以《法华》为会三之旨，《无量寿》为净土之因，常吟咏二部，有众则讲，独处则诵。"① 提倡诵读《无量寿经》，以求往生。醉心于庄子《逍遥游》的高僧支遁（314—366 年），写有《阿弥陀佛像赞》。在早期净土思想传播中，最值得称道的是东晋庐山慧远的西方净土信仰。

东晋安帝元兴元年（402 年），慧远及其弟子刘遗民、周续之等一百二十三人，在无量寿佛像前立誓往生西方佛国极乐世界。慧远发愿往生净土，奉行念佛三昧，对于"净土"法门在南方的流行产生了重大的影响。后来净土宗推慧远为初祖。

五、慧远与道安信仰的不同

众所周知，慧远之师道安尝与弟子八人于弥勒像前立誓，愿

---

① 《大正藏》卷五十，第 356 页下。

生兜率天。① 慧远作为道安的高足，却信仰了西方净土。原因
何在？

要回答此问题，有必要先来看道安为何要信弥勒净土。东晋
南北朝佛教界盛行有疑问咨询弥勒或从弥勒受戒的风气。如《高
僧传》卷三《智严传》载："严昔未出家时，尝受五戒，有所亏
犯，后入道受具足，常疑不得戒，每以为惧。……重到天竺，咨
诸明达。值罗汉比丘，具以事问，罗汉不敢判决，乃为严入定，
往兜率宫咨弥勒，弥勒答云：'得戒。'严大喜，于是步归，至罽
宾，无疾而化。"② 《高僧传》卷十一《慧览传》、《名僧传抄》第
十六"昙斌"条以及《法苑珠林》卷八十九"齐尚统"条也都有
类似的例证。

道安正是苦于无法解释很多佛学问题，才信仰了弥勒。道安
的弟子僧睿在《毗摩罗诘提经义疏序》中，道出道安无法解释
"性空"和"存神"之间的矛盾而归信弥勒的缘由，如《序》云：
"予始发心，……禀玄指于先匠，亦复未识其绝往之通塞也。……
此土先出诸经，于识神性空，明言处少；存神之文，其处甚多。
《中》、《百》二论，文未及此。又无通鉴，谁与正之？先匠所以辍
章遐慨，思决言于弥勒者，良在此也。"③ 道安在《摩诃般若波罗
蜜经抄序》中自己亦言其所历的疑难之苦："昔在汉阴，十有五载
讲《放光经》，岁常再遍。及至京师，渐四年矣，亦恒岁二，未敢
堕息。然每至滞句，首尾隐没，释卷深思，恨不见护公、又罗

---

① 《道安传》、《昙戒传》，《高僧传》卷五。
② 《大正藏》卷五十五。
③ 《出三藏记集》卷八，《大正藏》卷五十五，第 58 页、59 页。

等。"① 竺法护和无叉罗曾分别译《光赞般若经》和《放光般若经》，故道安阻于疑难时，恨不见之，这与他思决疑于弥勒当处于同一种心情。由此可见，道安信仰弥勒是出于决疑的目的。汤用彤亦说："弥勒受记于释迦，留住为世间决疑。……而安公之愿生兜率天宫，目的亦在决疑。"②

道安信奉弥勒还有另外一方面的原因，就是弥勒净土具有特定的入世精神。而这种入世精神又与道安积极参与政治的特点相吻合。据佛经说，弥勒是继释迦牟尼之后来人间救济众生的佛，他在释迦牟尼生前命终，上住兜率天净土，过五十亿年后降临人间，在龙华树下成佛，举行三次说法盛会，普度众生。第一次有九十六亿人得阿罗汉，第二次有九十四亿人得阿罗汉，第三次有九十二亿人得阿罗汉。反映弥勒信仰的经典有《弥勒成佛经》、《弥勒菩萨本愿经》、《弥勒当来下生经》、《弥勒经》等。

这些经典的内容，一是描述"兜率天"净土的美好。"兜率天"是所谓"六欲天"的第四个天界，生活在这里的众生幸福无比。二是记述弥勒从"兜率天"降临人间救度众生的事迹。弥勒经典的核心是宣扬弥勒下生，救度众生，所以弥勒信仰具有特定的入世精神。道安积极利用与上层统治者的亲密关系来传播佛教，便是这种精神的体现。他赞成道护所言："居静离俗，每欲匡正大法，岂可独步山门，使法轮辍轸？宜各随力所被，以报佛恩。"③在此思想指导下，征西将军、荆州刺史桓朗邀请他暂住江陵，他欣然前往。

---

① 《出三藏记集》卷八，《大正藏》卷五十五，第5页。
② 汤用彤：《汉魏两晋南北朝佛教史》，北京：北京大学出版社，1997年，第154页。
③ 《僧先传》，《高僧传》卷五。

道安在前秦的长安期间，与前秦王苻坚关系密切。苻坚统一北方后，想一举统一中国。大臣们劝阻无效，请道安为之进言。道安便利用与苻坚同车的机会进谏言："陛下应天御世，有八州之贡富，居中土而制四海，宜栖神无为，与尧舜比隆。今欲以百万之师，求厥田下下之上。且东南区地，地卑气厉。昔舜禹游而不反，秦皇适而不归，以贫道观之，非愚心所同也。"[①] 苻坚并没有听从规劝。但从大臣们的委托及与苻坚同车的事实，我们就可以想见道安与苻坚的关系非同一般。道安这种积极入世的态度是他信仰具有入世精神的弥勒净土的内在契机。

慧远之未归信弥勒而归信了弥陀，原因是很复杂的。

第一，慧远与道安主要致力的佛教活动的性质不同。慧远一生的弘教活动始终贯穿着这样的精神，即努力融通佛教观念与中国传统思想的关系，且在王权之外建立相对独立的"方外"地位。道安则主要致力于佛教本身的观念建设、经籍整理和戒规制度的建立之上。因此，决疑尚非慧远最关心的问题，这估计是慧远未归信弥勒的一个原因吧。

第二，慧远与道安政治态度的不同。慧远严格划定僧俗两界，保持僧团的独立性。道安则热心政治，积极入世。慧远在《答桓太尉书》中说："佛经所明，凡有两科：一者，处俗弘教；二者，出家修道。处俗则奉上之礼、尊亲之敬、忠孝之义表于经文，在三之训彰于圣典，斯与王制同命有若符契。……出家则是方外之宾，迹绝于物。其为教也，达患累缘于有身，不存身以息患；知生生由于禀化，不顺化以求宗。求宗不由于顺化，故不重连通之

---

① 《道安传》，《高僧传》卷五。

资；息患不由于存身，故不贵厚生之益。此理之与世乖，道之与俗反者也。"① 在此，慧远指出了佛教与世俗社会的不同，厘清了教权与政权的关系。在这种情况下，倾向于洁身自修以求解脱的弥陀净土对慧远更具吸引力。

第三，慧远的经历和性格志趣，也是他归信弥陀的重要原因。出身于仕宦之家的慧远，目睹"天下多故，名士少有全者"② 的"魏晋之际"的变乱之世，而且，在定居庐山之前，跟随道安也尝尽了颠沛流离之苦。这种经历必然会使慧远发出"人生苦短"的感叹。他在《答桓南郡书》中援引庄周《知北游》中的"人生天地之间，若白驹之过隙，忽然而已"③ 的话，说："人生天地之间，如白驹之过隙。以此而寻，孰得久停，岂可不为将来作资？"④ 在《与隐士刘遗民等书》中又说："君与诸人，并为如来贤弟子也。策名神府（此指在佛教神府中榜上有名），为日已久。徒积怀远之兴，而乏因籍之资，以此永年，岂所以励其宿心哉？意谓六斋日（又作六斋。谓每月清静持戒之六日，即指每月八、十四、十五、二十三、二十九、三十，六个斋日。印度自古传说鬼神每于此六日伺机害人，故至此等日中，遂盛行沐浴断食之风，其后佛教沿用此一说法，并谓于此六日，四天王必下降世间，伺察人间善恶），宜简绝常务，专心空门，然后津寄之情笃，来生之计深矣。"⑤ 在这里，慧远表露了与刘遗民等人共同往生西方净土的强烈愿望。

---

① 《弘明集》卷十二。
② 《晋书·阮籍传》。
③ 《庄子·知北游》。
④ 石峻，楼宇烈，方立天，等：《中国佛教思想资料选编》第一卷，第116页。
⑤ 石峻，楼宇烈，方立天，等：《中国佛教思想资料选编》第一卷，第118页。

与苦难短暂的人生相对比，西方净土则充满了欢乐安康。鸠摩罗什译出《阿弥陀经》，慧远当必已经看到，经中对于"西方极乐世界"的描绘，对慧远充满了诱惑力。经说："尔时，佛告长老舍利弗：从是西方，过十万亿佛土，有世界名曰极乐，其土有佛，号阿弥陀，今现在说法。舍利弗！彼土何故名为极乐？其国众生，无有众苦，但受诸乐，故名极乐。又舍利弗！极乐国土，七重栏楯，七重罗网，七重行树，皆是四宝周匝围绕，是故彼国名曰极乐。又舍利弗！极乐国土，有七宝池，八功德水充满其中。池底纯以金沙布地，四边阶道，金银、琉璃、玻璃合成；上有楼阁，亦以金银、琉璃、玻璃、砗磲、赤珠、玛瑙而严饰之。"

其实，早在鸠摩罗什之前，已有西晋竺法护译出的《无量清净平等觉经》（亦名《无量寿经》。《祐录》著录为"二卷"，现行本为"四卷"，后误为"后汉支娄迦谶译"，现在《大正藏》等一般仍题为"后汉支娄迦谶译"）。这部经里所描绘的"西方净土"名"须摩提"（意为"妙意"、"善意"），而不名"极乐"；其佛，名"无量清净"，而不名"阿弥陀"（"无量光"、"无量寿"）；而且，这个"须提摩"世界，"去是阎浮提界，千亿万须弥山佛国"，较之距离"十万亿佛土"的"极乐世界"，也更远得多。所以，它的影响，较之《阿弥陀经》，要小得多。再有，这部经里的"法宝藏比丘"，于"往昔"为"菩萨"时，只发了"二十四愿"，较之后来的《无量寿经》（二卷，刘宋宝云译，后误为"曹魏康僧铠译"，现在《大正藏》等一般仍题为"曹魏康僧铠译"）里的"法藏比丘"的"四十八愿"来，也相差很多。大约就是由于这种原因吧，所以它后来并未成为净土宗的基本经典。不管怎么说，慧远已被西方极乐世界所吸引当是毫无疑问的。

从慧远的性格来看，他与道安不同，他的性格是偏向于隐逸的一面。早在东晋永和十年，慧远即有隐居之志。"年二十一，欲渡江东，就范宣子共契嘉遁。"慧远在信仰佛教之后，这种志趣得到进一步的发展。而这与弥勒信仰的入世精神也是格格不入的。

第四，慧远信仰弥陀，也与他对禅法的自觉探求有很大关系。慧远早期师从道安时，随之习般若学，太元六年居庐山后，则较重禅学和毗昙学。但至东晋时，人们已深感以前传译的禅法经典零落不全，故热切期盼能见到新的禅经。为此，慧远曾派弟子专门去远寻梵本禅经。当以禅律闻名的佛陀跋陀罗被鸠摩罗什僧团摈逐时，慧远对他表示热烈欢迎。而当佛陀跋陀罗译出《达摩多罗禅经》后，慧远也极力提倡和传播这种禅法。可见慧远对禅法的探求一直是十分热切的。慧远赞赏的禅法有两种：一是所谓念佛三昧，二是所谓达摩多罗禅。慧远在太元六年（381年）始居庐山，元兴元年（402年）在庐山结念佛社，义熙十二年（416年）卒于庐山。而据汤用彤考证，佛陀跋陀罗"于义熙六七年顷（410年或411年）始至庐山"。① 那么，在慧远居庐山的三十五年中，只是在死前的四五年时间里才从佛陀跋陀罗受达摩多罗禅法。这表明慧远居庐山后修习的主要是念佛三昧禅法，而非达摩多罗禅法。由此可见，对念佛三昧禅法的修习是慧远归信弥陀的直接动力。

第五，在理论上深信无常说、神不灭说以及佛教所宣扬的因果报应思想，是慧远信仰西方净土阿弥陀佛的更深层的原因。正如日本的佛教学者塚本善隆所说，慧远的念佛是基于"无常观与

① 汤用彤：《汉魏两晋南北朝佛教史》，北京：北京大学出版社，1997年，第260页。

三世因果报应的教义"。汤用彤也说:"远公既持精灵不灭之说,又深怀生死报应之威,故发弘愿,期生净土。"①

无常说是慧远等人祈求往生西方净土的心理原因。世俗中的人,尤其是在政治不稳定的时代,也许更容易感伤年华短暂,时光易逝。举《高僧传·慧远传》所记一事为例:当时的一位高级官吏司徒王谧,在致慧远的信中说:"年始四十,而衰同耳顺。"慧远复信说:"古人不爱尺璧,而重寸阴,观其所存,似不在长年耳。檀越既履顺而游性,乘佛理以御心,因此而推,复何羡于遐龄!聊想斯理,久而得之,为复酬来信耳。"佛教并不像道教那样祈求今世的"遐龄",而是引导人们通过现实的修行而在来世往生西方极乐世界。

深信神不灭说可谓慧远等人祈求往生西方净土的思想基础。刘遗民在《发愿文》中说:"盖神者可以感涉,而不可以迹求,必感之有物,则幽路咫尺。苟求之无主,则渺茫何津。今幸以不谋而敛心西境,叩篇开信,亮情天发。乃机象通于寝梦,欣欢百于子来。于是云图表晖,影侔神造,功由理谐,事非人运。"②就是说,若无明确的佛作为主要信仰对象,则人的神明渺茫,不知去向何方;反之,则"幽路咫尺",天堑变通途了。由此看来,相信神明不灭是慧远等人西方净土信仰的理论根源。

佛教所宣扬的因果报应思想也推动了慧远等人祈求往生净土。慧远说:"夫缘化之理既明,则三世之传显矣。迁感之数既符,则善恶之报必矣。推交臂之潜论,悟无常之期切,审三报之相催,

① 汤用彤:《汉魏两晋南北朝佛教史》,第256页。
② 石峻,楼宇烈,方立天,等:《中国佛教思想资料选编》第一卷,第125页。

第九章　两晋南北朝时期的佛教

知险趣之难拔。此其同志诸贤，所以夕惕宵勤，仰思攸济者也。"①
可见，笃信佛教因果报应，摆脱生死轮回的痛苦，也是慧远西方
净土信仰的主要原因。

六、慧远的佛教贡献

慧远还组织译经和开展对佛教经典的研究与弘扬。慧远到庐
山后，派遣弟子远寻众经，或延请僧人译经，或自己作序加以
宣扬。

慧远对新传来的大乘经典提出疑问，鸠摩罗什作了解答，后
来集为《大乘大义章》，其中反映出慧远与鸠摩罗什对大乘空宗教
义理解上的不同，折射出中印两种文化的差异。

慧远在佛教理论上的贡献也非常突出，表现在以下方面：

1. 宣扬"法性"本体论，即论述佛教所谓宇宙本体（最高精
神实体）和成佛的关系。

2. 深化佛教的因果报应理论。慧远将中国原有的善恶报应思
想与印度佛教的轮回说相结合，把因果报应的显现由现在一生推
及到过去、现在、未来三世，把因果报应的承受者由子孙后代转
变为行为者自身，增强了因果报应说的说服力与威慑力，使因果
报应说成为中国佛教最具影响力的学说。

3. 他又改造了"薪火之喻"中唯物主义思想家提倡的"形尽
神灭"的观点，得出了"火之传于薪，犹神之传于形；火之传异
薪，犹神之传异形"，从而得出"形尽神不灭"的结论。

4. 调和儒佛关系，提出"佛儒合明论"。东晋时期佛教的发

---

① 石峻，楼宇烈，方立天，等：《中国佛教思想资料选编》第一卷，第125页。

166

展，已经形成佛教与儒家名教的矛盾与冲突，出现了"沙门敬不敬王者之争"的局面。慧远指出佛儒虽有出发点和作用范围的不同，最后的目的和归宿却是一致的，即"内外之道可合而明"。这种思想不仅为佛教界所接受，而且也博得了统治者的认同。后来的佛儒关系基本以此为定位，即使在发生激烈冲突时，儒佛关系在理论上也没有超出慧远所规定的范围。慧远的这一理论加深了佛教的中国化过程。

慧远一生著论计五十多篇，后集成十卷《庐山集》。慧远著作收入佛典《历代三宝记》、《大唐内典录》、《弘明集》、《广弘明集》等文献中的名篇有《大科度论要略》、《问大乘中深义十八科》、《沙门不敬王者论》、《沙门袒服论》、《明报应论》、《三报论》、《念佛三昧集序》、《大智度论抄序》等。

416 年 8 月初，慧远病倒，弟子们十分着急，纷纷四处为他寻医问药。

有一天，弟子们以一种酒做药引煎汤药请他服用。可是，慧远闻到酒味，立即拒绝说："有酒味，你们让我破戒吗?"

"这是药，不是酒，师父快喝吧!"弟子们恳求说。

弟子们无法劝动慧远吃药，医生说改用米汁做药引，慧远还是不喝。最后决定改用蜜水，慧远断断续续地说："你们查查戒律，可否?"

专门负责戒律的和尚还未查完，慧远就圆寂了，享年 83 岁。

浔阳太守阮侃为他在庐山西岭建造了墓地，谢灵运为他撰写了碑文。

慧远一生所从事的宗教实践活动和撰写的佛学著作，不仅在当时有重大的影响，而且对后世的文化发展也有一定的作用。

慧远在庐山归慕者甚众，最著名的有道生、僧叡、慧观、慧严等人。这四人也曾到长安就教于鸠摩罗什。其中道生是涅槃学的大家，僧叡精于般若学研究，慧观提出"五时教判"，他们都在中国佛教史上有重大影响。

第八节　译经大师鸠摩罗什

后秦佛教在译经大师鸠摩罗什的倡导下呈现出兴盛的局面。一千七百年前，在中国北方的割据政权中，先后有两个国君为了一位西域高僧而发动战争，这位被争抢的高僧就是中国佛教"四大译师"之首的鸠摩罗什。

鸠摩罗什（344—413 年）出生于龟兹（今新疆库车南），其父亲是天竺人，名鸠摩罗炎；母亲是龟兹王的妹妹。

鸠摩罗什一家世代都是天竺国的宰相。罗什的父亲鸠摩罗炎，不羡慕名利，在即将继承宰相官位时，出逃至西域。

龟兹（今库车一带）国王对他极其敬重，亲自出迎，尊为国师。

国王的妹妹名字叫耆婆，身上有一颗红色的痣。按佛法云，此相注定会生一位智慧之子，因此诸国竞相聘娶，她都一概拒绝，但却对鸠摩罗炎一见钟情，龟兹王便逼迫鸠摩罗炎娶自己的妹妹为妻。

鸠摩罗什还在娘胎时，其母的理解力变得神明高超，倍于常人。

耆婆听说雀梨大寺有很多得道高僧，便祈愿能去听大师们说法。

罗什的母亲忽然无师自通通晓了天竺语言，面对法师们的诘问，她的回答都能非常圆满，众人非常惊异。

人们推测说："这与她所怀的孩子是一位智慧之子有关。"

可是，罗什生下来后，其母顿时忘了天竺语言。

后来，罗什的母亲外出，看到坟场里枯骨遍布，顿感人生苦短，决心剃发出家。

罗什的父亲不同意，她便开始绝食。绝食到第六天，罗什的父亲害怕了，赶紧允许她落发出家，她这才开始进食。第二天早晨就受了戒。

鸠摩罗什7岁便出家，在寺庙中学习佛经；9岁起，母亲便带着他在天竺和西域各国拜师参学，抚养栽培儿子。

罗什与母亲行至达沙勒国时，在一座寺庙中12岁的罗什竟能把很重的佛钵举在头顶上。当看到别人惊异的目光时，他打了退堂鼓，心中暗自忖道："这个佛钵的形体那么大，怎么会被一个小孩子轻轻举起呢？"才有这种念头，马上感到佛钵举不动了，不觉失手佛钵掉了下来。母亲问他什么缘故，他答道："孩儿的心有分别执着，所以佛钵有轻重的差别。"鸠摩罗什举佛钵在头顶而悟万法唯心。

正是因为这个原因，罗什在达沙勒国停留了一年，专心修炼研究佛法。在此期间，他跟随苏摩专门学习了大乘经典。

一、鸠摩罗什在西域备受礼遇

他的记忆力超群，每天能背诵三万二千字经文，号称"日诵千偈"。

鸠摩罗什母子来到了罽宾国，国王听到法师对罗什的赞誉，就让罗什进宫与外道论师辩论，结果诸外道全被九岁的罗什所折服。罽宾国王对九岁的罗什非常敬重，以最上等的礼仪加以供养。罽宾国王还派出五名年长僧人，十名年轻沙弥，专门侍奉罗什。

罗什在少年时就表现出非凡的佛学才华。西域一带的国王，都极其崇敬罗什，每当他说法时，诸多国王都长时间地跪在罗什的座位旁，请年轻的罗什踏着他们的身体登上法座。也可见当时西域地区对佛教的崇信达到了无以复加的程度。

龟兹国王听说了罗什的影响，便亲自迎请罗什母子回国教化。龟兹国原属小乘教法，罗什此次回来，便广开大乘法筵。当罗什升座，为信众们推阐辩说"诸法皆空"的义理时，与会者无不群情振奋，感激涕零！此时，罗什才20岁，刚够受比丘戒的资格。

二、盘头达多拜罗什为师父

鸠摩罗什20岁时，母亲只身前往印度（天竺）修行。母亲前往天竺后，鸠摩罗什留在龟兹国，读诵大乘经论。

龟兹王为罗什建造金制师子座，上面铺着锦绣坐褥，恭请罗什升座说法。罗什却说："我在罽宾国的盘头达多师父尚未体悟大乘妙义，我想亲自前往为他解说，所以我不能久留此地。"

话没说多久，盘头达多果真不远千里来到了龟兹国。

龟兹王问盘头达多："您为何从遥远的地方来到本国？"盘头达多说："一来鸠摩罗什曾是我的弟子，听说我的弟子鸠摩罗什有非凡的体悟，前来祝贺！二来听说大王极力弘扬佛法，所以冒着跋涉山川的艰辛，专程赶来取经。"

鸠摩罗什先为师父讲说《德女问经》，因为从前师徒二人都不相信该经的因缘、空、假的道理，所以，先阐扬本经，破除迷雾。

盘头达多问罗什："你崇尚大乘的经典，到底说了些什么？"罗什回答："大乘教法义理深奥，主要讲了万法皆空的道理；小乘佛教褊狭局促，拘泥于名词概念。"

盘头达多说："你认为一切法皆空，太可怕啦！哪有舍离有法而爱好空无的呢？"罗什苦口婆心，将大乘妙义连类比喻、娓娓道来，师徒之间往来辩论一个多月，最后终于说服了盘头达多。盘头达多赞叹道："师父未能通达，徒弟反而启发师父的心志，这话在今天得到了证实。"

于是，盘头达多便向罗什顶礼，说："和尚是我的大乘师父，我是和尚的小乘师父。"

三、出兵争抢鸠摩罗什

382 年，苻坚派大将吕光率七万大军攻打龟兹，目的是将鸠摩罗什抢来。

临行前，苻坚说："我爱民如子，并不是贪爱人家的地盘就去攻打，实在是因为那里有得道之人。听说西域有个鸠摩罗什，深通佛理，我非常想得到他的指点。如果打下龟兹，立即用快马把他送来！"

吕光将罗什带到凉州时，听说苻坚已被姚苌杀害篡位，便在关外自立为王，即后来的凉州王。

姚苌也十分仰慕罗什，力邀罗什进关。

但吕光父子妒忌罗什足智多谋，能力高强，始终将罗什扣在凉州，不许他入关。

罗什在凉州停留多年，因为吕光父子没有弘扬佛法，罗什也没有办法。但是，他并没有歇着，而是潜心学习汉语，为日后的弘法传教做准备。

姚苌死后，姚兴即位，再次派遣使节，恳请罗什入关，仍未成功。为了夺到鸠摩罗什，姚兴发兵攻打凉州，大败凉王，罗什方被迎入长安。

至此，罗什到达东土的传经之路，长达十六年！此时他已经五十八岁了。

四、鸠摩罗什的两次破戒

鸠摩罗什12岁随母亲回龟兹国的途中，一位罗汉见到罗什后对他母亲说："应当好好守护这个小沙弥。如果年至35岁没有破戒，将来必定大兴佛法，度化无数众生。如果戒律不能保全，充其量不过是个才智超群的传教师罢了。"

吕光奉前秦王苻坚之命攻陷龟兹国，获得了罗什。但吕光不信仰佛法，他于是戏弄鸠摩罗什，命他娶龟兹国王的女儿为妻。

这一命令被鸠摩罗什拒绝了，吕光便将罗什用酒灌醉，然后将他与龟兹公主一起关在密室里，罗什在酒精的作用下也禁不住诱惑，被逼破戒成亲。正如史书上说："被逼既至，遂亏其节。"可见，吕光和酒是导致罗什犯戒的罪魁祸首。

姚兴是真的信仰佛法，当鸠摩罗什被迎到长安后，姚兴对罗什说道："大师佛法见地超群，天下无人可比。但若哪一天去世了，就无法将智慧传承下去了。"

出于这种善意，他将十名歌妓送给罗什，强逼罗什娶她们为妻。罗什接受了姚兴的好意。

此后，鸠摩罗什不住在寺院僧房，另外迁往他处，正所谓"另立廨坊"。他每逢升座讲经，时常语重心长地说："譬如臭泥中生长莲花，只须采撷莲花，不必沾取臭泥啊！"

很多僧人对于鸠摩罗什的作为生起轻慢心，也妄想仿效娶妻。鸠摩罗什就在钵盂中放了满满一钵针，然后召集众僧说："你们如果将这些针都吃掉，就可以像我一样娶妻了。否则，希望大家谨守戒律，不要再滋生妄想！"说完话，鸠摩罗什立刻就把那满钵的针吞下了，连眼皮都没有眨一下。僧人们看到这稀有示现，都目瞪口呆，感到了惭愧。

五、佛经翻译史上的贡献

姚兴将鸠摩罗什迎请到长安后以国帅之礼待之。罗什在中国的第一个国立译坊（即现在的西安草堂寺）主持译场，组织了八百多位僧人，邀请高僧一起参加翻译、重译。

众人共同按照罗什的译经要求，译出了《阿弥陀经》、《金刚经》、《佛说首楞严三昧经》、《法华经》、《维摩诘经》、《大品般若经》、《大智度论》、《中论》等，第一次系统地翻译和介绍了大乘空宗的理论。

据史料记载：鸠摩罗什一共翻译了七十四部三百八十四卷佛典。

鸠摩罗什认为，由直译改为意译，不仅保持了经文的原旨，还调和了汉语与梵文的关系，文笔流畅，辞藻华丽，对后来的佛教文学产生了重要影响。

从鸠摩罗什始，佛教译经正式成为国家的文化事业，由国家出资，组织人力，进行翻译，促进了中外文化交流。

其后十余年中，鸠摩罗什从事译经和讲解经论，门徒数千，在中国佛教史上有深远的影响。

据《出三藏记集》记载，其所翻译的经典有三十五部二百九十四卷之多。如《大品般若经》、《妙法莲华经》等大乘经典，《坐禅三昧经》等禅学经典，《十诵律》等律典，《中论》、《百论》、《十二门论》、《大智度论》、《成实论》等论典，以及马鸣、龙树等人的传记，涵盖了佛典经、律、论三藏内容。鸠摩罗什不愧为中国佛教史上第一位真正的译经大师。

鸠摩罗什的译经改变了过于古朴的直译风格，开始运用达意的方法，使中土诵习者易于接受理解，从而为佛教"义学"的展开拉开了序幕。

鸠摩罗什精通梵汉两种语言，是来华的外国译师中最精通中文的人；再加上鸠摩罗什对于大乘空宗学说的精研和独到的见解，使其在译经时能够做到"信"与"达"的双重功效。他的许多译文成为中国佛教大藏经中的标准译本。

鸠摩罗什用这种方法翻译了般若系统的大乘经典和中观部论著，推动了中土般若学的发展；鸠摩罗什的译经也几乎成为了以后各学派、宗派的主要经典依据。

六、"关内四圣"

鸠摩罗什弟子众多，有"关内四圣"之称的僧肇、僧叡、道生、道融，加上道恒、昙影、慧观、慧严而成"八宿"，还有僧导、僧嵩等三十余位高僧。

僧肇、僧叡对般若学的研究有极高的造诣。

僧肇著有《不真空论》、《物不迁论》、《般若无知论》等，将般若学中观理论与中国道家思想融会贯通，批判总结了魏晋以来中土人士对般若学理论理解上的偏差，在"六家七宗"的基础上建立起自己的"不真空论"，将中土般若学理论推向高峰，僧肇被鸠摩罗什夸赞为"解空第一"。

僧叡对般若理论在中土发展过程的总结是研究魏晋佛教史的重要资料，至今仍有极高的参考价值。

道生，也称竺道生，河北平乡人，仕族家世，父为县令。397年去庐山问学于慧远，从僧伽提婆学习小乘说一切有部教义。

404年去长安从鸠摩罗什学习大乘中观理论。407年南返，后住建康青园寺，大弘涅槃学。

道生倡导"一阐提人（断了善根的人）皆得成佛"、"顿悟成佛说"以及"善不受报说"。道生在读法显所译六卷本的《大般涅槃经》时，认为该经义有问题，于是孤明先发提出了"一阐提人皆得成佛"的主张，即认为断了善根的人也能成佛。当时被佛教界斥为不合经义的异端邪说，受到开除僧籍的处分，道生还是坚持自己的观点。据传道生在苏州虎丘对石头说法，顽石为之点头。

不久昙无谶所译四十卷本《大般涅槃经》传至京师，经中果然称一阐提人也有佛性，也能成佛。道生遂成为僧俗两界的崇拜对象。

道生还进一步主张"顿悟成佛说"，由于道生的倡导，产生了顿悟与渐悟之争的热烈场面；道生的顿悟说还影响了后来的禅宗和华严宗，尤其对澄观的思想的形成起了很大的作用。

道生的"善不受报"的思想也是其有特色的地方，意思是只有远离望报之心才有善。

魏晋以来佛教的主流思潮是般若学，随后为日益兴盛的涅槃学所取代。

涅槃学主要阐发佛性学说，"涅槃佛性"是南朝佛教理论的中心问题，道生是这一重大转折时期的关键人物。道生对涅槃学独有所悟，被后世誉为"涅槃圣"。

由于鸠摩罗什的影响，后秦首先创立了管理僧尼的国家机构，鸠摩罗什弟子被任命为僧正。此后经北魏至隋唐，形成了比较完备的僧官制度。

第九节　"解空第一"的僧肇

僧肇（384，一说374—414年），京兆（今陕西西安）人。家贫曾以佣书为业，是东晋后期重要的佛教哲学理论家，是鸠摩罗什的弟子。鸠摩罗什曾说："僧肇其人，解空第一。"

整个魏晋时期，般若学讨论的中心论题之一是"空"。

"六家七宗"的分别，从根本上来说，就在于他们对"空"的不同理解。

其中最具代表性的三家：本无宗、心无宗和即色宗，分别从各自的观点出发，阐明了他们对空的认识。

僧肇对他们提出了批评意见，认为三家都偏于心、色之一边，将主观与客观相分离，没有从心与色的结合即主客观结合的角度来体认般若空，与般若学的思想原则是有出入的。

一、僧肇对本无宗的批判

僧肇的著作《不真空论》集中反映了僧肇对空的理解，其中批评本无宗的篇幅是占得最多的。

本无宗是东晋高僧道安大师所倡导的。魏晋玄学的兴起与盛行，为当时般若学兴盛提供了思想文化条件。

到了东晋时代，已有十一种般若类经典先后译出，兴起了学习和研究般若学的热潮，在玄学言意之辨的思想方法影响下，东晋时代的般若学名僧基本上不再使用汉魏西晋时代的"格义"方法去讲解和把握般若性空思想，而是强调领会佛经大意。

汤用彤先生说：领会佛经大意是当时的"时风所尚"。由于不同人对佛经般若性空之大意理解不完全一样，从而产生了"六家七宗"，尤以本无宗、心无宗和即色宗三家在当时佛学界影响最大。

多数人认为是道安创立本无宗，但也有少数人认为是竺法汰。

吕澂和郭朋先生认为本无宗的主要代表人物，不应该是道安。这种说法当然有一定的历史文献依据。

唐元康《肇论疏》认为僧肇所破斥的"本无义"乃指竺法汰之说。

综观道安般若学思想，其主流不是玄学化的"本无论"，而是比较切合般若思想本意的"性空论"。其实，在东晋名僧中，唯道安名士风度最少。

汤用彤先生也认为道安的性格精神与玄学风度相距甚远。道安自己也曾说："先旧格义，于理多违。"这表明道安比较自觉地认识到格义方法的缺点，说明他对佛理的认识比较深刻。

吕澂先生也认为道安的性空说是全面的，符合般若的实际。道安的学生僧睿后来师从鸠摩罗什，深得般若中道空观义，他也认为道安的"性空论"最得其实。

僧肇在《不真空论》中评判"本无宗"时说："本无者，情尚于无多，触言以宾无。故非有，有即无；非无，无亦无。寻夫立文之本旨者，直以非有非真有，非无非真无耳。何必非有无此有，非无无彼无。此直好无之谈，岂谓顺通事实，即物之情哉?"意思是说，玄学化的"本无宗"过分执着于"无"，"有即无"，"无亦无"；在有、无之外，似乎还有一个本体化的"无"存在，故僧肇说它"情尚于无多，触言以宾无"。也就是说，"本无宗"尚未从有无相即、非有非无的层面去认识般若空义。这种"存无"以观法空的思想与般若实相说是相违背的。

从历史上看，道安后期的般若思想基本上脱离了玄学的樊篱，是般若六家七宗中比较特殊的一家。我们不能因东晋时代般若学受玄学影响很深这一总特征而简单地宣布道安的本无论"外表是佛学，骨子里是玄学"。

二、僧肇的"不真空"

僧肇建立起了自己的空观，即"不真空"。《不真空论》以"不真空"为题，论文的中心内容是论"空"，僧肇所理解的空的实质是"不真"故"空"，"不真"即"空"，"不真"与"空"是一而二、二而一的。

僧肇认为万物最根本的性质就是"即万物之自虚"，即万物因缘和合而成，没有自己的独立本性。

这是从佛教缘起说来论证万物的"不真"。他比喻说："譬如幻化人，非无幻化人，幻化人非真人也。"所以，僧肇着重从万物本身的"不真"来体认"空"。

僧肇批评心无宗说："心无者，无心于万物，万物未尝无。此得在于神静，失在于物虚。"指出其正确的地方是主张精神的空寂清静，错误是在外物虚无的问题上，没有真正否定外物的存在。心无宗将心与色分离，仅仅从心的角度谈空，与般若学从心色结

178

合、主客一体的角度来体认空是不同的。

僧肇批评即色宗说："即色者，明色不自色，故虽色而非色也。夫言色者，但当色即色，岂待色色而后为色哉？此直语色不自色，未领色之非色也。"即色义是六家七宗中最接近般若学教义的，他已经从色本身来认识空，问题是他所谓的"色本身"与般若学的也就是僧肇的"色本身"还有差距，即支遁的色是两部分——表面的色和根本的色，两者之间仍然是分离的，所以说表面的色没有自己的本性。僧肇的观点是色就是色，并非由某种更根本的决定之物的决定才成为色；其现象与本质是统一的，体与相是结合在一起的或根本就是同一的，色本身即是空；从主观认识而言，色本身是空，所以色又不是色，只有同时认识到色既是色（表面的色）又不是色（色无自性），才能达到对空的正确理解。方法上贯串着主客观统一，即体即用的思想。

僧肇通过对本无宗、心无宗、即色宗三家的批判，建立起"即体即用，体用一如"的本体论，完成了佛教般若学由对玄学的依附到融汇般若学与玄学以形成具有新的特点的思想的转变，具有相当的理论高度。

第十节　法显的西行求法

三国时代的朱士行是中土僧人西行求法的第一人。他有感于当时般若经典翻译不完备和对般若义理理解上的困惑，发誓西行求得般若原典。十六国时期相继有大批僧人西行求法，而其中最为有名的僧人是东晋法显。他发誓西行的目的主要是求取律藏相关典籍。

中国历史上的佛教求法僧，最杰出、最有成就的，公推法显、玄奘和义净，其中法显的年代最早。法显是第一位沿着陆路西行，而乘着海船从南洋回到汉地的取经高僧。《续高僧传·玄奘传》亦说："前后往天竺者，首自法显。"

法显把西行求法的所见所闻写成了一部《佛国记》流传下来，受到东西方学者们的重视和研究。该书是法显唯一的著作，被翻译成法文、英文等语言出版。法显的事迹今天能为人所知，绝大部分亦依赖于此书。但此书的价值，不仅仅限于记述了法显个人的经历，更重要的是，它是中国人最早以实地的经历，根据个人的所见所闻，记载一千五六百年以前中亚、南亚，也包括部分东南亚的历史、地理、宗教的一部杰作。

有关法显大师的历史资料，在梁僧佑的《出三藏记集》卷十五、梁慧皎的《高僧传》卷三、唐智升的《开元释教录》卷三、唐圆照的《贞元新定释教目录》卷三等，均有记载。

法显是山西平阳人（今山西临汾人），俗姓萧，3岁出家，10岁丧亲，20岁受具足戒。先到长安，399年因慨叹律藏传译未全，立志西行求取律藏原典，从长安出发时共有同道五人，到了张掖，又增加了五人，再往西行时其中有三人返回高昌，只剩七人。法显与慧景、道整欲前往中印度，经西北印度而抵达中印度途中慧景去世，后道整留印不归，只剩法显一人继续南行出海，至斯里兰卡，然后搭大商船，经耶婆提，再循海路回广州，却误航到了山东青州的牢山，时间是412年9月5日。414年写完了详细的西行求法记。

在西行求法途中，法显不忘故国。《佛国记》中记载，法显大师造访师子国的无畏寺，该寺有一座金银众宝构成的佛殿，殿内供有一尊三丈来高的青玉佛像,通身七宝庄严,右掌中有一无价宝珠。此时的法显,慨叹他昔年从汉地出发时的同行道伴,一路上"或流或亡"而"顾影唯己"是汉人,其余"所与交接,悉异域人"。正值此际,忽见有一商人,"以(汉地的)白绢扇供养"青玉佛像,令他"不觉凄然泪下满目"!当法显抵达中印度的祇洹精舍之际,当地僧众闻说法显来自汉地,便赞叹他说:"奇哉边国之人,乃能至此;我等诸师和上,相承以来,未见汉道人来到此也。"

法显西行对中国佛教文化产生了深远的影响。在法显大师之前,虽然已有朱士行往西域求法,但他未到天竺的印度,并且未返汉地。汉人西行求法,有去有回,并带返大量的梵本文献的第一位汉僧,乃是法显。因此,他对中国佛教文化的影响,是非常深远的。

法显回国后,曾在建康和梵僧佛驮跋陀罗共同译经,当年曾和他结伴西行的智严、宝云也相随而至。他们对我国的佛经翻译事业作出了贡献。据《出三藏记集》说,法显死于南朝宋景平元年(423年),享年82岁。依此推算,他从长安出发取西经的那年,已是年近花甲的老人了!法显还曾于东晋义熙十二年(416年)应庐山高僧慧远的邀请,到庐山讲经。慧远的俗家弟子雷次宗听法显讲述到天竺取经的经历,为法显整理了一卷《游天竺记传》流传于世。《游天竺记传》被翻译为英文、法文、日文、印度文等多种语言,留下了大量有价值的历史资料。直至今天,斯里兰卡首都科伦坡附近的卡鲁塔,还保存着一块"法显石",作为法显曾游历及学习于当地的一个见证。

从历史上看,法显大师的西行求法,比不上玄奘有名。但是,玄奘以及其后的义净等数十位僧侣的先后西行求法，都是受到法显《佛国记》的影响。正是由于这本书的出现，拓展了汉土僧人的视野，以致引发了西行求法的热潮。义净的《大唐西域求法高僧传》中称赞法显是"开辟荒途"，而玄奘法师则是"中开王路"。① 可见，被誉为中国佛教史上三大西行求法的高僧的为法忘躯的精神是一脉相承的，而法显开其先河。所以，法显在佛教历史上的贡献是十分巨大的。

我认为，其贡献表现在以下方面：

一、带回大量佛教典籍

法显西行十五年，携带回国的经律，依据《出三藏记集》卷二所载，共有十一部，被他译出的有六部凡六十三卷，包括《大般泥洹经》六卷、《大方等泥洹经》二卷（已佚）、《摩诃僧祇律》四十卷、《僧祇戒本》一卷（已佚）、《杂阿毗昙心》十三卷（梁僧祐时代已佚）、《杂藏经》一卷。未及译出而由后人译成汉文的，则尚有《长阿含经》、《杂阿含经》、《弥沙塞（五分）律》、《萨婆多（有部）律》等。从法显携归的经律种类及卷数来看，乃是偏重于律部梵本的求取，除了四分律及新的有部律之外，现存于汉文中的诸部广律，几乎都是法显带回来的。这也正如《法显传》中自称是因为"昔在长安，慨律藏残缺"而"至天竺，寻求戒律"。正由于此，法显对于戒律在中国的弘传，乃是居于关键性地位的一位大师，纵然自唐代以来的中国律宗，是以四分律为根本，可是在诸汉传佛教的戒律学文献之中，法显的贡献，依旧处处可

① 义净：《大唐西域求法高僧传》，北京：中华书局，1995年，第214页。

见。所以中国佛教的戒律，已不像印度部派佛教时代那样，每一部派各守一部律典，而是可以参考各部广律，汇归于四分律宗了。所以中国的律宗已经不是部派形态小乘佛教，而是容受各部小乘戒律的大乘佛教。

法显带回并且亲自参与译出的《大般泥洹经》，乃是大乘《涅槃经》的最初译本。大家知道，大乘《涅槃经》的"如来性品"，主张"一切众生，虽有佛性，要因持戒，然后乃见"。[①] 在大乘涅槃经尚未译出之前，汉地只有竺道生敢说"众生皆有佛性"，故当法显译出《大般泥洹经》之后，立即引起争论，但也因此扭转了当时的佛学思潮，奠定了中国大乘佛教是以"一切众生皆有佛性"为主流的大势。中国佛教在强调"众生皆有佛性"的同时，也没有忽略戒律的受持。大乘《涅槃经》，一边说佛性常住，一边又极力强调若不受持戒律，便不可能见到佛性，通常称之为"扶律谈常"。这也影响到大盛于唐朝的禅宗寺院，例如百丈立丛林清规的准则，便是不拘泥于大小乘戒律，也不违背大小乘戒律，使得禅修者们，在清净和精进的农禅生活中，达到亲证本自现成的佛性。这证明法显译出《大般泥洹经》的宗旨是在弘扬戒律，却也附带传递了一个崭新的消息："一切众生，皆有佛性"，并且影响了以后中国佛教的发展。

法显在巴连弗邑住了三年，抄得《杂阿毗昙心论》约六千偈与《摩诃僧祇阿毗昙》。《发智论》是说一切有部的根本论书，后人为了解释此论，邀集 500 人，费时 12 年，写成《大毗婆沙论》十万颂，玄奘后来把它译成汉文，共 200 卷。对此卷帙浩繁的论

---

① 《大正藏》卷十二，第 405 页。

典，为了便于领会其中要义，又出《阿毗昙心论》，心者乃核心、纲要之义。《杂阿毗昙心论》，即是解释这部《阿毗昙心论》。法显回国以后，与佛陀跋陀罗共同译出这部《杂阿毗昙心论》，推动了当时的毗昙学研究。大家都以《杂阿毗昙心论》为要典，认为它是有部毗昙的总结。可惜该书现已佚失，目前仅存僧伽跋摩等在刘宋元嘉十二年（435 年）译出的《杂阿毗昙心论》十一卷。可见，法显对于毗昙学的研究亦曾有重要的推动作用。而晋末宋初的毗昙学研究，为此后中国唯识学的传播与发展奠定了基础。

可见，法显带回大量佛经，并亲自参与翻译工作，为中国戒律学、佛性论思想和毗昙学的发展作出了杰出贡献。

二、带回大量有价值的佛教信息

《佛国记》中记载了大量的法显西行途中的见闻，这些见闻有丰富的学术价值。如书中记载，法显于葱岭以东的竭叉国（今之喀什）见到石制的佛齿，当地人造塔供养；在师子国（今之斯里兰卡）也见到该国国王亲自主持盛大的佛牙游行和供养法会。在西北天竺的陀历国（今之克什米尔西北）见有木制的八丈高罗汉像；于弗楼沙国（今之巴基斯坦白沙瓦）有迦腻色迦王时代建的四十余丈高塔，供养佛钵；于那竭国（今之阿富汗），见有一座供养佛陀顶骨的寺院，以及一座供养佛牙及佛锡杖的寺院；在中天竺的僧伽施国（今之印度北方邦的法鲁巴克德），见收藏佛发、佛爪的塔，以及过去三佛和释迦佛的塔；在蓝莫国（今之尼泊尔南境）有佛舍利塔；在摩竭提国（今印度比哈尔的巴特那）有阿育王建的佛舍利塔及建立的石柱；在毗舍离城（今之印度比哈尔穆札法尔布尔）见有阿难半身塔；以及佛陀本生故事所在地、佛陀住世时的各种游历行化所在地的纪念遗迹，均有寺塔等建筑物，供给佛教徒们作供养礼敬的场所。而且不论是大乘或小乘各派，都把佛的遗骨、遗物、遗迹，视作信奉的中心。这些信息告诉我们，不但佛圆寂后受到供养，连其遗物、弟子以及阿罗汉等也受到供养。佛教传到了中国，这种源于西域印度的风俗信仰，也传了过来。

又如法显将途径之地都记载下来，保存了大量的文史方面的信息。据载，法显和道整渡恒河南行，辗转到了摩揭陀国。那里是古印度孔雀王朝国王阿育王的治城。公元前 2 世纪，阿育王统一了除半岛南端以外的印度全境。他大兴佛教，于国内广建寺塔，留下大量的佛教文化遗址。法显瞻仰了王宫，深为王宫的"累石起墙阙，雕文刻镂，非世所造"的豪华壮美所折服。摩揭陀国的国都巴连弗邑是一座文化古城。法显又特别对有关佛教的民俗活动感兴趣，曾经挤在观众中参加了城内居民迎佛像进城供奉的"行像"活动。"行像"活动于每年 12 月 8 日举行，佛像供奉在四轮车上，车上用竹篾扎制成五塔楼，上铺白毡，用彩笔画出飞天形象，佛龛缀饰着金银琉璃，四角缯幡高悬。"行像"一次，通常有 20 辆这样的车，每辆车各不相同。人们不分僧俗，都集合于路旁狂欢通宵。城东南方的耆阇崛山，有当年释迦牟尼说法堂的遗址。此时正是笈多王朝的鼎盛时期。经过月护王、海护王等数代国王的苦心经营，笈多王朝已拥有印度的大部分版图。

除了大量的佛教信息之外，《佛国记》中还记载了不少的旅游、地理、考古等方面的信息。如法显曾游历过一个名叫达亲国的地方，境内风物清幽，但道路险阻，外人要进去，必须由当地人引领才行；达亲国国王便订下章程：凡进入该国地界者，须缴纳一定数量的钱财或货物，然后便安排专人相送，一站接一站的辗转交付，指示路径。这种做法，实际就是旅游业的早期雏形。法显旅居外域，身无长物，当然无法游历达亲国，可是他记下了这种以有偿方式提供旅游服务的法度，给后人考察研究旅游业的兴起，留下宝贵的资料。又如北魏的郦道元撰写的名著《水经注》中的"河水注"，就引用《佛国记》达二十多处，大多与北印度有关。《水经注》一书，使用材料之丰富，考订推理之精到，语言叙述之优美，一千年来，一直让人赞叹不已。史称郦道元好学，历览"奇书"，《佛国记》当时大概也可以算是"奇书"之一。与玄奘的《大唐西域记》一样，《法显传》也收入了清代编成的《四库全书》中，归入史部地理类。《四库全书》收入释家著作很少，地理类只有这两种。

三、促进中印、中斯的佛教交流

《佛国记》是中国古代高僧以亲身经历介绍印度和斯里兰卡情况的第一部游记。法显西行求法，越过葱岭，历千辛万苦，于403年（晋安帝元兴二年）4月进入北印度，遍游北印度诸国，取得《摩诃僧祇众律》、《方等般泥洹经》、《杂阿毗昙心》等重要经籍。403年初春，法显折向东南，费时半年进入中印度。405年（晋安帝义熙元年），法显到达中印度最著名的大国摩揭提国（摩揭陀）的都城巴连弗邑（华氏城，今印度巴特那），在此滞留三年，研修梵典，遍访佛教胜迹，并亲临佛祖本生及涅槃之处顶礼膜拜。408年（晋安帝义熙四年），法显只身一人沿恒河东下，抵多摩利帝国（今印度西孟加拉邦的塔姆卢克），在此停留两年写经、画像。这是法显在印度求法的最后一站。佛教从印度传入中国，到了法显时代，达到了一个关键的转折点，从过去的基本上是送进来的阶段向拿进来的阶段转变。晋末宋初的西行求法运动，就是在这样的情况下兴起来的。而在西行求法者中，法显无疑是最突出的一个。正如汤用彤先生所说："晋宋之际，游方僧人虽多，但以法显为至有名。所至之地，不但汉之张骞、甘英所不到，即东汉末年之朱士行，晋之支法领，足迹仅达于阗，而在显前之慧常、进行、慧辩，只闻其出，未闻其返，康法朗未闻至天竺，于法兰则中途终逝。故海陆并进，广游西土，留学天竺，携经而返者，恐以法显为第一人。"

409 年（晋安帝义熙五年）12 月，法显乘一艘商船返国，航行 14 日抵达师子国（今斯里兰卡）。法显在此义住了两年，寻经修法，详细了解并记载了该国风土人情、历史地理及社会状况，他也就成为历史上有确切记载的第一个到达斯里兰卡的中国学者和旅行家。411 年（晋安帝义熙七年）9 月，法显起航东归，历尽海上漂流之苦，于 412 年（晋安帝义熙八年）7 月 14 日在山东青州长广郡牢山南岸登陆，完成了这次伟大的求法旅行。《佛国记》中关于斯里兰卡的部分，计有汉字 1741 个，占全书的八分之一多。书中介绍了斯里兰卡佛教兴旺的情况，这些记述为后人了解和研究 5 世纪初期斯里兰卡佛教情况提供了可靠的依据，也弥补了《岛史》、《大史》的不足。法显在中斯两国佛教文化交流中的贡献，不仅在于他在自撰的游记中第一次向中国人民详细地介绍了古代斯里兰卡的情况，以及从斯里兰卡取回了重要的经、律，完善了汉译广律和"四阿含"，还在于他为中斯文化交流开辟了一条道路。一千五百年来，他的伟大精神和业绩一直鼓舞着中斯两国的僧俗朝野。法显离开斯里兰卡十几年之后，斯里兰卡国王刹利摩诃男（406—428 年在位）就派出 4 位僧人和两位居士携国书、礼物访问中国，428 年到达宋都。不久，斯里兰卡国王又连续派出使团访华，他们分别于 430 年和 435 年到达宋都。沙门求那跋摩于 427 年到达斯里兰卡，住劫波利村，后离开斯里兰卡经爪哇来到建康。429 年，有八位斯里兰卡比丘尼来到建康，慧果等比丘尼便请求求那跋摩主持仪式，礼请斯里兰卡比丘尼为她们重授尼戒。求那跋摩认为斯里兰卡比丘尼人数不足 10 人，条件不备，未能立办。事隔四年之后，433 年，又有以铁萨罗为首的几位斯里兰卡比丘尼来到建康，于是共同为中国尼众重授尼戒，完成了受戒的程序。从此，中国尼制才如法如律，而且传承不绝，至于今日。435 年，印度高僧求那跋陀罗也是经斯里兰卡来到中国的。及至唐代，玄奘、义净的伟业世人皆知，无须赘言。斯里兰卡僧人不空金刚（705—774 年）14 岁随其师金刚智来华，学习梵汉经论，成为"开元三大士"之一。法显的西行的确是开了中斯佛教互访的先河。

法显西天取经，自古效法者有之，盛赞者更是屡见不鲜。唐僧义净"仰法显之雅操，慕玄奘之高风"。20 世纪二三十年代，印度著名历史学家马宗达在《印度人民的历史和文化》一书中写道："法显、玄奘、义净把自己的经历写成了相当厚的书，这些书有幸都完整地保存了下来，并且译成了英文。三个人都在印度待了许多年，学习了印度的语言，法显和玄奘广泛游览，几乎游遍全印。"1987 年，印度著名历史学家阿里教授给北京大学季羡林教授的信中说："如果没有法显、玄奘和马欢的著作，重建印度史是完全不可能的。"[1] 近代中国学者柴德赓先生在《史籍举要》中说：

---

① 季羡林：《中印文化关系史论丛》，北京：人民出版社，1957 年，第 2 页。

"《佛国记》全书只一卷，不过万余字，但其价值很高，是研究当时中国与印度等国交通及岌多王朝时代印度历史的重要史料，故外文译本甚多。"近代学者柏杨在《中国人史纲》中盛赞法显是中国历史上第一位留学外国的学生，而且最为成功和最有贡献。

第十一节 "菩萨皇帝"梁武帝

佛教的传播和推广与历代封建帝王的推崇和支持是分不开的，梁武帝是中国历史上最推崇佛教的皇帝，有"菩萨皇帝"之称誉。

梁武帝萧衍（464—549 年），字叔达，早年广泛结交名士，知识广博，六艺兼备，对儒、道都深有研究。梁武帝曾经信奉道教，对向他写信和用道教图谶以示梁朝代齐是上应天象的道士陶弘景甚为器重。但梁武帝即位不久，便改奉佛教。

梁天监三年（504 年）四月初八日浴沸节，梁武帝 40 岁之时，召集两万余僧俗，集中于皇宫重云殿重阁，当众宣布御笔亲书的《舍道事佛文》；同年四月还下诏宣布"舍道事佛"，要求王公贵族、公卿百官等"舍邪入真"。在他不遗余力的倡导之下，南朝佛教很快进入了全盛时期。仅建康一处，就有寺院五百余所，僧尼十万余人。他亲自建的就有大爱敬寺、智度寺、光宅寺、解脱寺、开善寺、同泰寺等。唐朝诗人杜牧所说的"南朝四百八十寺，多少楼台烟雨中"，详细描绘了南朝佛教的盛况。

为了表示自己对佛教的崇信，他还于天监十八年（519 年）"发宏誓心，受菩萨戒"（《续高僧传》卷六《慧约传》）。为了严格戒律，使佛教区别于外道，使众僧尼"远离地狱"，梁武帝还连续写了四篇《断酒肉文》，规定出家人不得饮酒吃肉，违者将以王法问罪。在他的倡导下，众僧形成了吃素的习惯，从此，吃素的习惯逐渐演变成了汉族佛教的一个传统。

在弘扬佛教义学方面，梁武帝不仅重视译经，曾亲临译场担任笔受，并给予义学高僧以优厚的生活待遇，鼓励他们讲习经论，从事佛教著述，而且还常常亲自登台为僧俗讲经说法，并著书立说，发挥佛理，曾"制《涅槃》、《大品》、《净名》、《三慧》诸经义纪，复数百卷"，他的"三教同源说"和"立神明成佛论"在中国佛教思想史上都产生了重大影响。

梁武帝还经常大办法会，动员数万人参加，并在中国佛教史上首创"忏法"，大大扩大了佛教在社会民众中的影响。

梁武帝还继齐萧子良之后又一次组织了更大规模地对范缜《神灭论》的围剿，他不仅发动了曹思文等王公朝贵64人撰文75篇文章围攻范缜，而且还亲自出马，撰文写道："神灭之论，朕所未详"，"违经背亲，言语可息"。

梁武帝最后发展到把自己"舍身"给同泰寺院。据《南史》记载，他先后四次舍身同泰寺。第一次是527年，他舍身同泰寺，在寺四天。第二次是529年，后由群臣出钱一亿"赎"回。第三次是546年，他去同泰寺舍身，并宣称他连宫人及全国都"舍"了，结果由群臣出钱两亿"赎"回。最后一次是547年，这一次"出家"三十七天，又由群臣出钱一亿"赎"回。

梁武帝的佛学思想也颇值得研究，其佛学思想的核心集中在讨论"神明"成佛的问题。

一、梁武帝对"神明观"的阐释

"神明观"是梁武帝在《立神明成佛义记》中首先提出来的。

文中说："夫涉行本乎立信，信立由乎正解，解正则外邪莫扰，信立则内识无疑，然信解所依，其宗有在，何者？"① 意思是说：一个人的行为的发起要本之于信，而这信的确立又要建立在对佛理的正确理解上，如果内怀正见的话，那么外邪是无法干扰的，心既然相信了，那么就没有什么可疑之处了。但是，信、解、行的产生必然要有所依据，这依据是什么呢？"神明"一词便被显赫地提了出来："源神明以不断为精，精神必归妙果。"② 梁武帝这里所说的"神明"实际就是慧远、道生所说的法性或佛性，简称为心。他所说的精神，是指一切心理现象，简称为识。照他所说，神明的本质是不断的，也就是所谓常住；精神必然得到妙果，这个妙果就是所谓佛果。"神明"既然可以称作"心"，"精神"可以看做"识"，那么这心与识之间又是什么关系呢？

梁武帝解释说："妙果体极常住，精神不免无常，无常者，前灭后生，刹那不住者也。若心用心于攀缘，前识必异后者，斯则与境俱往，谁成佛乎？"③ 意思是说：精神得到成佛的妙果，这个妙果与"体极"为一体，所以也是常住。但是，精神作为心理现象的"识"却是无常的。所谓无常，就是生灭，前一个心理现象灭了，后一个又跟着生出来，这样生生灭灭，没有一时一刻停止。心理现象的主要内容是认识，认识必定有所认识的对象，这就是"境"。"境"是识所造成、所引起的，既然认识是生生灭灭的，"境"也必然是生生灭灭的，如果心抓着"境"不放，心也是生生灭灭的了，那么就不可能有妙果，不可能成佛了。

---

① 《弘明集》卷九，《大正藏》卷五十二，第 54 页中。
② 《弘明集》卷九，《大正藏》卷五十二，第 54 页中。
③ 《弘明集》卷九，《大正藏》卷五十二，第 54 页中。

这段话说明梁武帝只承认"识"是生生灭灭的，而"心"却并非如此，"心"是不生灭的，否则怎么能成佛呢？梁武帝把"心"看做是不变的、根本的，不受外境的干扰。他说："经云：心为正因，终成佛果。"[1] 又言："若无明转，则变成明，案此经意，理如可求，何者？"[2] 意即无明转变了，就是明。这是什么道理呢？梁武帝解释说："夫心为用本，本一而用殊，殊用自有兴废，一本之性不移。一本者，即无明神明也。"[3] 意即"心"是"本"，发出来不同的"用"，不同的"用"是生生灭灭的，但是那个"本"的本性是不改变的。那个"本"是指什么？那个本就是无明，也就是神明。

梁武帝又进一步对无明进行剖析："故知识虑应明，体不免惑，惑虑不知，故曰无明；而无明体上，有生有灭，生灭是其异用，无明心义不改，将恐见其用异，便谓心随境灭，故继无明名下，加以住地之目，此显无明即是神明，神明性不迁也。"[4] 这里说，所谓无明，就是指认识思虑等心理现象在没有自觉的状态中，这就叫惑，惑就是无明，以无明为体，就有生灭的现象。这些现象是无明所发生的不同作用。可是无明的本体就是心，心是没有生灭的。恐怕有的人误认为因为心有不同的作用，便以为心跟着它的"境"而也有生灭，所以佛经说，心是无明住地，加上"住地"两个字，就可见无明就是神明，神明的本性是不迁不变的。

"神明"的本性为什么是不迁不变的？梁武帝举例说："何以

① 《弘明集》卷九，《大正藏》卷五十二，第54页中。
② 《弘明集》卷九，《大正藏》卷五十二，第54页中。
③ 《弘明集》卷九，《大正藏》卷五十二，第54页中。
④ 《弘明集》卷九，《大正藏》卷五十二，第54页下。

知然？如前心作无间重恶，后识起非想妙善。善恶之理大悬，而前后相去甚迥，斯用果无一本，安得如此相续？是知前恶自灭，惑识不移，后善虽生，暗心莫改。故经言：若与烦恼诸结俱者，名为无明；若与一切善法俱者，名之为明。岂非心识性一随缘异乎？故知生灭迁变，酬於往因，善恶交谢，生乎现境。而心为其本，未曾异矣。以其用本不断，故成佛之理皎然；随境迁谢，故生死可尽明矣！"[1] 大意说，譬如有一个人，他心里头前一个念头是很大的恶念，后一个念头是很大的善念，善恶悬殊，前念和后念全然不同，如果这些念的背后没有一个同一的"本"，这两个念怎么能够连贯起来呢？由此可知，以前的恶虽然灭了，那个惑识并没有变，后来的善虽然生了，暗心还没有改。所以佛经说，如果同烦恼的东西在一起，就叫无明；如果同善的东西在一起，就叫明。可见，心和识按其本性说，就是一个，不过跟着条件不同而有不同。可以知道生灭迁变是以前的因所造成的结果，善恶是现在的境所引起的，虽然有不同，但是心是根本，这是没有不同的。因为用的本是不断的，所以成佛的道理是很明显的，因为这个"本"随着"境"而又变化，所以生死的道理也是很明显的。

二、梁武帝"神明观"的论证特色

从以上梁武帝《立神明成佛义记》中对"神明"的阐释，我们可以清楚地看出，他几乎全篇文章都是用"心、识"、"本、用"、"性、用"、"体、用"、"不变、随缘"的逻辑论证来剖析其"神明观"的。在这里，所谓"本"、"性"、"体"实际都是指的

---

① 《弘明集》卷九，《大正藏》卷五十二，第 54 页下。

"心"；"用"指"识虑"，心与识两者是统一体，缺一不可，谓之"心为用本，本一而用殊，殊用自有兴废，一本之性不移"。"不变"指佛性不变，"随缘"指心随境的变化而迁流变化，谓之"心识性一随缘异乎"。"性、用"（或称"体、用"、"本、用"、"不变、随缘"，以下简称"性、用"）的逻辑论证方法是我们理解梁武帝"神明观"的根本方法。

沈绩为《立神明成佛义记》作了注释，也基本符合梁武帝的原意。沈绩在阐述"神明观"的"性、用"关系时批判了"断、常"两种认识上的偏执，他说："故惑者闻识神不断而全谓之常，闻心念不常而全谓之断，云断则迷其性常，云常则惑其用断，因用疑本，谓在本可灭；因本疑用，谓在用弗移，莫能精求，互起偏执，乃使天然觉性自没浮谈。"[①] 在这里，"断"、"常"两种偏执，实际上是割裂了"性、用"的关系，把两者相互分离。所以说，佛性不变与心随境而迁流变化并不矛盾，把两者看做一个有机的统一体，是我们把握梁武帝"神明观"的一个关键。

梁武帝为什么用"性、用"关系的论证方式来阐发其"神明观"？结合其历史背景看，这与梁武帝所受的中国传统文化的影响以及当时佛教的发展状况是有密切关联的，这影响来自以下几个方面：

第一，玄学重视本体论研究的思维方式对梁武帝的启发。佛学和玄学有一个相互影响的时期，玄学要在现实的现象世界之外去直探世界的本质，他们宣扬"以无为本"的本体论，而佛教徒用般若学讲"万物皆空"。因此，两者有许多相通之处。在认识方

① 《弘明集》卷九，《大正藏》卷五十二，第54页上。

法上，玄学采用"得言忘象"、"得意忘言"的方法；佛教也认为世界空无的本体是象外之谈，所以要认识世界就必须超言绝象，彻悟言外，才能得到真谛，言象之谈不过是俗谛的教化方便而已。两者出现了复杂结合过程，前后经历了三个阶段：般若学玄学化时期，三论学与玄学结合时期，涅槃学与玄学结合时期。佛学的发展离不开与中国流行的玄学的结合，所以梁武帝在阐明"神明观"时受到玄学注重本体的思维方式的影响也是必然的。但是玄学的本体论讲"从无生有"的思想，而梁武帝的"神明观"则是讲"心、识"并存，"性、用"不贰，不存在谁生谁的问题。因此，两者尽管有相似之处，但还存在不小的差异。

第二，儒家思想对梁武帝"性、用"的逻辑论证方式也有一定的作用。梁武帝在《净业赋》中曾引用《礼记》的话说："礼云：'人生而静，天之性也；感物而动，性之欲也。'有动则心垢，有静则心净，外动既止，内心亦明，始自觉悟，患累无所由生也，及作净业赋云尔。"[1] 在此，梁武帝把"人生而静"理解为"性"的一面，"感物而动"理解为"用"的一面，由静而动，由性而用，其所受儒家"性、用"思想的影响当是不容忽视的。关于"性、用"思想，梁武帝在《净业赋》中还有涉猎。他说："观人生之天性，抱妙气而清静，感外物以动欲，心攀缘而成眚，过恒发于外尘，累必由于前境，若空谷之应声，似游形之有影。"[2] 汤用彤先生评价说："武帝乃引儒经以实其说。"[3] 又说："武帝有《中庸》讲疏（隋志著录一卷），今佚，不详其说，

---

[1] 《广弘明集》卷二十九，《大正藏》卷五十二，第336页中。
[2] 《广弘明集》卷二十九，《大正藏》卷五十二，第336页中。
[3] 汤用彤：《汉魏两晋南北朝佛教史》，北京：北京大学出版社，1997年，第504页。

然《中庸》诚明之体，天命之性，帝或取以比附其所谓立神明之说，《中庸》一篇前人罕有注意者。帝或有见于此，而有所发挥欤。"①

第三，"六家七宗"之识含宗对梁武帝"性、用"思想的影响。识含宗的创始人于法开，东晋时高阳（今河南杞县）人，著《惑识二谛论》，主张三界为长夜之宅，"心识"为大梦之主。三界（泛称为迷界，指世俗世界之欲界、色界、无色界）本为梦幻之境，但惑识者却以为不空，只有待神觉以后，通过十个阶段（即"十地"，指乾慧地、性地、离欲地等）的刻苦修行，才能最后成佛。因为于法开将神识分割为二，以神为主宰，识为其功用，即"识含于神"，是谓识含宗。梁武帝"神明观"的"性、用"论证方式估计是受了于法开创立识含宗的"识含于神"思想的影响。汤用彤先生也认为识含宗的思想与梁武帝"神明观"有相同之处，他说"（唐）均正《玄义》卷五，述武帝明生死以还，唯是大梦，若得佛时，譬如大觉。所言仍本其神明成佛之义。按此义与于法开之识含宗相同。东晋时尚未见涅槃经典，假使见之，于法开或亦引佛性义以证成其说也。"②

第四，僧肇"即体即用，不贰不偏"的佛学逻辑思维方式与梁武帝的"神明观"的论证方法有着相似之处。僧肇在《不真空论》中写道："是以至人通神心于无穷，穷所不能滞；极耳目于视听，声色所不能制者，岂不以其即万物之自虚，故物不能累其神明者也？是以圣人乘真心而理顺，则无滞而不通；审一气以观化，

---

① 汤用彤：《汉魏两晋南北朝佛教史》，第 505 页。
② 汤用彤：《汉魏两晋南北朝佛教史》，第 508 页。

故所遇而顺适。"① 又写道："故经云：'色之性空，非色败空。'以明夫圣人之于物也，即万物之自虚，忌待宰割以求通哉?"② 就是说，应该从万物本身去认识它的虚假，而不应该在万物之外另立一个虚无的本体，谓之"即体即用"。可见，梁武帝用"性、用"关系来论证其"神明"成佛说是有着深厚的历史根源与学术环境的。僧肇师事鸠摩罗什，弘扬大乘般若之学。而梁武帝对般若学也推崇备至，声称般若是"龙宫神珠、宝台金牒，难得之货"，③ 并亲自作《摩诃般若忏文》、《金刚般若忏文》，还为《大品注解》作序文。从梁武帝的有关般若的文章看，他对般若思想有较高的见解，所以梁武帝受到般若学专家僧肇的影响是非常有可能的。

第五，晋宋之际的很多佛教学者在论述成佛问题时也涉及了"性、用"、"不变、随缘"的关系问题，这些学者对成佛问题的论证方式都直接影响了梁武帝。如晋宋之际的佛教学者宗炳在《明佛论》中写道："或问曰：神本至虚，何故沾受万有而与之为缘？又，本虚既均，何故分为愚圣乎？又，既云'心作万有'，未有万有之时，复何以累心使感而生万有乎？答曰：今神妙形粗，而相与为用。以妙缘粗，则知以虚缘有矣。"④ 这里的"神本至虚"同慧远的"法性"说一样，都接近于魏晋的"本无"说，都承认有一个不变的形而上的实体，"以妙缘粗"则说明了"万有"是随缘而来的。"神本至虚"是不变的，"以妙缘粗"是随缘的。这与梁

---

① 《不真空论》、《肇论》，《中国哲学史资料选辑》上册，第 450 页。

② 《不真空论》、《肇论》，《中国哲学史资料选辑》上册，第 450 页。

③ 《注解大品序》，《中国佛教思想资料选编》第一卷，北京：中华书局，1980 年，第 307 页。

④ 宗炳：《明佛论》，《大正藏》五十二卷，第 11 页中。

武帝的"不变、随缘",即佛性不变、随境而有生灭,在论证方式上有相通之处。可见,梁武帝"性、用"(或"不变、随缘")的逻辑论证方式是受了前人的启发而来。

三、梁武帝"神明观"论证特色的历史影响

梁武帝用"性、用"(或"不变、随缘")的论证方式阐明其"神明观",这种逻辑论证方式在中国思想史上产生了深远的影响。

(1)对隋唐诸宗的历史影响。隋唐二代是中国佛教的鼎盛期,也是佛教中国化的成熟期。这时期出现的佛教诸宗派,大多是另辟蹊径,自造家风,以"六经注我"的精神,"说己心中所行之法门"。诸宗派都是既从"性"、"不变"、"心",又从"用"、"随缘"、"识"的方面去理解佛性,这就是盛行于隋唐二代的以"心性"为本体的佛教诸宗派及其完全中国化了的佛教学说。梁武帝"神明观"之"性、用"论证逻辑,无疑促进了佛教的中国化过程。如天台宗以"性具善恶"的佛性理论和"止观"并重的修行方法,一改佛教关于佛性至善的传统说法和南义北禅的分裂局面,建立了第一个具有中国特色的统一的佛教宗派。华严宗在糅合百家,兼收并蓄方面比天台宗走得更远,它以"圆融无碍"的理论为法宝,调和了中土佛教史上"众生有性"和"一分无性"(指一类人,如一阐提人永无佛性,不能成佛)的对立,使他们各得其所,十玄门之最后一门"唯心回转善成门"对"心、识"、"性、用"、"不变、随缘"关系作了淋漓尽致的发挥。《大乘起信论》的"一心二门"的思想,改变了《华严经》以"法性清净"为基础说一切诸法乃至众生与佛的平等无

中国佛教
脉络

碍，从而使中土佛性论的"唯心"倾向更加明显，为以"心"为宗本的禅宗的产生和发展铺平了道路。禅宗讲"明心见性"、"即心即佛"。至此，印度佛教已完全中国化了。可见，梁武帝论证"神明观"的"性、用"逻辑论证方式在中国佛教史上的确占有极其重要的地位。

（2）对神灭论者范缜的影响。梁武帝强调"本一而用殊"。沈绩强调离开精神性的"本"体，就没有具体肉体的"用"，他说："夫体之与用，不离不即，离体无用，故云不离。"[1] 范缜正是在同梁武帝为代表的佛教徒的斗争中，站在唯物主义立场上，扶正了被他们颠倒了的体用关系，并赋予这对范畴以新的意义，即以"质"和"用"的关系来表达物质实体与它的属性之间的关系，讲"形质神用"、"神即形也，形即神也，是以形存则神存，形谢则神灭也"；[2] 又举例说："神之于质，犹利之于刃；形之于用，犹刃之于利，利之名非刃也，刃之名非利也，然而舍利无刃，舍刃无利，未闻刃没有利存，岂容形亡而神存。"[3] 范缜既借鉴了古代唯物主义的"精气说"，又吸取了佛教"性、用"关系的逻辑论证方式，从而把人类对于物质和精神的关系的理解推进到一个新的阶段。从这个角度说，梁武帝论证"神明观"的"性、用"逻辑思维方式不仅对中国隋唐佛教各宗派有影响，而且对唯物主义思想的发展也具有启发作用。范缜是在反对梁武帝等佛教徒的斗争中提出"神灭论"的，但是在斗争中，他却借用了佛教"性、用"的逻辑论证方式，这是值得我们深入研究的。

第九章 两晋南北朝时期的佛教

---

① 《弘明集》卷九，《大正藏》卷五十二，第54页下。
② 范缜：《神灭论》，《全梁文》卷四十五。
③ 范缜：《神灭论》，《全梁文》卷四十五。

第十二节 "禅宗初祖"菩提达摩

佛教有"西土四七，东土二三"的说法。佛教禅宗在印度自释迦牟尼传衣钵给摩诃迦叶至菩提达摩流传了二十八代；菩提达摩来到中国后又传法给慧可，及至惠能，又传了六代。所以，菩提达摩是连接印度佛教与中国佛教的一位至关重要的人物。

一、菩提达摩的身世

当年佛陀在灵山法会上，"以心传心"，将禅宗这一"直指人心"的微妙法门付嘱于"破涕为笑"的摩诃迦叶尊者后，法水长流，法灯续焰，一晃近千年过去，禅宗在西土也经阿难等传至第二十七代般若多罗尊者。

一天，般若多罗找到弟子菩提达摩，说自己尘缘将尽，让他接任西天第二十八代禅宗传人，并告诉他禅宗未来的法运将出现在六十年后的中土，命他择机东渡弘法，普利众生。

菩提达摩，刹帝利种姓，出家前是印度南天竺国香致王的三王子。在他们父王的悉心治理下，国家欣欣向荣。不过正应验了那句老话，人可以共贫贱，但不可以同富贵，亲人之间也是如此：他的两个哥哥觊觎王位，相互钩心斗角，闹得不可开交。看到他们演出的闹剧，阅人无数的父王终于下定决心将王位传给老三，并交给他一颗宝珠作为继位的信物，这个让人意外的决定使两个哥哥暂时停止反目，而对弟弟起了杀心。

世间就是这么阴差阳错，个性十足的菩提达摩从一开始就没有把王位当回事，反而醉心于佛法。当他知道父王的心意后，就对两位利欲熏心、不顾人伦的哥哥说："摩尼宝珠在心中，世间浮华如瓦砾。"在一位修行人的指点下，达摩终于借着这个机会斩断俗缘，剃度出家，并因自己的勤奋和慧根，很快获得师父的器重，他的佛法事业也由此展开。

在领受师父的遗命十多年后的 520 年初秋，达摩东渡中土，登陆广州，后来到金陵。当时金陵是南朝梁国的首都，皇帝是梁武帝，这位崇佛的皇帝听说印度高僧来传法，自然不肯错失良机，于是两人之间便有了以下这场戏剧性的对话。

梁武问达摩："我一生造寺度僧，弘法布施，请问有何功德?"

达摩随口就答："没有功德，不过种些有漏的人天因果，得些小利益，不能得到根本解脱。"

梁武帝心下疑惑，赶忙问："那么如何才是真实功德?"

达摩直言不讳："功德是清净微妙的空智，执着浮相的世间法哪能求得?"

这时梁武帝开始有些不爱听了，于是换了个话题："那么什么是圣人的标准呢?"

达摩还是马上回答："四下一片空寂，哪来什么圣贤?"

梁武帝这时显然已经不能忍受达摩，干脆顶牛道："那么站在朕面前的是谁?"

达摩若无其事地说："我不认识。"

这段对话，梁武帝自始至终听得一头雾水，所以对达摩也兴味索然。梁武帝心念一动，达摩立刻察觉，既然机缘不到，当下辞别北上。

事后梁武帝将与这个大胡子印度比丘的无聊对话讲笑话似的告诉给国师志公和尚，谁料想志公和尚一听之下却大惊失色，他赶紧告诉梁武帝万万可不敢妄言，这是观世音菩萨大权示现，来传佛心印的。

虽然梁武帝依旧没搞明白观音菩萨的开示到底是何深意，但他完全信任志公和尚，于是大悔不已，马上传令出兵追人。志公和尚这时却倒了一盆冷水给他，说："晚了，缘分刹那流转，现在纵有千军万马也追不回来了。"可梁武帝不死心，终于派人在长江边追上了菩提达摩。达摩见后面铁蹄滚滚，于是顺手折下一只芦苇，投入江中，轻踏其上，扬长而去，这就是"一苇渡江"典故的由来。"一苇渡江"去了哪里呢？菩提达摩来到了河南嵩山的少林寺。

《志公和尚万空歌》在民间流传甚广。文曰：

南来北往走西东，看得浮生总是空。

天也空来地也空，人生渺渺在其中。

日也空来月也空，来来往往不为功。

金也空来银也空，死后何曾在手中。

生也空来死也空，生死如同一梦中。

大藏经中空即色，般若经中色即空。

朝走西，暮走东，人生恰似采花蜂。

采得百花成蜜后，一场辛苦一场空。

夜间闻听三更鼓，三更未绝五更过。

为人处世细思量，转眼即成白头翁。

哪怕做到公卿相，死后照样棺材中。

二、少林寺面壁

嵩山坐落于河南省中部。传说，远古大禹治水时，娶涂山氏

202

姐妹为妻，大妻住地为太室山，少妻住地为少室山。495年（北魏太和十九年），皇家在少室山密林深处为印度来的高僧跋陀救建了少林寺。史书上说："少林者，少室之林也。"这就是少林寺名的由来。

达摩到了少林寺，在石洞面壁九年，生活极其艰苦。凡到寺里进香的人无不见一个印度和尚一动不动地面壁而坐，不论何人向他问询或叩拜，他都无动于衷，像个木头人一样。

达摩在少林寺面壁的行为被香客们当做奇闻一样越传越广，自然也被北魏宫廷和南朝皇帝所知。魏孝庄皇帝觉得达摩与南朝梁武帝因无缘而来到自己的国境，一定是大祥大瑞的古兆，于是急忙下诏书迎请菩提达摩，可是当皇帝钦差到少林寺宣诏时，达摩依然面壁如故，就好似根本没什么人来。

达摩对诏书的态度，大大出乎皇帝和朝野的意外，上下议论纷纷，更加注意这个印度和尚。同时，这件事也震惊了南朝的梁武帝，他开始反思。

有一天，他到同泰寺对志公大和尚说："听说达摩现在在少林寺石洞里面壁，连北魏孝庄帝的诏书都不理，看起来他非同凡人。"

"那是当然的了，听说他是佛祖所传心法的二十八代接法人。"

"何为心法？"梁武帝问道。

"听说佛祖释迦牟尼开创大乘佛法，普度众生千百万人。但是，他觉得自己的生命有限，而众生无边，有生之年不可能度尽众生，于是决定选一个理想的接法人。有一天，他登坛说法，可是坐在法坛上很长时间不说一句话，弟子们十分不解，忽然见他轻轻拈起一朵鲜花，站了起来，弟子们更加不知所措，一个个面面相觑。这时，只有迦叶弟子破颜微笑。佛祖十分欣喜地说道：
"吾有正法眼藏，涅槃妙心，实相无相，付诸于摩诃迦叶。'"

梁武帝听了后悔不迭。

后来，北魏皇帝又几次发诏书，达摩仍然岿然不动。

三、达摩禅法的特色

达摩来中国时，印度的佛教已走向衰退，他本想东渡中国寻求新的机缘，可是他所见到的是皇家忙于大造寺院佛像，信徒忙于求法义解，和尚们忙于译经讲经……他觉得这些外在的形式偏离了佛祖普度众生的本心。于是，他在少林寺面壁九年，结合中国的国情和文化，终于悟出了"壁观安心法门"，即适合中国的禅功。他教诲弟子要做到"四行"：报怨行——如果遇到苦难，要明白这是前世恶业的报应，要接受它；随缘行——如果遇到喜事，要明白是前世善业的报应，缘尽喜会消，不值得高兴；无所求行——不要太执着，要求这奢望那，要学会无求的生活；称法行——彻底认识人生的真理，如法如仪地生活。达摩的"四行"，实际上是把佛教的宗旨生活化了，能被更多的人所接受。这给中国佛教带来了根本性的变革，注入了新鲜的血液，从而成就了达摩为中国禅宗初祖和少林寺为禅宗祖庭的历史地位。

四、从初祖达摩到五祖弘忍

从初祖达摩到五祖弘忍，经历了禅宗历史上的初创时期。

1. 断臂求法的二祖慧可

二祖慧可（487—593 年），生活在南北朝末期，原来法号神光，今天河南洛阳附近人氏，俗家名字姬武牢，从姓氏上看与周朝宗室还有些渊源。和许多深修有为的中土大德一样，神光从小受过儒家等文化的良好教育，出家后精通大小乘教法，年少得志，不过这也长养了他傲慢的习气，障碍了修为的进步。

达摩和神光的初识并不愉快，甚至还差点弄出流血事件。在北渡后去洛阳的路上，达摩偶遇神光为四众讲法，大家都听得如痴如醉。达摩知道神光的根基很好，是接他法脉的大器，只是眼下太过狂妄，需要调伏。

神光看见一个印度黑和尚来听自己讲法，双目炯炯盯着自己，面带笑意，兀自更加得意，恨不得要说得天化乱坠，地涌金莲。讲法结束后，神光特意来到达摩跟前，装模作样礼貌一番，实际是想听到达摩的赞美。

没料达摩劈头就问："法师在做什么？"神光正在兴头上也没在意，随口就说："我在讲经。"达摩又问："讲什么经？"神光听听架势不对，不耐烦地反问道："你从什么地方来？"达摩老实回答："从印度来。"

神光马上追问："难道印度不讲经吗？"意思是连佛经该讲些什么都不知道，你赶紧打住吧。不料达摩丝毫不以为意，顺势就答："当然要讲，不过我们那里讲的是无字真经。"神光心下纳闷，问："什么是无字真经？"达摩说："无字真经就是清清白白，空空荡荡，直指人心。你的经黑字白纸，遮眼障面，讲它作甚？"

神光当然不服气，辩道："我讲经是为了脱人的生死。"达摩着实一点面子都不给，喝道："你连自己的生死都没了，凭什么了别人的生死？"神光一听之下又惊又怒，心想这黑脸和尚一定是魔头化身，到此诽谤三宝，扰乱道场来了，忍不住就想抄起挂在颈间的铁念珠甩过去，打下对方的一对暴牙。

达摩洞察神光的恶念，知道机缘尚不成熟，于是一言不发，回身就走。神光吓走达摩，扬扬自得转回身去佛台前礼佛，却猛地发现台前赫然竖着一对白森森的暴牙！

神光当下明白自己遇到一位大德高人，对自己的轻慢惭愧不已，马上脱下袈裟去追达摩，却哪里还追得上。

晚上神光做了一个梦，梦见黑白无常到他跟前，说："阎王想听你讲经，快跟我们走吧。"说罢就想拿铁链栓他。神光大惊失色，赶忙乞命，问有什么办法可以了生死？无常也是六道众生，也有生死之忧，所以希望神光得度后再来解救他们，于是指点他："白天那位黑脸僧人就能助你了生死，给你个机会，快去吧。"神光从梦中惊醒后，下定决心去找达摩求法，于是沿途一路寻访，最后到了少林寺。

神光见到达摩后，马上跪下忏悔，请求大师宽恕并祈请慈悲开示，但达摩不言不语，不理不睬，只当面前没有这个人。神光不敢打扰，于是留下来，端茶递饭，伺候左右，谨慎小心。神光求法心切，终于在伺师六年后小心问道："师父您一直未传心法给我，只让我读《楞伽经》，不知现在是否可以传法了？"但达摩还是一语不发，只管自己对着石壁静坐。古人说求法之切如渴思水，饥思饭，蜂思蜜，而神光尤甚之，几乎到了发狂的地步。

终于有一天，天降大雪，神光跪在没腰大雪之中，乞求大师传法，可是达摩依然故我，无动于衷。神光无助之下，无意间看见达摩护身的戒刀在白雪中闪闪泛光，心中一动，于是狠下心来，抽出戒刀便将自己的左臂砍下，鲜血汩汩而下，顿时染红了一片雪地，分外刺目。神光求法之痛远甚于断臂，他声泪俱下地恳请道："我心痛难忍，请祖师为我安心！"达摩多年来不言不语，其实一直在磨炼神光，至此观察机缘已经成熟，神光离开悟仅一步之遥，于是伸出手，厉声喝道："将心拿来，我与你安上！"神光闻此浑身一震，顿时回光返照，豁然彻悟，是啊，心本是空，无所从来，亦无所从去，何来安与不安？于是随口答道："觅心了不可得。"达摩见他已经悟道，微微颔首说："我已经与你将心安上了。"

达摩面壁九年里，仰其威名而来求悟的弟子并不止神光一人，助神光开悟后，达摩知道自己在东土的大事因缘即将了断，于是临行前召这几位多年来侍奉左右的弟子谈心。据《景德传灯录》记载，弟子僧副的体悟是：文字是工具，需要但不应执着。达摩说："你得了我的皮。"弟子总持比丘尼的体悟是：正如禅宗西天二祖阿难所说，佛国一见之下便不再见到。达摩说："你得了我的肉。"弟子道育是神光的好友，亦是达摩器重的弟子，他的体悟是：从众生乃至法界，都是幻和，并无一法可孤存。达摩说："你得了我的骨。"待到神光时，他却一语不发。达摩说："你得了我的真髓。"于是授神光法号慧可，将自己的衣钵和禅学宗经四卷《楞伽经》付托与他，史称禅宗二祖。

据《景德传灯录》记载，达摩祖师在传衣钵时曾叮嘱慧可：古时候的人宅心仁厚，不为利害起争斗，因此祖制规定付法传衣，但现在的人慧根短浅，计较小利，传衣钵的做法恐怕会危及你和后人的安全，因此你护持好法衣袈裟，二百年后不再传衣。达摩这段话为日后六祖惠能再下传时不再付以衣钵埋下了伏笔。

慧可大师世寿一百零七岁，在禅宗史上的主要贡献有两方面，一为承接祖师心印，二为传灯于三祖僧璨，尤其是承接心印，决定了禅宗在日后相当长一段时间内的发展方向。

2. 由忏罪而悟道的三祖僧璨

三祖僧璨出家前的身世来历一直不太清楚，只知道他大约生活在北齐至隋初时期，出家前是一位虔诚的居士。这在佛教祖师级大德中是比较少见的，却也很符合无来亦无去的禅宗风格。

僧璨四十不惑的时候始遇并问道于二祖慧可，他的心结与当年断臂开悟前的慧可有几分相似。僧璨当时身患重病，因此请慧可帮其忏悔罪障以疗病，慧可应机用初祖的话说："将罪拿来，我与你忏罪。"僧璨因此洞彻了"觅罪了不可得"的道理，重病也逐渐康复。由此可见真心忏悔功德之大，正如《礼佛大忏悔文》中所说："罪从心起将心忏，心若灭时罪亦亡，心亡罪灭两俱空，是则名为真忏悔。"僧璨大师为感慧可为其忏罪之恩，万缘放下，一心在祖下做侍者，左右不离，前后两年，后辞师前往太湖边上的司空山弘法。

后来北方发生北周武帝灭佛事件（574 年），这是佛教史上的第二次大规模浩劫，大量寺庙被毁，僧人被遣。八十余岁高龄的慧可大师审时度势，拄杖离北向南，去往司空山找到僧璨共谋复兴大计，并在此将衣钵付嘱于他，是为禅宗三祖。慧可还特别为之开示：是心是佛，是心是法，佛之与法，本来无二，平等一如。

僧璨大师得法之后，遵循二祖慧可"善自护持，宜处深山"的嘱咐，曾秘密在舒州皖公山和司空山两地往返弘扬禅法，直到法难结束。隋文帝仁寿元年（601 年），僧璨在无锡山谷寺将法脉续传与四祖道信，同时叮嘱他一定要注意发掘有志于佛法的人才，随后孤身前往当时的蛮荒之地罗浮山行化。

两年后僧璨回到山谷寺，又过了三年，僧璨在一次升坛讲法后，对道信等人说："世人都说坐着圆寂很不可思议，今天我站着圆寂，告诉你们什么叫做生死来去自在。"说完手扶树枝，安然立化。

三祖著有《信心铭》六百言流传后世，普度众生。这部经典是中国禅宗首部理论著作，开日后禅宗祖师著书立论的先河。

3. 求解脱的四祖道信

道信大师俗姓司马，祖籍河南，后来迁到湖北。道信做沙弥时就仰慕僧璨的德号，因为于佛法百思而不得其解，心生疑惑，于是向其请赐解脱之法。三祖问他："你总说要解脱，那么到底谁在缠缚你呢？"对曰："无人缠缚我。"三祖于是说道："既然无人缠缚你，那还要什么解脱法？"道信当下大悟，正所谓：大疑大悟，小疑小悟，不疑不悟。道信接下来侍奉三祖，三祖为其开示《法华经》和《信心铭》，九年后接任四祖。

道信的生活年代在隋末唐初，据说唐太宗曾仰其盛名，多次派人邀请晤面，但总被道信婉谢，最后太宗面子上有些挂不住了，以砍头相胁，孰料道信二话不说伸着脖子就往前凑，太宗也不由得心服口服，还送礼致歉。

道信继承了初祖的禅意并有进一步阐扬，指出"教内三学（戒、定、慧）皆在一心，教外万法，不离方寸（方寸即指心——作者注）"，这是对禅宗理论地位的一次总结和判定，也成为日后禅宗修行的基本指南。道信后来传心法与五祖弘忍，师徒二人共同在湖北黄梅东山寺收徒弘法，大阐宗风，史称"东山法门"。

除弘忍外，道信还有一个得意弟子法融，两人的结缘也很奇妙。法融从小学通儒家经史，后来偶然读到《般若经》所讲的空性，豁然开朗，感叹世间法毕竟不究竟，因此找到一个僧人为他剃度后隐居茅山。四祖道信遥观气象，知道茅山有异人，于是亲自前访。来到山中寺院后问寺里僧人："你这里可有得道的高僧？"僧人说："我也不知道这里谁是得道之人，倒是此去山中十多里，有一个叫法融的闷和尚，成日打坐，见人也不起身，也不合掌，人们都叫他懒融，不知道是不是你要找的人。"道信随即深入山中，果然见到法融正端坐自若，仿佛周围空无一物。道信问他："法师在此做什么？"法融说："我在观心。"道信立刻禅锋锐利地反问："在观心的是什么人？心又是个什么东西？"法融无言以答，马上起身离座，合掌恭敬礼拜，问："大德从哪个道场来？"道信的回答很有禅机："我没有一定的处所，或东或西。"法融听到此地心有所动，问："那您认得道信禅师吗？"言下之意莫非您就是道信禅师？道信点头，法融纳头便拜，说："对师父心向往久矣。"师生之缘从此展开。

　　法融得法后，于唐太宗贞观十七年（643年）去金陵牛头山传法，创立"牛头禅"，前后十四年。牛头禅因深处南方玄学兴盛地区，因此受其影响，如"无心、无我、无念，忘情为修，是为真道"的修禅思想与庄周的"得意忘言"有一定暗合。此外，法融在与山民相处的过程中，深感底层大众对解脱苦难的渴求，因此提出"无情成佛"说，所谓"青青翠竹尽是法身，郁郁黄花无非般若"，草木皆得成佛，何况人乎？这是佛教更加大众化的一个先兆，后来中兴天台宗的湛然所提出的"无情有性"说即受此影响。

　　法融禅师德风高亮，相传他在牛头山幽栖寺北岩石室参禅期间，曾感动得百鸟衔花飞来供养他。唐高宗显庆元年（656年），官员萧元善请禅师下山弘法，法融知道与牛头山缘分已到，于是将法印付嘱与上首弟子智岩。下山辞众前，法融有些感伤地说：

"看来不能再回到这里了。"据说这时山中鸟兽齐声哀号，逾月不止，幽栖寺前的四棵大桐树在仲夏之月，忽然凋落。下山后第二年正月，法融禅师无疾而逝。牛头禅在法融以后又传了六代，以后逐渐与禅宗其他门派融合。

4."无姓儿"的五祖弘忍

和许多祖师圣人一样，五祖的身世也非常不可思议。相传他的前世是湖北黄梅的一个山野樵夫，名叫栽松老人，平素喜爱禅法，但一直没有遇到善知识，于是日日在林中栽松，自修佛法。他活到九十九岁的时候，机缘和合，在山中值遇当时名闻遐迩的四祖道信。老人见道信大师法相庄严，心生向往，于是跪地请求大师收下他做弟子。道信知道他们的缘分不在这一生，于是对他说："老人家，你的年纪实在太大，如果真有意学佛，除非转世才行。"

听者有意，求法心切的栽松老人于是天天寻找转世的机缘。终于有一日，老人在山外小河边遇到一位妇人，他就上前与妇人商量能否去她家借宿一宿。妇人心怀慈悯，看他一个孤苦老人，就答应下来，只此一念，栽松老人就投胎入腹。无夫而孕，这在当时是丢尽脸面的事情，于是这个女子被家人赶出门去，只能寄宿破庙，生下这个孩子并含辛茹苦抚养他长大，因为来得实在蹊跷，也没有起名字，村里人都管他叫"无姓儿"。

孩子长到八岁时，一日在路边玩耍时，道信正好经过，见他骨相清奇，异乎常孩，于是问他姓名。据《景德传灯录》记载，孩童一点也不怕生，还逗道信，说："姓有姓，无常性。"这是一个双关语，意思是我倒是有姓，只是姓名无非是一个符号，变化无常，根本没有自性。道信听得有趣，说："那你到底姓什么呢？"

孩童便答："性（姓）佛。"这也是一个含藏不漏的双关语，只有道信这样的悟道之人才能听出其中的深意。道信有意再问："那么就是说你没有姓喽？"孩童马上回答："因为性空所以无姓。"道信见他谈吐如此不凡，认定这是一个未来的法器，于是带他在身边，亲自为其授法。

弘忍得法后，起初主要在家乡黄梅一带步扬禅宗，师父道信后来也来到这里，师徒两人共同创立东山法门，据说弟子达千余众，至此，教义、组织、场地、信众诸缘俱足，经过达摩以来五位祖师的默默耕耘，禅宗作为一个宗派已初步具备了形成条件。东山禅的特色之一是逐渐以《金刚经》取代"达摩禅"的《楞伽经》。采用《金刚经》的初衷或许是出于扩大传播范围的需要，因为相对于《楞伽经》而言，《金刚经》篇幅更加适中。此外更为重要的一点，《金刚经》更倾向顿悟，而《楞伽经》在顿悟、渐悟的问题上则采用了折中的立场，因此《金刚经》对于希望渴望迅速离苦得乐的大众而言吸引力更大。顿、渐之法的出现是禅宗发展史上的一个关键分化点，也成为日后区分南宗、北宗的标志。

弘忍于唐高宗上元二年（675 年）圆寂，世寿七十有四。大师未曾留下有记载的著作，但弟子众多，其中称大器者有惠能和神秀，二人也分别成为日后禅门南、北二宗的开山祖师。

五、菩提达摩圆寂

菩提达摩后来将衣钵传给二祖慧可后，了断了一桩大事因缘，不久即安然入灭。

菩提达摩相传活了一百五十岁，后来他的弟子们把达摩大师的肉身请葬在熊耳山空相寺。

大师涅槃前曾留下两对佛偈，其一成为日后禅宗的传法宗旨，即"不立文字，教外别传；直指人心，见性成佛"。其二是一则预言，也成为禅门一桩著名的公案，即"我本来兹土，传法度迷津，一花开五叶，结果自然成"，后来禅宗果然经五次单传至惠能。

达摩涅槃的第二年，北魏出使西域的使臣宋云在回国途中，路过新疆葱岭的时候，遇见大师迎面而来，只见他肩扛一把禅杖，禅杖上挂了一只罗汉草鞋。

宋云早就熟识达摩，上前致意寒暄几句，显然那时的宋云还不知道大帅已经圆寂，这多亏当时通信速度的局限，否则一定把他吓坏了。

宋云问："大师去往何处？"达摩告诉他："回印度去。"

宋云又问："传法已经圆满了吗？"达摩回答说："禅法已有传人，将在一百七十年后大兴于南方曹溪等地。"

宋云回国后将葱岭偶遇达摩之事启奏皇帝，此时达摩涅槃的讯息早已经传到宫中，于是大家都啧啧称奇，明明已经走了的人，怎么又活生生地出现在面前，还说回印度去了？

于是，皇帝下旨开棺论定，这一打开着实把人吓了一大跳，棺材里没有尸体，只有草鞋一只，这时人们才相信达摩神通妙力不可思议，果然是圣人再来。

棺材所在的熊耳山空相寺位于现今河南的三门峡市，距离老子出关的灵宝县的函谷关不是太远。

后来，"只履西归"也成为有关达摩艺术创作中的标志性题材之一。

至于那位有眼不识真人的梁武帝，他一直对当年没有追回大师而耿耿于怀，得知大师寂灭后，特地刻制一座御碑，并题写一

213

篇碑文来赞颂这位菩提达摩大师，此碑现在仍立在空相寺内。据说圣人已经解脱轮回，无来亦无去，在在处处，皆是法身，千年一瞬，大师现在何方传法？

第十三节　北魏、北周灭佛

在中国佛教史上，曾经发生了四次较大的灭佛事件。这就是北魏太武帝灭佛，北周武帝灭佛，唐武宗灭佛，后周世宗灭佛。前两次即发生在南北朝时期。

一、北魏太武帝灭佛

424 年，北魏太武帝拓跋焘继位。拓跋焘继位之后，遵先世之业，敬重沙门。但是，随着佛教势力的不断扩大，大量僧尼享有免除赋税徭役的特权，致使北魏政权的税收和劳役受到严重影响。此外，大量修建寺院佛塔，耗费了巨大的人力和财力，同样也使北魏的经济蒙受损失。这便引起了佛教与世俗政治的矛盾。

北魏时，北方道教也发展起来。道士寇谦之通过北魏司徒崔浩接近了太武帝，向太武帝宣传道教。使太武帝逐渐信奉道教。440 年，太武帝改国号为"太平真君"，表示他接受了道教信仰。道教也在北魏太武帝的信奉下得到了长足的发展。

太平真君七年（446 年）北魏太武帝率兵驻长安，亲自指挥镇压盖吴起义。一次偶然的机会，他发现长安一寺院内藏有兵器，并在该寺中发现了大量的酿酒器具及富人寄存的许多财物，寺窟中还藏有许多美貌妇女。太武帝认为，兵器非沙门所有，所以长安沙门必定与盖吴起义有牵连；而酿酒器具和藏匿妇女，又与佛教律仪相违，佛教的腐败导致了武帝的排佛情绪。后在崔浩的建议下，太武帝即下令诛杀沙门，焚毁佛像；与此同时，又敕令留守平城的太子拓跋晃下令四方照长安行事，天下共行灭佛绝法之举。

太子拓跋晃素敬佛教，接到太武帝敕令后，再三上表为佛求情，太武帝不允，并又下诏说：佛教乃域外之教，不近人情；由于佛教的盛行，使政教不行，礼仪大坏，招致了历代丧乱。因此，各地刺史务必要将佛像及佛经，尽皆击破焚烧；佛教沙门无论少长，全部坑杀，绝不留情。

但是，留守平城监国的太子拓跋晃，缓宣诏书，使远近大部分沙门闻讯逃匿，并把金银佛像及佛教经论秘藏起来。最后，只有一些土木寺塔遭到破坏。凡捕搜之沙门，皆令罢道；若有逃窜者，一经抓获，都将被坑杀。

二、北周武帝灭佛

北魏太武帝的灭佛活动，使北方佛教受到了沉重的打击，但文成帝又竭力恢复佛法。北朝佛教又很快兴盛起来。北魏末年，整个北方佛寺遍布，仅洛阳城中就有佛寺一千多所，而且寺寺都极为豪华奢丽；北齐立国仅二十多年，其境内佛寺计有四千余所，僧尼有二百万人；北周境内亦有佛寺近千所。佛教在北朝得到了空前的发展。

北周武帝宇文邕，即位于560年。周武帝即位之初，对佛教还颇感兴趣，后经道士张宾和僧人卫元嵩的唆使和煽动，对佛教的态度有所改变。随后，北周武帝多次召集臣僚、沙门、道士讨论

215

儒、释、道三教优劣、先后的问题。讨论的结果是儒教、道教乃"此国常遵"，佛教后来，所以"理应不立"。

当时的高官甄鸾上奏《笑道论》对道教进行攻击，周武帝率百官及沙门、道士予以辩论，最后皇帝裁定该论有伤道士之情，故令当众烧焚，不许流传。道安随后又抛出《二教论》对道教再予批驳，并使佛道矛盾空前激化，使厘定三教先后这一主题开始向极端发展。

建德二年（573年），北周武帝宇文邕决定最后裁定三教先后。他召集群臣、沙门、道士等，进行了辩论，最后裁定儒教为先，道教为次，佛教为后。对于这一裁定，有些佛教僧侣不服，要求继续辩论，尤其是要求继续辩论佛道二教优劣。

次年（574年），周武帝则诏令僧人、道士集京师，使佛、道二教辩论。智炫在辩论中击败道士张宾，周武帝则为了袒护道教，并发表了自己对佛教的看法。他称佛教有"三不净"，于辅国无用。所谓"三不净"，一为主不净，指释迦牟尼出家前娶妻生子，为佛教教主不净；二为教不净，指佛教律仪中，允许出家僧人吃三种净肉，这表明佛教教义不净；三为众不净，指佛教僧众好行妖逸、诸多罪过、徒众不和、递相攻伐，为佛教僧众不净；而道教中无此事，朕将留之，以助国化。

建德六年（577年），北周灭北齐，周武帝亲临齐之邺都，召集齐境僧众，宣布废除佛法，并将齐境内数百年来公私营造的一切佛塔皆悉拆毁，四万座寺庙尽赐王公大臣，充为第宅，三百万僧众，皆罢为俗，使还归编户。

北周武帝宇文邕发动的这次法难，与北魏太武帝灭佛不同。周武帝此次灭法，虽然毁坏了大量的佛教寺塔，焚烧了许多佛经，但并未诛杀沙门、道士，只是强令他们还俗为民，并不像北魏太武帝那样大量坑杀沙门。周武帝灭法虽然佛、道二教并废，但他又置养一些沙门、道士，使他们研习三玄，旨在会通儒、释、道三教，当然其中的正统是儒家。

周武帝出身于鲜卑少数民族，以统一天下为己任，将儒家的思想作为维持自己统治的最好的工具，奉之为官方正统。

第十章

隋唐时期的佛教

隋王朝存在的历史虽然短暂，但是当时国家统一、经济繁荣，文化交流活跃，佛教在继续向前发展。隋代开国帝王隋文帝（581—604 年）统一南北对立的局面后，立即改变北周武帝灭佛的政策，转而采取大力恢复和扶持佛教的方针。

第一节　隋唐帝王与佛教发展

隋文帝出生在冯翊（今陕西大荔县）般若尼寺，在智仙尼姑的抚养下长大，所以对佛教"敬信情重"。

一、隋文帝和隋炀帝对佛教的扶植

隋文帝登上皇位不久，昙延又力请复兴佛教。隋文帝下令修复被废弃的寺院，允许百姓出家，又令各家各户出钱建造佛像。他还亲自度僧几十万人，在壮大佛教信徒队伍方面作出了贡献。

据《辩正论》载，在度僧方面，他于开皇十年（590 年）听许以前私度的僧尼和人民自愿出家，一时受度的多达五十余万人；

218

在建寺方面，据传他所建立的寺院有三千七百九十二所；在建塔方面，前后立塔一百余座。

此外，文帝在建国初年，仿北齐的制度，设置僧官以管理僧尼的事务。文帝对于佛教义学的提倡，即以长安为中心建立了传教系统，选聘当时各派著名的学者从事学众的教导。

隋文帝的礼佛活动以长安为中心，而他的儿子隋炀帝杨广（605—616年）即位后，却是以洛阳为中心，向更广阔的地域推广佛教。

杨广当晋王时，虽年龄不大，但热衷于请名僧讲法，聆听梵音。他曾请智𫖮为其授菩萨戒，尊称智𫖮为智者，为智𫖮创建天台宗提供了有利条件。他即位后还自称为菩萨戒弟子。并在大业元年（605年）为文帝造西禅定寺，又在高阳造隆圣寺，在并州造弘善寺，在扬州造慧日道场，在长安造清禅、日严、香台等寺，又舍九宫为九寺，并在泰陵、庄陵二处造寺。又曾在洛阳设无遮大会，度男女一百二十人为僧尼。传称他一代所度僧尼共一万六千二百人。炀帝还在洛阳的上林园内创设翻经馆，继续开展译经事业。

从总体上看，隋代统治者对佛教是十分重视的，使以往南北各有侧重的佛教信仰得以相互融合，并且使寺院经济发展壮大起来。各寺院延请一些名僧长期定居，研究教理，教授学徒，形成别具风格的僧侣集团，从而产生了一些后世较为著名的佛教宗派。这些宗派以某些大寺院为据点，以某些名僧为领袖，形成各自的势力范围，较为著名的宗派有天台宗、三论宗、三阶宗。

但另一方面，文帝在开皇九年（589年）灭陈时曾令诸多寺院毁于战火中，使南北朝时一度兴盛的建康佛教顿告衰微。后来炀帝时于大业三年（607 年）下令沙门致敬王者；还下令无德的僧尼还俗；寺院按照僧尼的数量保留，其余一概拆毁，一时造成因僧废寺的现象。从这些事实可以看出来，隋代对于佛教的政策也有限制的一面。

二、唐代帝王对佛教的支持

618 年，唐王朝建立。从唐高祖李渊建立唐王朝直至其灭亡为止，共经历了 20 个皇帝，历时约 290 年（618—907 年）。

唐王朝的统治者，为了维护他们的统治，采取了儒、释、道"三教并奖"的政策。除了发动"会昌灭佛"的唐武宗外，其余诸帝均对佛教采取了既管理、整顿，又扶持、利用的政策。

从高祖的"沙汰二教"到太宗的"先道后佛"，从武则天的"举佛抑道"到玄宗的"崇信密教"，唐王朝对佛教的态度虽然在不同的形势下，根据其政治、经济、军事等的需要，而有或抑或扬的变化，但从整体上说，唐朝将佛教作为正统儒学之外的重要辅助手段加以利用，这是唐王朝对佛教的总体策略。

唐高祖李渊信奉佛教，曾立寺造像，设斋行道。武德二年（619 年）五月，因太史令傅弈一再上疏斥佛，请求罢除佛教，高祖遂颁发《沙汰僧道诏》，沙汰僧尼及道士。"京城留寺三所、观二所，其余天下诸州，各留一所，余悉罢之。"

据称，高祖这样做的本意不是消灭佛法，而是通过沙汰，以达到正源护法的目的。同年六月，高祖退位，这项措施没有得到实施。

随之即位的是唐太宗。众所周知，唐王朝尊道教的始祖老子为其祖先，自称"朕之本系，其自柱下"，所以，开国起即尊奉道教。唐太宗初期对佛教并不热心，把道士纳入"宗正寺"管辖，算是皇室中的一分子，并诏令："道士女冠在僧尼之前。"

贞观十九年（645年）春，玄奘法师载誉回国，朝野轰动。此后，玄奘为太宗所敬重，佛典翻译为太宗所支持。太宗晚年亲制《圣教序》，赞扬佛法。由于太宗晚年转向佛教信仰，使得唐初的先道后佛政策有所改变。

唐太宗之后，高宗、中宗、睿宗均崇信佛教。664年，玄奘圆寂，唐高宗为他安排了极其隆重的葬礼，用金棺银椁藏其骨灰，在长安周围五百里内有一百多万人前来送葬。一位高僧能享有如此崇高的荣誉，可见当时朝野上下对佛教的狂热尊奉到了何等程度。

女皇武则天时期唐代佛教发展到了一个新的高度。她早年走出皇宫步入寺院做了尼姑，接着又从佛门返回宫廷，在夺位称帝和强化统治的过程中，她更是巧妙地利用佛教。

武则天用佛教为其登上皇帝宝座大造舆论，在其统治期间又广泛支持佛教。武周时期，八十卷《华严经》于洛阳翻译完成（699年），武则天亲为制序。在她的扶植下，以法藏为集大成者的华严宗创立了，并发展为中国佛教史上的一大宗派。

武则天对禅宗的禅师也礼敬有加，敕诏神秀禅师入京传法，并加以跪拜之礼；又多次邀请惠能入京，惠能托病不出，最后只能将惠能的得法袈裟请到长安，于道场供养；又召慧安禅师入京问道，待以师礼。由于武则天的大力支持，提高了禅宗的地位和影响，为禅宗后来在全国的广泛传播奠定了基础。

唐玄宗是继太宗、武则天之后较有作为的皇帝。玄宗对佛教一方面注意制约，另一方面又加以利用。他曾从不空受灌顶法，成为菩萨戒弟子，还著《御注金刚般若经》颁行天下。开元年间，印僧善无畏、金刚智、不空相继来华，受到玄宗的礼遇和尊崇，在长安的大兴善寺创立了中国佛教史上影响卓著的佛教宗派——密宗。

到唐代后期，由于寺院经济与世俗地主及国家在经济上的矛盾日益尖锐，终于在唐武宗时发动了大规模的灭佛运动。会昌二年（842 年），唐武宗命令僧尼中犯罪和违戒者还俗，并没收其财产。又拆毁不满二百僧尼的寺院，后会昌五年灭佛运动进入高潮，拆毁大中寺院四千六百多所，小庙宇四万余处，还俗僧尼二十六万五百人，没收肥沃良田数千万顷。武宗灭佛，沉重打击和削弱了佛教的势力。

但是，不可否认的是佛教在唐代兴盛的基础上有了长足发展，不仅高僧辈出，而且翻译佛经的数量和质量是前代不能比拟的，尤以玄奘、义净、不空等高僧所译的佛典成绩最为显著，唐代基本上把大乘佛教的主要经典翻译完备。

三、唐代寺院经济的发展

按照佛教的传统教义，佛教僧侣又称为"乞士"，应以乞食为主。寺院建立以后，主要靠施主的布施维持。寺院作为其主要活动场所，其经济来源对佛教的组织形式和发展有着决定性的影响。

佛教寺院的经济状况，在很大程度上取决于统治者对佛教的态度和采取的经济政策。隋唐以来，由于统治者对佛教的提倡和支持，以及佛教自身的发展，寺院经济也得到了空前的发展。其表现是：一些大的寺院占有大量的土地和劳动力。在寺院占有的土地中，有的是官赐的，有的是私置的。即庄园式的大寺院经济和自耕经济这两种类型的寺院经济均得到了长足的发展。

唐初所实行的均田制规定："凡道士给田三十亩，女冠二十亩，僧尼亦如之。"这样，一方面，寺院经济成为国家正式承认的一种经济形式；另一方面，由统治者敕建和供养的寺院数量有限，难以满足日益增长的出家人的需要，认识到这一现状的僧门有识之士开始探索建立一种新的独立的寺院经济形式，于是就有了中国的丛林体制。

丛林制度是一种新型的寺院管理制度，将劳动与禅修结合起来，富有创造性地建立了"上下均力"之"普请法"，规定僧众必须自力更生，全体参加劳动，正所谓"一日不作，一日不食"。

禅林经济始终以独立的自主经营为主，自给自足，从而一改印度佛教和中国以往佛教依赖施主布施捐赠的经济模式，并将寺院经济之重心转移到了农村，使佛教摆脱了对社会经济的依赖。

有了强大的经济支持，才能使佛教徒能够全身心地从事佛教经典的阐释和义理的发挥，才有可能培养出更多的高水平的僧侣弟子，组成较稳固的、有独立性格的佛教僧团。

中国佛教的几大宗派中，唯有禅宗能欣欣向荣，禅寺遍布大江南北，而其他几宗却逐渐败落，与禅宗的这种经营方式不无关系。

但是，正是这样一种丛林制度也使寺院有可能发生私蓄财产、贪污腐败的现象。印度的僧人托钵行乞的乞食制度是不利于寺院腐败现象产生的，因为到处行走的云游生活导致僧人缺少产生腐败的土壤。

第二节　隋唐佛教诸宗派

在唐代佛教发展的过程中形成了一些具有中国佛教特质的宗派，如天台宗、华严宗、禅宗、净土宗、律宗等，佛教发展达到了中国佛教史上的最高峰。

一、智顗大师的天台宗

天台宗作为隋代创立的宗派，因创于天台山，故名；又因以《法华经》为主要经典，所以又称法华宗。它是我国建立最早的一个佛教宗派，渊源于北齐、南陈，创立于隋，盛于唐。天台宗的系谱首推至印度龙树、二祖慧文、三祖慧思、四祖智顗，后来是灌顶、智威、慧威、玄朗、湛然，九祖相承。智顗大师是天台宗的实际创始人。

智顗大师（538—597 年），俗姓陈，祖籍河南许昌，生于荆州华容（今湖北潜江西南）。他于十八岁出家，二十三岁时拜慧思为师，专门钻研《法华经》。后于陈太建七年（575 年）入天台山建草庵，正式创立了中国佛教天台宗。

智顗一生致力于创宗立派活动，通过广建寺院，收授门徒，力争得到朝廷的支持，建起了以天台山、荆州为基地的传教中心，遂使天台宗成为当时最有势力的宗派。

陈光大元年（567 年），慧思南下隐居时令智顗前往金陵弘法，从此开始了智顗与陈、隋两朝长达三十年之久的合作。陈宣帝太建七年（575 年），智顗赴天台山修行，有十年之久。陈至德三年（585 年）奉后主之命重返金陵，受到了上至朝廷下及百姓的隆重欢迎。

智顗大师在陈灭亡后，一路游化来到当阳，登上玉泉山，看到那里山林秀美，景色宜人，便想在此山建立一座精舍，作为传法布道的中心。

智顗大师登上玉泉山顶勘察地势，发现在池北岸不足百步之处有一棵大树，树身高达丈许，枝干犹如虬龙，向四面的天空倾斜而出，疏密有序，俨然是一个天然的房顶。树冠之下，日影盖地，恰似一处讲经说法的殿堂。智顗大师便来到树下，盘腿而坐，进入禅定状态。当时风和日丽的好天气，转眼便已狂风呼啸，暴雨倾盆，天地一时为之晦暗难明。智顗大师岿然不动，身在定中，冥冥之中，似乎看到一条巨蟒，身长十余丈，张着大嘴向自己发射箭矢。智顗大师毫无惧色，一坐便是七天七夜，那怪蟒一直在他周围。

到了第七天夜里，智顗大师对那怪蟒说："你一生杀戮甚众，造业不浅，却贪恋福禄，不思忏悔，何时才能跳出苦海啊！"言毕，风雨立止，云开雾散，月朗星稀，忽见面前多出两人，一老一少。老者身宽体胖，有王者的威仪。少者冠帽整齐，面目清秀。这一老一少传说是关羽、关平父子二人。

关羽对智顗大师说："东汉之末，天下纷乱。曹操不仁，僭帝号自立；孙权不义，坐江东自保。我义属汉臣，保佐刘备，期以恢复汉室基业。无奈天命无常，事与愿违，复汉大志终未能实现。我死之后，余志未泯，故受封于此山为王，权做一地之神。大师您是一代圣僧，不知何缘，移足敝地。"

智顗大师回答："我欲在此地建立道场，讲经传教，也不辜负此生一世。"

关羽又说："既如此，希望大师把建寺的事交给我父子二人。离此不远，山势平整，土层深厚，堪可建寺。大师只管安心坐禅，七日之后，寺院必成。"

过了七天，智顗大师从定中醒来，见不远处已建起一座佛寺，庄严雄伟，光彩照人，不禁惊叹神鬼之工的快速。他率弟子进入寺内，昼夜说法。忽一夜，关羽之神又来对智顗大师说："弟子今已从老师您这儿听到了出世间法，心甚喜悦，愿洗衣受戒，永为佛教护法。"

智顗大师同意，便为关羽受五戒。关羽也就成了佛教的护法迦蓝神了。

这一民间传说不足为信，但却说明了佛教在发展中融入了道教的因素。

智顗大师以《法华经》为释迦牟尼的最后说法，也就是最高权威的经典，敬奉为宗要；还以《大智度论》为依据，吸收和发扬了天台宗的先驱者慧文和慧思的思想。

智顗大师的思想主要体现在陈、隋之际他所开讲的、后来由其弟子整理成书的《法华经玄义》、《法华经文句》和《摩诃止观》，即所谓"天台三大部"中。

此外，所谓"天台五小部"，即《观音玄义》、《观音义疏》、《金光明经玄义》、《金光明经文句》和《观无量寿经疏》，也体现了他的思想。

由于天台宗创立主要在隋代这样一个南北大融合的时代，也就使南北佛理相互吸收和融合成为可能。智顗大师既吸收了南朝重义理的学风，也保存了北朝佛教重禅定的宗教实践，南北结合的特点十分明显。

天台宗的教义主要包括止观双修、三谛圆融、一念三千说等。

天台宗所谓"止"指的是宗教训练的坐禅，所谓"观"即佛教的理论；其学说特点是确立定（止）、慧（观）双修原则，并强调教观双运、解行并重。智顗大师比喻说止观双修就像是车之双轮，鸟之双翼，不可偏废。

"三谛圆融"是由"一心三观"发展而来的。空、假、中三谛是同一个事物的三个方面，这三谛相即相通，圆融无碍，此即"三谛圆融"。

"一念三千"说，是智顗大师晚年提出的最具有其代表性的思想，主要是说心念活动具有世间和出世间的一切现象。

智顗大师后，主要由其弟子灌顶及中唐时湛然广弘该宗思想，后遭逢晚唐的武宗"会昌法难"就逐渐衰微了。宋代的时候有人复兴天台宗，但其思想多趋于与禅宗和净土宗的合流，日益失去了本身的特色。

二、吉藏的三论宗

三论宗也是建立于陈、隋之际，较天台宗的创建同时而稍后。因以印度中观学派的《中论》、《百论》、《十二门论》为主要经典而得名。

又因主张"诸法性空"，也称"法性宗"。因天台宗、华严宗也自称"法性宗"，故又称此宗为"空宗"。三论宗实际上是印度中观学派的阐扬，是龙树、提婆学说的直接继承者。

自从鸠摩罗什法师于404年译出《百论》，409年译出《中论》、《十二门论》，并将此三论传译中原后，影响甚广。后又有僧肇、僧朗、僧诠、法朗依次相传，真正建立三论宗宗派的是吉藏大师。

吉藏（549—623 年），俗姓安，他的祖先原是安息人，因避世仇，移居南海（今广西、越南一带），后又移居金陵（今南京），吉藏出生在金陵。

吉藏祖辈世奉佛门，其父后来也出家，法名道谅。幼年时代，其父带领他去拜见真谛三藏，真谛为他取名"吉藏"。道谅又常带吉藏到兴皇寺，听法朗法师说经，有所领悟。

至吉藏 7 岁（一说 13 岁）时，道谅便让他投法朗出家，学习经论。14 岁时从法朗学《百论》，至 19 岁便能为众说法。吉藏口才极佳，又善于交际，所以很快便脱颖而出。

吉藏受戒后，学解并进，声望日高，后移居会稽嘉祥寺。因他住在嘉祥寺大弘佛法，故时人称其为"嘉祥大师"。

隋代杨广为晋王，在扬州修建四座寺院，邀请吉藏住慧日道场。开皇十九年（599 年），杨广在长安建道场，请吉藏住日严寺。吉藏到达长安时，皇室以"京辇"迎接，长安城的佛教徒亦表示热烈的欢迎。

隋炀帝杨广的次子，齐王杨昧久慕吉藏盛名，特于大业五年（609 年）请他至家，又邀请长安有名的道俗学者六十多人与吉藏一起开辩论会，最终是吉藏取胜。通过这次辩论会，吉藏的声誉就更大了。吉藏在长安讲经，参加听讲的人极多。

唐武德初年，李渊进长安，召请僧界十位知名人士管理佛教事务，吉藏是其中之一。武德六年（623 年）病故，世寿七十有五。在长安时期，他著书立说，完成了创教工作。他的著作有《中论疏》、《十二门论疏》、《百论疏》、《三论玄义》、《大乘玄义》、《二谛论》等。三论疏的问世，标志着他所创立的三论宗思

228

想体系的正式形成。

吉藏创立的三论宗，在隋代可谓盛极一时，但自唐以后，日渐衰微。而他本人，则是受到皇室敬重的人物。他的学说，后来传到了朝鲜和日本，亦曾兴盛一时。

三论宗佛学的基本思想，是依般若、三论为根本，以真俗二谛为纲要，说缘起性空为原理，显无住无得为正宗。正所谓无所得观者，乃观一切法自性不可得，故名无所得。无所得是空义，空也不可得，才是实相真空。

佛教所谓的"二谛"，即世俗谛和真谛。

"世俗谛"指世间凡夫对宇宙万有的认识，说宇宙万有是真实的，是人们认识的对象；"真谛"是指佛教徒对客观对象的看法，认为宇宙万有是空的、假的。

"二谛"思想的提出与《中论》所讲的"因缘所生法，我说即是空；亦为是假名，亦是中道义"有密切关系。正因为"因缘所生法"，所以是"有"、"俗谛"；"我说即是空"，所以是"无"、"真谛"；真谛与俗谛又是不一不异的关系，也就是所谓的真俗不二，体现了"中道"思想。

《百论》中说："众缘所生法，即是无自性；若是无自性，云何有是法？"意思是说，正因为"无自性"，所以万法皆"空"。

智顗大师在《摩诃止观》中说："若一即一切，即是因缘所生法；若一切即一，我说即是空；若非一非一切，即是中道义。"也就是说，不执着于俗谛和真谛，才是诸法的中道实相。

"八不思想"也是三论宗的中心思想。

《三论》称："不生亦不灭，不断亦不常，不一亦不异，不来亦不去。"这是认为世界上的一切宇宙万有，无非都是一些"因缘"产生的假相，对于这些因缘假相进行观察的结果，发现它们都是没有自性的，因而都是空的。既然一切都是空的，自然说不上还有什么生、灭、常、断、一、异、来、去了；既然没有生，自然也无灭，没有生、灭，何论其他？也就是说，在认识万法时不要执着两边，要守住"中道"。

总体来说，三论宗在吉藏生前弘扬甚广，保留了印度佛教大乘中观学说的传统精神，对中国佛教的发展，特别是对禅宗、华严宗、唯识宗等的成立和演变都起了深远的影响。

三、法藏的华严宗

法藏（643—712年）是华严宗的实际创始人。

隋唐五代的佛教宗派，多数由地地道道的中国僧人创立，只有华严宗是由地处丝绸之路上的昭武九姓康国人的后裔、中国籍僧人法藏创立的。

按照传承系统，他被华严宗人尊为华严宗三祖。

华严宗是唐代高僧法藏创立的中国佛教宗派，以阐扬《华严经》而得名。又因为武则天赐号法藏"贤首"，后人称其为"贤首大师"，故又称"贤首宗"。还因为此宗发挥"法界缘起"的旨趣，也称为"法界宗"。

一般认为华严宗的传法世系是杜顺、智俨、法藏、澄观、宗密。对《华严经》的研究，自晋代至梁代，在南方的一些佛教学者中已经开始；南北朝时期，北方学者转而兴盛；隋代在长安南郊终南山至相寺聚集对《华严经》有研究的佛教学者数十人，华严宗的先师杜顺、智正、智俨等，都长期活动在这里，使该地区成为华严宗的发祥地。杜顺将《华严经》放在大乘圆教的最高地位，把《华严经》的主要思想概括为真空观、理事无碍观、周遍含容观等三个方面，后来经过智俨、法藏的发展构成了华严宗著名的"四法界"理论。智俨号"至相大师"、"云华尊者"。他阐发了"六相"、"十玄门"等义理，奠定了华严宗的主要理论基础。

法藏是智俨的弟子，他继承了杜顺、智俨一脉的思想，将华严宗发展为教义完备、信徒众多的一大佛教宗派。

法藏生在长安，祖籍在康居（今乌兹别克斯坦的撒马尔罕一带），故又称康法藏。17岁出家，入终南山听智俨讲《华严经》。后来，他的佛教生涯莫名其妙地和武则天挂上了钩。唐高宗咸亨元年（670年），皇后武则天为刚刚去世的母亲荣国夫人杨氏广树福田、追崇冥福，在长安舍宅为寺，名曰太原寺，命度僧住持，28岁的法藏被推荐受沙弥戒，隶属该寺。

武则天称帝后，命法藏在洛阳佛授记寺讲解新译《华严经》。法藏口中冒出耀眼的白光，片刻腾涌如华盖。

据说，其为武则天讲法时，"地皆震动"，又指殿前金狮子为喻使武则天豁然领解，后整理为《华严金狮子章》。

武则天于是指示十大法师为他授满分戒即具足戒，因《华严经》中有位菩萨叫贤首，就特赐他号贤首。从此，法藏又被称为贤首大师。

法藏还为唐睿宗授菩萨戒，成为皇帝的门师。中宗还曾给他三品大官的奖赏，又给他造五所大华严寺。

法藏通过朝廷的支持，传译经典、著书立说、收徒传法，阐释华严义旨，提出判教主张，最终创立了独具特色的新的佛教宗派。

证圣元年（695年），法藏参加实叉难陀主持的译场，担任笔受，重新翻译《华严经》。圣历二年（699 年）翻译完成，译出八十卷，世称《八十华严》。法藏一生讲经讲法，不遗余力，前后讲新、旧译《华严经》三十余遍。法藏学富五车，著述颇多，除《华严金狮子章》外，还有《华严探玄记》、《华严经旨归》、《华严策林》、《华严五教章》、《华严问答》、《华严义海百门》、《游心法界记》、《文心纲目》等。这一系列的著述，构成了华严宗系统的教观学说，在判教、义理、观行等各方面都作了独特的发挥。

华严宗理论的基本点是：认为物质世界是虚幻的，佛性是实有的；事物现象是假的，本性是真实的。它为了论证佛性是世界的本原，对事物的本质与现象，事物的同一性与差异性，作了论证，提出了"四法界"说，作为其理论核心。首先，它把物质世界说成是"事法界"，法界就是把世界归结为包罗万有的抽象存在。在"事法界"基础上有一个本体世界"理法界"，这也就是佛教所说的此岸世界和彼岸世界。其次又提出了"理事无碍法界"，也就是现象中都包含有本体。最后提出了"事事无碍法界"，这个是说各个事物之间没有差别对立，互相包容。值得一提的是，华严宗的"四法界"说，对后世的宋明理学有很大的影响。

判教学说是华严宗佛学体系的重要组成部分，也是华严宗得以成为独立的佛教宗派的重要标志。为了确立华严宗的思想体系，确立《华严经》在整个佛教经典中的权威地位，法藏在总结前人判教学说的基础上，提出了自己的"五教十宗"说。所谓五教即小乘教、大乘始教、大乘终教、一乘顿教和一乘圆教。然后在这五教基础上，还将一代佛法判为十宗，即我法俱有宗、法有我无宗、法无去来宗、现通假实宗、俗妄真实宗、诸法但名宗、一切皆空宗、真德不空宗、相想俱绝宗、圆明具德宗。这十宗前六宗属于小乘教，后四宗属于大乘佛教。

除了"四法界"说，法界缘起说也是华严宗的基本理论。"六相圆融"和"十玄无碍"是法界缘起说的主要内容。讲的也是现象和本体、现象和现象间是圆融无碍的，"圆融无碍"是观察宇宙、人生的法门，也是认识的最高境界。

法藏的弟子澄观、宗密继续发展华严宗，澄观还曾被唐王朝封为"国师"，并主持全国佛教。从中宗到武宗约一百六十余年，是华严宗最盛行的时期。宗密逝后，随即发生会昌灭佛事件，华严宗受到了沉重打击，寺院被毁，经论失散，佛教转趋衰落。

四、玄奘的唯识宗

唯识宗创立于唐太宗、高宗时期，又称作法相宗、法相唯识宗和慈恩宗，是建立于唐代的第一个佛教宗派。创始人是著名的三藏法师玄奘及其弟子窥基。

玄奘法师（600—664 年）是中国历史上最伟大的人物之一。他不仅是我国佛教学界负有崇高声望的大德，而且是中国古代最优秀的翻译家。

我国古典四大名著《西游记》里的唐僧指的就是他。虽然《西游记》只是以玄奘法师西游行程为背景的神话，而玄奘法师则实有其人，并且是中国历史上沟通中印文化最有贡献的一个人。

玄奘（600—664 年），俗姓陈，名袆，洛州缑氏（今河南偃师缑氏镇）人。他少年出家洛阳净土寺，13 岁破格受度为僧。隋末大乱，出走长安、四川等地，综观国内参学，对佛教典籍多有怀疑，所以发誓西行求法。

玄奘在李唐国势隆盛之日，他孤身西征天竺，求取佛经，当时完全没有交通设施，须绕道遍游数十国，历时十七年，艰苦备尝，终于以百折不挠之精神，完成可说是空前绝后的壮举。

玄奘在印度的那兰陀寺庙学习佛法。那兰陀寺（Nalanda），又称那兰陀大学，是一座古代著名的佛教大学。那兰陀寺大约在公元1世纪就开始兴建，经过笈多王朝6位君王几百年的支持和增建，发展成一所非常完备及庞大的佛教大学。各地学生均慕名而至，所谓"五印度僧，万里云集"。最多时学生有一万多人。并且人才辈出，历届主持由龙树开始，继有无着、世亲、陈那、护法、戒贤、法称等大师，皆是所谓"俊才高学，德重当时"。而在戒贤任主持时，玄奘大师到达那兰陀寺并在该寺留学了15年（一说7年），及后更是名声远播五印度。

根据《大唐大慈恩寺三藏法师传》所记，昔日的那兰陀寺是由九个寺院合并的，九寺一门，范围极大。正所谓："那兰陀寺者，此云施无厌寺，此伽蓝（寺院）南，庵没罗园中有池，池有龙，名那兰陀，傍建伽蓝，故以为号。"

那兰陀寺是天竺佛教最高学府，僧徒中有许多精通医药、天文等各种知识的高僧。那兰陀寺主持戒贤法师为天竺佛学权威，一代高僧。

玄奘来到寺院的那一天，寺院听说东土大唐的高僧来了，组织了一千多人的欢迎队伍，人人手持燃香、鲜花，夹道相迎。玄奘恭敬地参见了戒贤，并拜他为师。

此时戒贤法师已经一百多岁，早已不再讲学，为了表示对远道而来的大唐高僧的友好情谊，破例为玄奘讲学十五个月，寺院也以最高规格接待玄奘。玄奘在那兰陀寺学习五年，听高僧讲解经义，遍览寺院藏经，在佛法方面日益精进，逐渐成为闻名天竺的第一流佛教学者。玄奘并没有骄傲自满，他接下来又漫游印度东部、南部、西部各处，巡游圣迹，访求名师。两年多以后重返那兰陀寺。戒贤法师请他在寺内讲经。

7世纪的时候，天竺戒日王朝盛极一时，戒日王是天竺威望最高的国王，他在都城曲女城举行了一次规模空前的学术辩论会。642年12月，辩论大会开始。到会的有天竺十八个国王、三千名深通经义的高僧，还有那兰陀寺僧徒一千人、婆罗门教和其他各界人士两千多人，再加上随从人员，总计不下万人。赴会时，有的乘象，有的坐车，有的步行，浩浩荡荡，数十里不绝，真是盛况空前。

玄奘被邀请担任论主，也就是主讲人。他在会上宣读了他以梵文写作的论文，大家都被玄奘精辟的论述惊服了。十八天的会期，没有一个人驳倒他的论点。大会结束的那天，戒日王送给他金钱一万、银钱三万、僧衣一百领。按照当地风俗，戒日王请玄奘坐上一头装饰华丽的大象，绕场一周，两旁贵臣护卫，群众欢呼雀跃，学有所成的玄奘受到了天竺人最崇高的称颂和尊敬。

唐太宗贞观十九年春，他自印度留学回来，满载而归地返抵长安京城，受到朝野的热烈欢迎。

玄奘真正不朽之事迹实是翻译佛经。玄奘回国后，主要从事佛经翻译事业。玄奘的译介重点在瑜伽行学派和说一切有部论著。

玄奘西行求法的目的就是要寻回《瑜伽师地论》，以解决当时中国佛教在心性等方面面临的疑难。玄奘在翻译佛经的过程中常常是边讲边译，旁边有人做笔记，并做了注疏。所以实际上是把他的唯识思想传给了在场的辅译人员。这样玄奘通过译事和讲经，为法相唯识宗的发展准备了物质和人才条件。

玄奘的翻译是译经史上的最高成就。他的译笔严谨、质量很高，后人通称为"新译"，实际上是在中国译经史上开辟了一个新纪元。玄奘自己的著作不多，除了为世人所熟知的《大唐西域记》外，其余的著作均不传。他的许多见解散见在他的门徒记述中。《成唯识论》是他糅合唯识十家对《唯识三十颂》的注疏编译而成，可以看做是玄奘思想的代表作，也是慈恩一宗的奠基性论著。

玄奘门下人才济济，其中最著名的是神昉、嘉尚、普光和窥基，有"玄门四神足"之称，而真正继承玄奘唯识宗思想是窥基。

窥基（632—682 年），俗姓尉迟，是唐开国大将军尉迟敬德的侄子，17 岁奉敕成为玄奘弟子。因为常住慈恩寺，世称"慈恩大师"。他著述丰富，有"百部疏主"之称。窥基的《成唯识论述记》为后世唯识学者所推崇。由于玄奘的主要精力都放在译经上，所以组织学说义理的使命就放在了窥基的肩上。唯识宗的规模也是他一手建立并发展起来的。一般认为，唯识宗创于玄奘，成于窥基。

法相唯识宗奉印度大乘有宗，理论渊源是印度瑜伽行派，特别是护法一系的思想。法相宗的基本理论是用逻辑的方法论证外境非有，内识非无，即"唯识无境"说。这是说人的主观精神作用是唯一的真实，我们面前呈现的一切事物和现象即认识对象都是主观精神变化出来的，不能离开人的认识而独立存在。

唯识宗还从五位百法的世界图式论、八识说、三能变、四分说等方面，对唯识无境的思想作了具体阐发。

任何佛教理论，其最终的归宿，都是解脱成佛，唯识宗也不例外。在佛教实践方面，唯识宗从唯识无境的基本观念出发，提出了其独特的人生解脱理论。

如果说"万法唯识"和"唯识无境"的命题是唯识对宇宙本体和根源的总体概括，那么，"三自性说"是唯识宗对世界诸法相状的分析描述和价值判断。

所谓"三自性"具体指遍计所执性、依他起性和圆成实性。三性说是唯识学的核心，是唯识宗对世界的总的解说。它不仅是唯识学派的世界观，同时也是认识论和修行实践论。唯识宗认为，只要不懈修习，转舍遍计所执性，而转得圆成实性，就是解脱。这样就是要重视"转依"即转变思想的认识，以认识上的由迷转悟为修持目的；主张五种性说，改变一切皆有佛性的看法，因而受到了传统儒家及佛教界内部天台宗等的多方责难。另外，玄奘、窥基等对因明的介绍与传播，也有很大的贡献。

由于唯识学思辨性很强，甚至流于晦涩烦琐，又坚持种性说，这于中国传统的人性本善及人人皆可以成为尧舜的观念相冲突，因此，唯识宗在经历了玄奘、窥基的辉煌与兴盛后就急剧衰落了。

五、惠能的禅宗

惠能（638—713 年）是禅宗的实际创始人。

禅宗的形成，是整个佛教史上的大事。它是隋唐时期创立的最具有中国特色的佛教宗派，也是中国佛教宗派中影响最大、传播范围最广、流传时间最长的一个宗派。

所谓"禅"是梵语"禅那"的简称，意为"静虑"、"禅定"。禅宗之所以以"禅"命宗，是因为它以禅概括了佛教的全部修习活动。

中国的禅宗，按照一般传统说法，认为它创于南北朝时期，始祖为印度人菩提达摩。

达摩到三祖僧璨，禅法只在师徒间流传，影响不大，从四祖道信至五祖弘忍期间才形成了比较系统明确的禅法主张和实践形式。

五祖弘忍之后，禅宗的发展出现了一个转折，其座下弟子神秀和惠能分别在南北传法，出现了南北对立的局面，这就是所说的"南能北秀"。后来惠能的南宗逐渐取代神秀的北宗，成为中国禅宗的主流。事实上，禅宗作为一个独立宗派出现，是从唐代开始的，惠能是其实际的创始人。

惠能是唐高宗时期僧人，广东新兴县人。原姓卢，家境贫困；听人讲《金刚般若经》，有所领悟，遂决定投奔弘忍为师。

初入时，惠能见弘忍，弘忍便问他："你是哪里人？来这里求取什么？"惠能回答："弟子世岭南人，来到这里不求其他，只求作佛。"

弘忍说："你是岭南人，哪里能作佛？"

惠能回答："人有南北之分，佛性并无南北之分。"

这话使弘忍感到很吃惊，于是就接受了他作为弟子中的一员。弘忍安排他随众参加劳动，在寺中作劈柴担水等杂活，平时随众听法，虽有领悟，却默默不语。

直到有一天，弘忍召集门下弟子作一首关于"空"的理解的佛偈，惠能才崭露头角。

当时弘忍座下有一名高徒名叫神秀，作偈道："身是菩提树，心如明镜台。时时勤拂拭，勿使有尘埃。"

惠能不同意神秀的看法，于是也作偈曰："菩提本无树，明镜亦非台。本来无一物，何处染尘埃？"

一偈既出，震惊四座。偈子虽短，却显示出了他对佛性的领悟。于是，弘忍决定传衣钵给惠能。

惠能主张"识心见性"和"顿悟成佛"说，宣扬人心是成佛的基础，要求保持内心的清静和觉悟，将禅宗发展成了具有中国特色的佛教宗派。

惠能在南方说法，一时信徒云集。惠能在宝林寺说法三十余年，影响越来越大。武则天、唐中宗曾先后召其入京，均被婉言谢绝。睿宗延和元年（712 年）惠能回新州故乡，住国恩寺，次年圆寂于该寺。

惠能本人并无著作，其弟子法海根据其在大梵寺的讲法内容记录整理而成《坛经》，流传至今，被奉为禅宗宗经。在佛教中，只有佛祖释迦牟尼的说法行为记录能被称做"经"，而一个宗派祖言行录也被称做"经"的，惠能是绝无仅有的一个。

惠能所创立的禅宗，是中国佛教史上的伟大革命，对中唐以后的佛教和宋明理学都产生了广泛而深远的影响。禅宗最终成为了中国佛教宗派中的主流，并流传到了海外，对东亚佛教及整个世界佛教产生了深刻的影响，至今仍延绵不绝。

惠能以后，禅宗经过几代传播，首先在湖南、江西出现了南岳怀让、青原行思两个系统。后来，南岳系又分为沩仰、临济两派；青原系分出曹洞、云门和法眼三派，称为五家。这个时期是禅宗发展的极盛时期，这五大支派将禅宗推广到了极致。到了宋代时期，临济宗又分出黄龙、杨岐二派，合称"五家七宗"。

南岳怀让一派，由于其大体在江西洪州传播，称为江西禅或洪州禅。洪州禅基本继承了惠能的禅学思想，在修行实践上认为生活之中处处皆禅，并多采用呵、打、踢等方式接引学人，禅风为之大变。这种方式在后来的禅宗中盛行起来，并被后来的临济宗所继承。

洪州宗中的百丈怀海禅师所作的《禅门规式》，将既禅且农的寺院经济方式规范化和制度化，是禅宗的重大革新。元代重修了《百丈清规》，成为官方颁布的必行戒条。

青原一派的禅风则与上述大有区别。由行思、希迁发展起来，在惠能禅法的基础上，大胆吸收诸宗思想，显出温和雅致的"学者禅"、"文化禅"风貌。

后来禅宗形成的各种派别都可以从他们的思想中找到根据。

沩仰宗是禅宗五家中成立最早的一家。因为此宗的开创者灵祐禅师和他的弟子慧寂禅师分别住在潭州沩山（今湖南宁乡西）和袁州大仰山（今江西宜春南），后世便称之为沩仰宗。中国禅宗至此进入了分灯时代。沩仰宗的禅法风格较为杂乱，但基本继承了前人的宗风。这一家于宋初即告衰落。

临济宗的祖师是洪州禅系的希运禅师，实际创始人为希运弟子义玄。该宗"以喝、打为化门"。这种打喝方式是临济禅的突出特点。在打喝之外，还有为世人所惊叹的"喝佛骂祖"，具体表现为毁佛毁祖、杀父杀母以及对传统佛教经典的排斥。临济宗的家风，机用峻烈，自古有"临济将军，曹洞土民"之称，意谓临济宗似指挥百万师旅之将军，如以铁锤击石，现火光闪闪之机用。总起来讲，临济宗接人的方法，单刀直入，机锋峻烈，对学人剿情绝见，使其省悟。此宗成为禅宗五家中流传最广最长的一派，是同它所具备的这些特点分不开的。这种打骂之风后来愈演愈烈，使其广泛传播，有"临济遍天下"之称。

曹洞宗的创始人是洞山良价和曹山本寂。曹洞宗自良价创始，到本寂大振，甚至流传到新罗、日本。

240

禅宗五家自宋代以后，只有曹洞、临济并存，有"临天下，曹一角"之说。

曹洞宗主要讨论事理关系。曹洞宗的家风为"究心地"，即叮咛绵密。《十规论》说敲唱为用，即师徒常相交接，以回互不回互之妙用，使弟子悟本性真面目，是极其亲切之手段，可称绵密。"曹洞土民"之说，意谓曹洞接化学人，似是精耕细作田土的农夫，绵密回互，妙用亲切，这也是曹洞宗接化学人的一种特色。

云门宗的创始人是文偃禅师，因为其长期居住在韶州云门山（今广东乳源县北）的光泰禅院而得名。文偃禅法以"云门三句"、"一字关"、"顾、鉴、咦"而著称。其中的"云门三句"是指"涵盖乾坤"、"截断众流"和"随波逐浪"；"一字关"是文偃对学人的提问，经常用一个字来回答。"顾、鉴、咦"是文偃用来接引学人的方法，禅学者认为此三字是云门宗旨，要深入参究才能体会。总起来说，此宗家风，孤危险峻，简洁明快。其接化学人，不用多语饶舌，于片言只句之间，超脱意言，不留情见。云门宗的传播时间不长，到元代就衰落了。

法眼宗的创始者是师备的弟子桂琛，以及其弟子文益，在南唐、吴越时得到了很大发展，成为五代末影响最大的禅系。文益死后，谥号"大法眼禅师"，所以后世称此法系为法眼宗。法眼宗的禅学建立在唯识宗"万法唯识"和华严宗"理事圆融"的基础上。它的宗风，简明处似云门，稳密处类曹洞。法眼宗是禅宗五家中最晚成立的一家。法眼宗在宋初极其昌盛，到宋代中叶就已失传了。

入宋之后，临济宗仍是最为活跃的一系。仁宗时禅师善昭在士大夫中开辟了新的扩展道路。其弟子楚圆在南方拓展了新的活动范围，后来楚圆的弟子黄龙慧南在江西南昌黄龙山建立了黄龙派，黄龙派的兴起到衰竭，只一百多年而已。另一弟子杨岐方会在袁州杨岐山（江西萍乡县北）开创了杨岐派，杨歧的根本思想是临济正宗，重在"一切现成"。他兼具临济、云门两家的风格，有百丈怀海、黄檗希运之长，又得马祖的大机大用。杨歧派后期恢复了临济旧称，所以临济后期的历史，也就是杨歧派的历史。此派禅法，在宋元两代传入日本，在日本镰仓时代禅宗二十四派中，有二十派皆出于杨歧法系。他们各立门户，发扬临济宗风，最终使禅宗形成了"五家七宗"的格局。

这一时期，禅宗的社会地位表现在对士大夫阶层的影响越来越大，许多儒家学者也受到了禅宗的影响。后来，宋明理学从其中吸取了诸多营养，禅宗自身的发展反而枯竭了。

六、道宣的律宗

律宗，是中国佛教中以研究和传持戒律为主的一个宗派。它是根据小乘法藏部并加以大乘教义的阐释而形成的宗派。

它的正式建宗是在唐代，因专事宣扬佛教戒律中的"四分律"又称"四分律宗"。还因为创宗者道宣居终南山，创立戒坛，制定中国佛教的仪理制度，而名为"南山宗"、"南山律宗"。

律，就是戒律。从教义上说，戒律是戒、定、慧三学之首。对于佛教来说，戒律是颇为重要的。因为佛教除了用它的理论去向信奉者进行宣传外，还要用众多的戒条去约束他们的行动。

自从原始佛教以来，戒律作为维护佛教僧团的重要规则而备受重视。我国东晋以来，印度小乘部派佛教的四部广律在我国广泛流传。

南北朝时期就出现了专门讲律学的律师。到了唐代，国家统一，佛教内部也需要实行统一的戒律加强组织，在这种情况下道宣创立了律宗。

道宣（596—667 年），俗姓钱，吴兴（今浙江湖州人），一说丹徒（今属江苏）人。与隐居终南山的医学家孙思邈结林下之交；又曾参加玄奘的译经活动，受唯识宗的影响。他是唐代著名的佛教史传学者，在中国佛教史上是很有影响的一个人物。

道宣的主要著作有以下几部：《广弘明集》三十卷；《续高僧传》三十卷；《集古今佛道论衡》四卷；《大唐内典录》十卷。在前三部书里，收集了相当丰富的历史资料。这些资料不仅对于研究中国佛教史来说，是相当重要的；而且，对于研究我国唐高宗以前中古时期的思想史、文化史来说，也是相当重要的。

道宣在他的著作《四分律删繁补阙行事钞》三卷（今作十二卷）中阐述他为律学开宗的创见；又撰写《四分律拾皮毗尼义钞》三卷（今作六卷）。后又撰《四分律删补随机羯磨》一卷，《四分律删补随机羯磨疏》二卷，随后又撰《四分律比丘含注戒本疏》三卷。贞观十六年（642 年），入终南山丰德寺著《四分比丘尼钞》三卷（今作六卷）。后即长住此山，创设戒坛，制定佛教受戒仪式，从而正式形成宗派。

道宣把戒分为止戒、作持两门："止戒"是"诸恶莫做"的意思，规定比丘 250 戒、比丘尼 384 戒；"作持"是"诸善奉行"的意思，包括受戒、说戒和衣食坐卧的种种规定。他说《四分律》从形式上看属于小乘，从内容上看当属大乘。道宣门下弟子道岸又请唐中宗墨敕，使最后奉持《十诵律》的江淮地区改奉南山的《四分律》。这样全国佛教的戒律就基本上趋于统一了。

律宗的教理分为戒法、戒体、戒行、戒相四个方面。

戒法泛指佛教的各种戒律，是通往解脱的重要途径。

戒体是指弟子从师受戒时所发生而领受在自心的法体，也就是通过戒受戒律的行为在受戒者心理上产生的一种防非止恶的功能。戒体论是律宗的主要学说。

戒行指奉持戒律的实践，又分受戒、随戒二种。

戒相是戒的相状，指持戒人所表现的与众不同的威仪相状，一般指模范地遵守戒律的相状。

道宣的弟子众多，道宣之后，继承其法系的是周秀。周秀之后，依次传道恒、省躬、慧正、玄畅、元表、守信、元解、法荣、处元、择悟等。恒景师从道宣弟子文纲，其弟子鉴真曾排除万难东渡日本，开日本佛教史正规传戒之先河，被称为日本佛教律宗初祖，为日本佛教发展和中日文化交流作出了重大贡献。

七、善导的净土宗

净土宗是建立于唐代的宗派，专修往生阿弥陀佛净土法门，故名。此宗奉东晋庐山慧远为初祖，因慧远曾与人结立"白莲社"，发愿往生西方净土，所以，净土宗又名"莲宗"。

实际上其立宗的端绪应上溯到北魏时期的昙鸾（477—543年）。昙鸾在山西玄中寺提倡净土法门，对弥陀净土教义作了系统的阐述，初步建立起净土宗的理论体系，为后来净土宗的创立奠定了基础。昙鸾认为一心念"南无阿弥陀佛"名号，临终即可往生净土。唐代道绰（562—645年），在玄中寺见记载昙鸾事迹的碑文而受到启发，专心修习净土法门，每日口诵"南无阿弥陀佛"，大力提倡凭借阿弥陀佛往生西方极乐世界的净土法门是唯一的出离之路。

净土宗的真正创始者是道绰的弟子善导。善导（613—681年），临淄人，唐太宗贞观年间随道绰学净土，后入长安光明寺，传净土法门，他组成了完备的净土宗的宗仪和行仪，正式创立净土宗。高宗听人们说，善导生前念佛能"出口佛光"，于是就下敕把善导生前在终南山所住的寺院改名为光明寺。善导著有《观无量寿佛经疏》四卷（一般称为《观经四帖疏》）、《法事赞》二卷、《观念佛法门》一卷等。在这些著作中，善导系统地阐述了净土的教相教义及其礼仪规则，建立了较为完备的净土思想体系。

净土宗的典据是三经一论，即《无量寿经》、《观无量寿经》、《阿弥陀经》和世亲《往生论》。其中《阿弥陀经》以其文字简短、容易背诵而被广泛流传，净土宗就是随着这部经的传播而日益扩大其影响的。净土宗以阿弥陀佛所在的西方极乐世界为佛教修持的理想境界。怎样才能进入如此美好的世界呢？

善导认为，要实现这一目标，必须以修行者的念佛行业为内因，以阿弥陀佛的愿力为外缘，内外配合，即可往生极乐世界。

善导还认为，要实现往生净土的宗教理想，必须有虔诚的信仰。

在修行方法上，善导特别提倡称名念佛。净土宗的实践修行法门主要是念佛。

念佛的方法主要有四种：①专诵阿弥陀佛的名号，称为持名念佛，或口称念佛；②观念佛的塑像与画像，称为观像念佛；③观想佛的美妙相貌，称为观想念佛；④在禅定状态下谛观佛的法身，即体悟诸法实相，称为实相念佛。其中，由昙鸾、道绰倡导的持名念佛，由于善导的大力提倡，以其简便实用的特点，而备受广大信徒的喜爱，成为最广泛、最有影响的修行方法。

善导关于佛教修持的理论，最具特色的是对"正行"、"杂行"的划分。"正行"是指依照净土经典所从事的一切修行活动。具体又可以分为五种：①读诵正行，指专读诵净土宗所依的《无量寿经》、《观无量寿经》和《阿弥陀经》；②观察正行，指专思想、观察、忆念弥陀净土正、依二报的庄严；③礼拜正行，指一心专礼弥陀一佛；④称名正行，指一心专称阿弥陀佛的名号；⑤赞叹供养正行，指一心专赞叹、供养弥陀一佛。除此之外的一切修行，皆为杂行。善导的净土法门，就是要舍杂行，归正行，要求信徒舍弃别教，皈依净土。

净土宗创立前，隋唐佛教各宗派，或由于唯心主义理论比较深奥，或由于仪轨极端繁杂，因此较多地流行于宫廷和上层知识分子之间，而净土宗理论简单，法门简易，更适合于在民众中传播，所以在统治阶级的支持下普遍地流行起来。而且净土宗认为世俗之中，没有凡圣，都是凡夫。这样所有人在往生净土方面都处于"世俗凡夫"这同一起跑线上，对广大的中下层民众具有很大的吸引力。善导劝人及早念佛的偈子在民间流传甚广，文曰：

渐渐鸡皮鹤发，看看行步龙钟；
假饶金玉满堂，难免衰残老病。
任你千般快乐，无常终是到来；
唯有径路修行，但念阿弥陀佛。

善导之后，净土宗一直盛行不衰。唐代有怀感、少康、慧日、承远、法照等继续弘扬。五代末，法眼宗曾倡导禅净兼修。宋初以后，禅宗、天台宗、律宗等多兼弘净土，净土信仰盛极一时。

净土宗在日本等地的影响也很大。它是与禅宗一起至今仍在流传的宗派。民国以后，著名的印光大师主张净土法门为佛陀出世的本怀，致力于社会救济事业，各地僧俗渐次兴起结社念佛的风气。今日台湾佛教，不论禅寺、律寺，乃至显教、密教，都普遍借念佛法门来引导信徒修持。这是由于称名念佛简单易行，因此能普及于一般社会大众，形成近代以来中国佛教的一大主流。以念佛法门为中心的念佛会、莲社、居士林等，相继成立，呈现了佛教各宗并容，多彩多姿的面貌。

八、"开元三大士"的密宗

密宗，又称密教、秘密教、瑜伽密教、真言宗等，是指唐玄宗时期由"开元三大士"——善无畏、金刚智和不空等开创和传播的中国佛教宗派。

密宗因为自称受法身佛大日如来深奥秘密宗旨的传授和真实言教，而真言奥秘不经灌顶是不得任意传习及显示别人的，故名。密宗是用咒语作为修习方便为特征的宗派。

密教原是印度7世纪以来大乘佛教部分派别与婆罗门教——印度教相结合的产物，因当时中印交通发达，很快便传入我国。但在中国佛教史上真正发挥作用并形成一个宗派的，乃是把密教正式引进朝廷殿堂的"开元三大士"。

唐玄宗开元四年（716年），中天竺人善无畏带来传承印度密教胎藏界密法的《大日经》，与弟子一行译出；开元八年（720年），金刚智及其弟子不空传入《金刚顶经》，由不空译出，开始传习印度密教金刚界密法。后来，传习这两种密法的善无畏、金刚智经过彼此互相传授，融合充实，在中国创立了密宗。

善无畏是真言密教的代表，他所传的真言密教，事理兼备，三密并用，有属于自己的较为完整的教义体系和密法体系，从而使密宗发展成为独立的佛教宗派。

所谓的胎藏密法，又称胎藏界，认为众生本具菩提净心，含藏着成佛的种子，犹如胚胎精卵体、莲花种子，早就具有长成人体、莲花的因素。因此所谓胎藏界密法就是指众生开发自己的菩提净心、渐趋佛果的方法，是自心自证、自心自觉的途径和条件。

金刚智学兼空有，而以瑜伽唯识见长。他所弘传的主要是金刚界密法，所译经典以瑜伽为主，亦有少量的持明和陀罗尼密典。《金刚顶瑜伽中略出念诵法》四卷是他所传译的经典，主要内容是金刚界大曼荼罗和五相成身观，所传密法就是金刚界密法。所谓金刚界，指在瑜伽中以金刚智成就如来法身。

"开元三大士"中，活动能力最强、影响地域最广的是不空。

不空，法名智藏，所以又称不空智。原籍北天竺，幼失双亲，后师事金刚智。金刚智开始以梵本《悉昙章》和《声明论》来启导，不到十天，不空就把两部通彻读完了，老师已看到不空和一般人不同，就给他授了菩萨戒。

不久，不空随师父到大唐。不空 20 岁时，在洛阳广福寺受具足戒，会异国书面语和口语，常随师金刚智共同译经。

不空出类超群，学《声明论》，一般需十二年，他只用了半年；诵《文殊普贤行愿》，需一年工夫，他只用了两个晚上，可见他的悟性超人。

唐代宗时，他以大兴善寺为中心，传法译经，建造寺院，广开道场，度僧授戒，壮大了密宗的势力，提高了密宗的地位，使密宗的影响达到了前所未有的程度。

从唐玄宗天宝五年至代宗九年，共译出佛典一百余部，其中《金刚顶一切如来真实摄大乘现证大教王经》（即《金刚顶经》）是密教立宗所依据的主要经典，对密宗的建立有重要影响。

不空晚年，在五台山让弟子建造五处寺院，又在太原置文殊院，这些寺院成为密教盛传之地，并不断深入社会基层。经不空的弘传，密教遂为唐代佛教八大宗派之一。佛教史家称不空为密教三大创始人之一，而僧传则列善无畏为密教的创立人，金刚智为始祖，不空为二祖。

在密宗的创始人物中，除了"开元三大士"外，还有中国僧人一行和慧果。一行是我国历史上一位卓越的天文、历法学家，不仅协助善无畏翻译《大日经》，而且还撰有《大日经疏》二十卷，成为中国密宗的重要著述。慧果19岁从不空守灌顶，是继不空之后，大弘密宗的大师。

密宗是佛梵合一的产物。从世界观来说，密宗又是佛教的杂家。它认为世界万物、佛和众生都由地、水、火、风、空、识"六大"所造。前五大为"色法"，属胎藏界，是本来具有的觉悟，但隐藏在烦恼中而不显；识为"心法"，属金刚界，与胎藏界不同，任何法都不能破坏它，而它却摧毁一切烦恼，故名。

众生修持密法如能达到身、口、意三密相应，就能使自己身、口、意"三业"清净，而与佛的身、口、意相应，就可以即身成佛了。由于密宗修习三密相应（瑜伽），所以名"瑜伽密教"。

密宗的一大重要法门是曼陀罗灌顶，所谓灌顶是一种庄严仪式，主要在表征诸佛给予了护念加持。

总而言之，密宗的仪轨极其复杂，需要导师秘密传授。这样便具有了浓厚的神秘色彩，而为当时的唐王朝统治者所特别爱好，一时形成了王公贵族纷纷信奉密宗的风尚。但是也正由于它的复杂及与传统的伦理思想发生了抵触，所以在中唐以后，便开始衰落了。这是指汉地而言，至于在西藏地区的密教却极为盛行，发展成了喇嘛教。

九、信行的三阶教

三阶教，又名三阶宗、第三阶宗、三阶佛法，因其主张佛教分为三阶，故名；又因其主张信奉一切佛法，也称"普法宗"。它是产生于南北朝末期，于隋代兴起的一个佛教宗派。

三阶教的创始者是隋代僧人信行（540—594 年）。信行，俗姓王，魏郡（今河南安阳）人。生于梁武帝大同六年，17 岁时，信行在相州（今安阳）法藏寺出家，后受大戒。出家后，在相州法藏寺、光严寺刻苦修学。他博览佛教经典，对佛法具有自己的独特看法。与先前的高僧大德解行不同，他不坐禅，不讲诵，也不念佛求净土，这与当时的禅、教、净都不一样。

信行以普度众生为理想，反对独善其身。他感到比丘的生活方式远离众生，不利于普度众生，于是在开皇三年（583 年），放弃了遵守比丘戒，但并未还俗，实践《法华经》中的"常不轻菩萨"行。

常不轻菩萨坚信人人都能成佛，不可轻视，所以逢人即拜，普敬一切众生；遇人便说："我不敢轻视汝等，汝等皆当作佛。"信行对常不轻菩萨的言行深以为是，决心效仿。

他十天吃一顿饭，食物来源由自己乞讨。在路上行走，不论遇到谁，不分男女，信行都加以礼拜，曰"普敬"。这样他的名声不断扩大，远近都有高僧来诘问他："你究竟是行的什么法？"信行直言相告："是'三阶之法'。"

信行白天苦行普敬普拜，晚上习《法华经》等大乘经典。他发愿为众生亲服劳役，解决众生的现实疾苦，在下层贫困群众中产生了广泛的影响，为其弘扬三阶教建立了群众基础。

隋开皇初（约581年），被召入京，建立"三阶道场"，宣扬三阶教。由于得到统治者的支持，在短短的十年间，京师长安出现了五所三阶寺院，即化度（真寂）寺、光明寺、慈门寺、慧日寺、弘善寺。其他寺院亦多有习其仪礼、学其乞食者。

信行晚年病得很重，请人把佛像移至房内，躺在床上一直观佛至终。

死后，棺柩放在树林中，舍身血肉，被鸟吃尽尸体，真叫谓生施死亦施。最终其遗体葬于终南山，并建塔立碑。后来的三阶教徒如本济、僧邕等死后都附葬在信行墓塔的周围，以至于寺塔林立，有"百塔"之称。

信行以其所著《三阶佛法》为主要经典，把全部佛教按"时"、"处"（所依世界）、"机"（根机，指人）分为三个历史阶段。每个阶段又分为三阶：第一阶是正法时期，"处"是净土佛国，只有佛、菩萨修持大乘佛法；第二阶是像法时期，"处"是秽土，众生是凡圣混杂，流行大小乘（三乘）佛法；第三阶是释迦牟尼死后一千年的末法时期，"处"也是秽土，众生是"邪解邪行"。信行认为当时已进入末法时期，众生不应满足于只念一佛、诵一经，而应普归一切佛，即"普佛"；普信一切佛法，即"普法"。信行宣传归依"普佛"、"普法"，为末法众生得救的唯一法门。

三阶教在行持方面，倡导以苦行忍辱为宗旨，乞食一日一餐，反对偶像崇拜；不主张念阿弥陀佛，认为一切众生都是真佛，所以"普敬"；死后实行"林葬"，即将尸体置于森林，供鸟食用；还经营"无尽藏"（储蓄信施之款），劝信徒施舍钱粮由寺院库藏，然后布施或借贷给贫苦信徒，也供修缮寺塔之用。这样也就建立了本派独立的经济基础。

据传信行的门下有三百余人，跟随信行二十多年，是三阶教的主要力量。其中，有史料记载的只有本济、僧邕、慧了、慧如、裴玄证等人。但自从信行死后，三阶教遭到多次重大打击。三阶教"普敬"的提倡和"无尽藏"的经营，从精神和物质两个方面力图摆脱北魏以来所认为的末法的危机。然而由于其拥有的强大经济实力，并以此影响下层群众的做法使得统治阶层感到不安。

开皇二十年（600 年），隋文帝对三阶教下了"禁断不听传行"的禁令。到了唐代的时候，更是加以禁止，断绝了三阶教的经济来源，彻底摧毁了三阶教的物质基础。同时，三阶教也受到了佛教界内部的激烈批判。后来的唯识宗、净土宗对其多有批判。会昌法难后三阶教逐渐衰微，终至绝响。

第三节　唐代的佛教与道教的关系

自从佛教进入中国，儒、释、道三教就竞争不绝；数百年来，时而对立，时而融合，呈现出多元和合的历史局面。

一、傅奕的排佛与法琳的抗争

唐高祖、太宗时期，太史令傅奕曾两次上疏请求罢除佛教，一些道士也对佛教多有抗衡之处。但当时佛教势力也很大，不止一次地在盛唐时期要求召开"御前会议"，挑战道教，要和道教辩论，拼出个青红皂白。

以济法寺法琳为代表的佛教徒多方申辩，与道教相抗。

法琳著《破邪论》引道士破国倾家之事例批判道教。

法琳的弟子李师政著《内德经》，反驳傅奕之说。

同时，道士李仲卿著《十异九迷论》，刘进喜著《显正论》，响应傅奕，贬斥佛教。

法琳又作《辩正论》予以反击。

佛道二教之间的争论在初唐即已经激烈，在当时引起了社会的广泛注意，也直接影响到统治者对佛道二教的态度。

二、唐代帝王的宗教政策

唐高祖谈到三教时曾说："老教、孔教，此土之基；释教后兴，宜崇客礼。"前面曾谈到佛教寺院有免役、免赋税的特权，就是因为唐王朝以客礼相待的缘故。

但是，唐高祖也说："今可先老，次孔，末后释宗。"

贞观年间，唐太宗李世民也认为如此。

唐初"道先佛后"的宗教政策基本确立。其间各寺院名僧多有抗争，结果多以被流放而告终。此时，道教的地位得到了提高。

随着社会形势的变化，唐王朝的态度有所改变。玄奘法师归国后，唐太宗以礼相待就是明证。武周时期采取的举佛抑道政策使得佛教的地位升到道教之上。

佛道二教的争论贯穿于整个唐王朝的宫廷争斗之间。

到了唐高宗，再开御前会议，佛、道再进行激辩，道教辩不过。于是皇帝有这样的指令："搜天下《化胡经》焚弃，不在道经之列。"

到了中宗时代，佛教再度告御状，要求彻底执行。于是朝廷再度明令禁止，把《化胡经》列为国家永禁之书。政府的理由是："这本书不是老子自己的著作，而老子的《道德经》把该讲的多都讲了，没有了《化胡经》这本书，也没有什么亏损。倒不如把它禁了，省去许多麻烦。"

实际上，《化胡经》还在继续流传。不仅如此，还由当初的一卷逐渐繁衍增加为十卷，反而成为一部巨著。不仅内容强化，而且成为道士的必修经典。

除了《化胡经》本身增修了内容，同时还有一些有关的新书出现，如《老子开天经》、《出塞纪》、《玄妙篇》等，广传天下，真是越打越强，越禁越多，把佛教人士弄得非常恼火。可见当时的佛道之争异常激烈。

三、唐代佛道之争的理论焦点

儒家与佛教的争论主要是围绕着佛教徒出家、剃发、住庙等，对中国传统的纲常名教发出了挑战。例如关于沙门是否拜君父的问题。在儒家看来，沙门不拜君王和父母是违背三纲五常的。

关于这个问题在唐代之前就早有争议，在唐代仍然继续。

高宗曾经下令僧尼礼拜君王父母，引起了佛教徒的强烈反对，长安僧侣二百余人上表申诉，许多贵族大臣也纷纷上疏。

佛教僧徒认为依照佛教经典的说法，出家人不礼拜君王父母。

佛教入中国后，历代帝王均遵行这一特殊礼仪。

如果沙门跪拜君王父母，将会使僧侣为人所不敬，最终导致佛教的灭亡。

后来经过多次的抗争，唐高宗下诏准许这一特例。

但到开元年间，唐玄宗也曾多次下令僧尼道士女冠致拜父母。

在名士大臣当中，反佛大有其人，影响大的是唐宪宗时的韩愈。

韩愈认为佛教寺院占据农田，侵蚀国家财力；逃避赋税，游手好闲；剃度出家，破坏礼教；佛教与天下的衰败有很大关系。

韩愈的辟佛虽然最终导致其被贬，但是他的言辞之激烈，态度之坚定，给后世留下了很大影响。

总而言之，虽然反佛的声音不曾间断过，但是佛教依然在不断地发展着。唐代采取的三教折中的态度，一定程度上缓解了三教的矛盾和斗争。安史之乱后，三教逐渐走向了合流。

四、唐武宗灭佛

唐武宗李炎（841—846 年在位）是继唐玄宗李隆基之后的又一个道教的狂热信奉者。他相信道教成仙不死的说法，宠信道士赵归真，拜他为师，学习神仙术。

后来，唐武宗又把罗浮山道士邓元起请到宫中，为他修建望仙楼、望仙台和灵符应圣院，建筑奢侈豪华，表明唐武宗对道教的狂热信仰。

唐武宗厌恶佛教。会昌四年（844 年），他听信赵归真之言，毁坏寺院，派遣御史监督；寺院中的财物、田产全部没收充公，拆下来的建筑材料用以修葺官署和驿站，铜像、钟磬熔化铸钱；然后下诏陈述佛教的弊端。

灭佛后的情景是："天下所毁寺四千六百余区，归俗僧尼二十六万五百人。"又下诏规定东都洛阳只留僧人二十名，诸道留二十人者减其半，留十人者减三人，留五人者更不留。

当时，五台山的僧人大都逃往幽州。宰相李德裕命令封锁居庸关，卢龙节度使张仲武将两把刀送到居庸关，并说："有游僧入境则斩之！"主客郎中韦博认为此事不宜操之过急，李德裕十分生气，将其贬为灵武节度副使。这是唐代开国以来对佛教最大的一次打击。佛教从此便一蹶不振。

武宗灭佛，固然与道士赵归真等人向武宗进言排佛有关，然而，其更重要的原因乃在于强大的寺院经济冲击了唐王朝的财政收入。武宗想通过灭佛实现富国强兵的目的，但却迷信道教，不久就因为服食道士烧炼的丹药中毒而死。

唐后期，爆发了王仙芝、黄巢领导的农民起义，唐僖宗仍大搞崇道活动，希望老君显灵，但已无济于事了。僖宗之后十余年，唐朝就灭亡了。

第四节　佛教传入西藏

7世纪中叶佛教初传入西藏，此时正值松赞干布（约617—650年）时代。

一、松赞干布对佛教的贡献

松赞干布统一了青藏高原诸部，以拉萨为中心，建立了强大的吐蕃王朝，加强了同周边国家和地区的联系与合作，并注意学习和吸取其他民族的文明。

松赞干布同尼泊尔联姻，传说从尼泊尔去的赤尊公主带去了弥勒菩萨像等。

641 年与唐联姻，文成公主入藏，带去了佛像以及工匠。为供奉这些佛像，赤尊公主建立了大昭寺，文成公主建立了小昭寺，松赞干布也在拉萨建造了四边寺等十二寺。佛典的翻译工作也在这一时期开始进行。

但是此时佛教受到了西藏传统宗教——苯教的强烈抵制。

松赞干布死后，信仰苯教的贵族极力压制佛教。

二、赤德祖赞与赤松德赞对佛教的贡献

赤德祖赞继任后，娶大唐金城公主入藏，才继续采取提倡佛教的政策。

赤德祖赞去世后，赤松德赞年幼，贵族们趁机发动了藏族历史上的第一次禁佛运动，僧人被驱，寺院遭毁。

赤松德赞成年后，废除了禁佛令，并派使者去印度学习佛典和梵语，并请印度僧人静命（寂护）和莲花生大师入藏宣扬教理。

静命是印度瑜伽中观学派的创始人，他的学说较为烦琐，对于寺院佛学尚未起步的吐蕃来说，不易接受。后来传说他向赤松德赞建议迎请莲花生。

莲花生是邬仗国密教的大师，莲花生入藏对藏传佛教的建立起了至关重要的作用。他成功地利用密教战胜了苯教，从此许多印度的密咒大师接踵而来，由"开元三大士"所创的密宗在唐王朝两京和西域的军民中传播，其崇奉到达高潮，这也对吐蕃产生了重大影响。

从这时起，开始有西藏人出家受戒和建立僧伽制度，又广译经论，致使佛教在西藏初具规模。

766 年，在赤松德赞支持下建立起了西藏第一座正规寺院——

257

桑耶寺。

至此，佛教基本压倒苯教而占据了统治地位。其时也有汉地禅宗传入西藏，但是由于禅宗那种放浪形骸、任运自如的风格在西藏没有足以发展的土壤，所以没有发展下来。

赤松德赞去世后，牟尼赞普和赤德松赞先后继位，佛教持续发展。在藏族历史中，赤祖德赞与松赞干布、赤松德赞一起，被称为"三大法王"，他们都对佛教在西藏的传播起了积极的推动作用。

至赤祖德赞（815—836 在位），王室兴佛达到顶点。僧人参加吐蕃政治，大小朝政都由佛教上层人物决定。行政制度也以佛教经律为准则。还规定了七户百姓供养一个僧人的政策，对于侮慢"佛、法、僧"三宝的人处以重刑。

三、达摩灭佛

后由于赤祖德赞极度崇佛引起苯教势力不满，836 年苯教贵族发动政变，拥立达摩上台，达摩在位时期大事灭佛，这是吐蕃历史上的第二次禁佛运动，寺院被封闭，佛经被毁烧，僧人被杀或流放还俗，这次禁佛运动持续时间不长，但是对佛教的打击却非常大，在此后的百年左右，没有起色。尤其是显宗受到了沉重打击，密宗由于采取秘密单传而流传了下来。西藏佛教史籍称之为"灭法期"或"黑暗期"。总的说来，从松赞干布时佛教初传到达摩时期的"达摩灭佛"，是西藏佛教史上的前弘期。

四、后弘期的格鲁派

978 年，佛教从多康传回卫藏地区，后来又从阿里传入卫藏，在西藏重新得到发展，这被称为西藏佛教后弘期的开始。此后，许多显密兼通的印度高僧到西藏传法译经，印度密教无上瑜伽部的经典被大量译为藏文。同时，也有大量的西藏僧人到印度、尼泊尔学习，返藏后也从事经典翻译工作。由于传承的不同以及得到不同的封建领主的支持，后弘期的藏传佛教形成了许多的派别。其中最早形成的是宁玛派，其次是噶举派、萨迦派等，形成较晚、影响也最为深远的是格鲁派。

格鲁派（黄教）中的"格鲁"一词汉语意译为善规，指该派倡导僧人应严守戒律。又因该派认为其教理源于噶当派，故称新噶当派。格鲁派既具有鲜明的特点，又有严密的管理制度，因而很快后来居上，成为藏传佛教的重要派别之一。

该派奉宗喀巴大师（1357—1419 年）为祖师。宗喀巴于 1402 年和 1406 年分别写成《菩提道次第广论》和《密宗道次第广论》，为创立格鲁派奠定了理论基础。北京的雍和宫里面有宗喀巴大师的塑像，供人们瞻仰朝拜。

现在广为人知的是达赖喇嘛和班禅额尔德尼两大活佛转世系统，属于黄教，即格鲁派的转世系统。

15 世纪初，宗喀巴对佛教进行了改革，使得黄教广泛与各个地方封建势力建立联系，所以在整个西藏上层的支持下，黄教迅速发展。

在西藏、青海、内蒙古、甘肃、北京等地区的喇嘛寺院里，都有宗喀巴塑像，有的是泥塑涂金，有的是以钢铸成。

宗喀巴本名罗桑扎巴，这是受沙弥戒时的名称。青海湟中县人，元顺帝至正十七年（1357 年）10 月 10 日，生于宗喀的一个佛教家庭，父亲和母亲都是很虔诚的佛教徒；卒于明代永乐十七年（1419年）10月25日，享年63岁。因藏语称湟中（今塔尔寺所在地一带）为"宗喀"，故被尊称为宗喀巴。

宗喀巴三岁时，法王迦玛巴游戏金刚给他赐号庆喜藏。这一年，附近有位名喇嘛敦珠仁钦，施舍给他父亲好多马羊等财物，请求把这小孩送给他，得到应允。从此直至入藏以前，他依止敦珠仁钦，学了很多经论，并且受了密教的灌顶，他的密号叫不空金刚。7岁时，依敦珠仁钦受沙弥戒。

他16岁时（1372年）辞别敦珠仁钦前往西藏。17岁到达拉萨听受大乘教法，几年之内学习了好多显密经论。宗喀巴的平生，在学问修持各方面都具有很高的造诣。对于教理，他总结大小乘、显密一切教诫理论，而自成一家之言。他所创的格鲁派至今为我国藏地第一大教派。藏语系统的佛教徒，大多崇奉他为教主。

宗喀巴

当时黄教中经济实力最雄厚的拉萨哲蚌寺在法台根敦嘉错死后，找来年仅3岁的索南嘉错，作为根敦嘉错的转世灵童，继承他的首领之位。这是黄教采取活佛转世系统的开始。

1409 年正月，宗喀巴在拉萨大昭寺首次举行祈愿大法会，同年又在拉萨东北兴建甘丹寺，并自任住持，这是格鲁派正式形成的标志。

后来，该派势力逐步扩大，修建了以哲蚌寺、色拉寺、札什伦布等寺为代表的寺院。活佛转世制度的采用是格鲁派走向兴盛的转折点。

清代格鲁派形成达赖、班禅、章嘉活佛（内蒙古）、哲布尊丹巴（外蒙古）四大活佛转世系统。

清代以来，格鲁派寺院有了很大发展，除拉萨三大寺外，扎什伦布寺、昌都寺，青海塔尔寺、隆务寺、佑宁寺，甘肃拉卜楞寺、卓尼寺，四川格尔底寺、甘孜寺，云南中甸的格丹松赞林寺，北京雍和宫等也都是格鲁派的著名大寺院。

格鲁派寺院组织严密。较大的寺院一般分寺院、扎仓、康村三级，而且各有管理组织，执事人员实行任期制，各司其职，重要事务则会商决定；学经制度健全，有系统的佛教教育体系和学位制度，规定显密并重，先显后密，注重戒、定、慧三学并习的学经程序。

格鲁派寺院还重视文法、修辞、工巧、医药、历算等学科，对藏族思想文化的发展起过重要的作用。

总之，格鲁派兼具西藏各派教义之长，具有系统化和规范化的特点。格鲁派的佛学特点反映了 15 世纪以后藏传佛教的发展趋势。

藏传佛教在"后弘期"的发展过程中，既吸收了苯教的东西，也吸取了晚期印度佛教的不少内容。

因此，西藏佛教便具有独特的地方色彩，与其他地区如日本、泰国所流传的佛教有所不同，如活佛转世制度以及跳神之类的宗教活动仪式等。

第六节　五代十国佛教

五代十国佛教叙述了从 907 年到 959 年五十余年间的佛教历史。

这个时代虽然历时很短，但是对中国历史的发展影响却是相当深远。来自西北的各部族，完全控制了河西广大疆域；发自东北的契丹，也出入于河北境内，中原地带不断发生改朝换代的战争。

历代以来，政权对佛教的态度直接决定了佛教发展的基本态势，所以在这样一个分裂和割据的局面中，佛教自然受到了许多影响。

907 年后梁政权建立，揭开了五代十国的序幕，在中原北方地区，经历了后梁、后唐、后晋、后汉、后周五个朝代，而在江淮以南的南方地区先后有前蜀、吴、吴越、闽、南汉、南平、楚、后蜀、南唐等割据政权，加上北方在后周时成立的北汉，统称为"十国"。

在这个时期，南北方割据，南北发展并不平衡。相对来说，北方战事连连，经济及社会秩序遭到很大破坏，加之政策对佛教的限制，又军阀当权，对国家治理和文化建设不知发展，所以佛教在北方受到重大挫折。

南方诸国相对平安，经济和文化都有发展，帝王对佛教多有信仰，佛教得到了持续发展。下面将具体来做一番介绍。

北方五代从后梁到后汉，各代统治者对佛教的态度大体上是一致的。基本上都沿袭了唐代的旧规，例行斋僧、佛道对论、赐号、度僧等事，只是由于北方战事的缘故，从急需兵源和财力上说，为了禁止更多的丁壮和人口流入僧侣阶层，诸朝又都对佛教采取限制赏赐名僧和度僧人数的限制。

后周世宗显德二年（955年）还对佛教严加整顿，实行淘汰，佛寺半数以上被废弃，铜制佛像全部没收，用以铸钱以充国库。这是佛教史上所谓德"三武一宗"四次灭佛法难的"一宗"。

后周世宗柴荣（921—959年），五代时期后周皇帝，他是周太祖郭威的养子，号世宗。柴荣即位时，北方的僧尼管理是极其混乱的，以至于影响了国家的赋税和兵役。五代以来战乱频发，民不聊生，心怀不轨的人为了逃脱徭役，假意出家，违背戒律，在乡间恣意妄为，劫掠财物，装神弄鬼。寺庙本是清静之地却被这些不法之徒弄得乌烟瘴气。

柴荣针对日益严重的私度僧尼现象下诏灭佛，他说："卿辈勿以毁佛为疑。夫佛，以善道化人，苟志于善，斯奉佛矣。彼铜像岂所谓佛耶？且吾闻佛在利人，虽头目犹舍以布施。若朕身可以济民，亦非所措也。"司马光评述周世宗"毁佛"说："不爱己身而爱民，不以无益废有益，周世宗算得是仁爱明理之人。"

灭佛谕旨颁布后，当年就废去寺院三万三百三十六所，只存两千六百九十四所，僧尼还俗者六万一千二百人，并毁铜佛像以铸钱。

应该说来，这次与前几次灭佛有很大区别，准确地说，周世宗是整顿佛教，而不是毁灭佛教，它使得原本紊乱的佛教次序有

263

一定改观，只是北方佛教原来就难以维持，这样一来就更见衰落了。

在南方，出现各国割据的局面，如吴越、南汉、闽国等，历时都比较长久，又大体相安，互不侵犯，各国境内还实施些有利民生的改良政策，使经济有所发展，而社会日趋稳定。各国帝王对宗教又有较浓厚的信仰，对建寺、造塔、造像、写经以及度僧等多有支持。

各国中以吴越最具代表性，后梁太祖开平元年（907 年），钱镠被封为吴越王，此后历五世七十二年，吴越境内未受战乱之扰；至宋太宗太平兴国三年（978 年），钱镠归顺北宋，才结束吴越国的历史。

钱镠是历史上最长寿的皇帝之一。从秦始皇到末代皇帝爱新觉罗溥仪共有六位皇帝活过了八十岁，钱镠就是其中之一。另外五位是梁武帝、武则天、忽必烈、宋高宗和乾隆皇帝。钱镠和他的继承人，都没有过分加重人民的徭役、赋税负担，也没有发动频繁的战争，使这一地区的经济得到较大的发展。

吴越国在佛教史上有其特殊地位，吴越诸王以杭州为中心，在原有基础上，大力推广佛教，从而使一向以长安、洛阳为中心的佛教转向以杭州等地为中心而传播，给宋代佛教的展开奠定了基础，实现佛教由北往南转移的过程。

吴越武肃王深信佛教，对僧人礼遇有加，广建寺塔，网罗各地高僧来到杭州，给予"国师"称号。忠懿王更是仿照传说中阿育王的做法，铸造了八万四千个小铜塔，中间藏有《宝箧印陀罗尼经》，分发到各地。

南方闽国以福州为国都，历七主四十九年。闽国鼓励垦荒耕种，发展商业和海上交通；又建立学校，促进文化繁荣。闽国诸王也大多奉佛，曾经建造过寺塔二百有余，度僧两万。

南唐建都金陵，南唐君臣之好佛，早已为世所讥，其中又以后主李煜为最。李煜虽长于填词，但荒于政事；又崇信佛教，造塔建寺。宫中造寺十余，城内建塔寺非常多；且广出金钱募民为僧，"募道士为僧者，予二金"。所以，当时南方佛教始终在发展。

唐代各个宗派，到了五代时期，禅宗和天台宗的根据地在南方，条件优越，得到更大发展。禅宗在闽地受到了闽王的优待，使得福州成为了禅宗的重要基地；而天台宗在吴越则多有发展。

第十一章

宋金元时期的佛教

两宋，包括北宋、南宋两代共 320 年，宋代是我国文化史上的一个重要时期。两宋佛教的特点，就其佛教内部来说，是"诸宗开始融合"，即各宗相互融合相互吸收；就其对外而言是"三教合一"，即以儒学为主，吸收佛道二教思想。

第一节　两宋佛教

一、北宋佛教的复兴

宋太祖赵匡胤即位后，一反前代后周打击佛教的政策，采取保护佛教的措施。

他曾经派遣沙门行勤等 157 人去印度求法，放宽度僧名额；并效仿唐太宗李世民弘佛的胜举，模仿设立了译经院，迎请印度僧人组成了译经队伍，恢复了从唐代以来中断的佛经翻译，此次译经活动前后持续约百年左右时间，译出佛典二百八十四部，七百五十八卷，其中绝大多数是密教经典。在这一段时间内，佛教在中原复兴起来。

宋真宗时期，僧尼数量达到近四十万，是宋朝佛教最发达的时期。

当时寺院得以经营长生库和商店等牟利事业，寺院经济又有所发展。但到后来导致与政府财政收入形成越来越大的矛盾，导致北宋后期徽宗强令佛教与道教合流，改寺院为道观，并使佛号、僧尼号都道教化。

但是由于不久后宋徽宗即被金国俘虏，对佛教影响不是很大。

宋朝通过经济手段来控制佛教是这一时期佛教和政治关系的特色。

度牒是僧人合法身份的证明。在北宋初期，只是象征性地收很少的费用。后来，逐渐变成充实财政的经常性手段，引起僧人的不满。

二、南宋佛教的发展

北宋灭亡后，宋高宗在临安（杭州）建立了南宋政权。南宋时期，王朝对佛教采取了利用和限制的政策，使佛教得以维持。但也由于停止了额外的度僧，并向僧道征收"免丁钱"（清闲钱），使僧尼人数有所减少。不过由于江南地区的佛教基础较为雄厚，故能一直保持发展盛况。另外，为了使政权巩固，南宋又推行佛教，以求护佑。

南宋孝宗皇帝曾请法师入宫行"护国金光明三昧"，并建立护国金光明道场。当时的僧人也提出"保国护圣，国清万年"的口号。南宋时期，峨眉山、五台山、普陀山、九华山都在政府的直接管理之下，受到民众的信奉，对当时佛教的发展有一定影响。

宋代的禅宗和净土宗较为流行，天台宗也有一定发展，华严宗也曾一度中兴。禅宗在当时的发展，以编纂"灯录"和"语录"为主要事业，发展出了"话头禅"、"默照禅"、"文字禅"等参禅方式；以及为后人所不易理解的新禅法形式：公案、机锋等。净土宗的发展，主要是在民间推广，成为风俗，特别是一些在家居士数量也随之增加，净土法门逐渐形成一个固定的宗派。

三、宋代佛教的特点

世俗化是中国佛教的总趋势，宋代则增添了许多新的特点。三教合一的思潮流行起来，它表现为将一些儒家的思想引进佛教当中，例如用儒家的心性论改造佛教的心性思想；又将儒家的伦理道德规范改造成为对僧人的基本要求，佛教徒开始从救度众生转向忠君爱国，并且依附儒家。

佛教与儒道的关系是五代以来中国文化的重大问题，也是佛教继续中国化的根本问题。宋代一些著名的儒家学者如周敦颐、张载、王安石、程颢、程颐、朱熹、陆九渊等，都十分重视研究佛教。这些人中的绝大多数都是一方面吸取佛教的思想资料，另一方面又激烈地反对佛教。张载、二程、朱熹都是既从佛教中汲取精神养料，又从哲学上批判佛教的空无思想；而王安石、张商英等人则是力主调和儒佛的矛盾。

佛教学者对儒家的批判，一方面进行辩护，另一方面进行调和，也就是进行调和性的辩护，如著名僧人智圆的《闲居编》和契嵩的《辅教篇》，都宣传三教一致的思想。智圆提出"三教合一说"，他认为儒、释、道三教各有价值，不可偏废。智圆提倡儒重修身，佛重修心，内佛外儒，共同治理民众，强调儒释的一致性。

智圆作为一位著名的高僧，自号为"中庸子"，可见其对儒家的推崇。

第二节 永明延寿

延寿（904—975 年），字冲元，俗姓王，是一个跨越五代和宋的禅宗僧人。他提出了对以后中国佛教影响很大的禅教一致思想，并进而影响了宋以后中国佛教的格局与走向。

延寿是钱塘（今浙江杭州）人。相传延寿 7 岁时诵读《法华经》，读到得意处，竟然使得群羊跪听。

一、动用公家府库的钱放生

28 岁那年，延寿任华亭镇将，负责督办军需。延寿虽然做了官，但信佛的本性不变，一有钱就去集市买鱼虾龟虫等动物，然后放生。时间一长，渐渐入不敷出。然而只要一看到那些可爱的小动物，延寿就会顿生慈悲之心，于是就动用府库的钱，继续放生。延寿动用府库钱的事终于让上司察觉了，这下可犯下了死罪。

当延寿被押赴刑场行刑时，面对冷飕飕的屠刀，他竟然面不改色，昂首挺胸。典刑官问他："你为什么死到临头毫无畏惧之感？"

延寿说："动用府库钱是为了放生，并不是个人享乐，于心无愧，死后可往生净土，所以毫无畏惧之感。"

这番临终"遗言"竟然感动了吴越王钱元，他下令释放了延寿。

延寿的官做不成了，就想到了出家。

二、小鸟在衣服中筑巢的和尚

当时法眼宗文益的弟子德韶正弘化一方，延寿慕名而投其门下，延寿行脚去了天台山。他曾在天柱山上独自一人禅定了九十多天，连小鸟在他衣服中筑巢都没有发觉。

出定之后，延寿去参拜天台德韶。相见之下，天台德韶对延寿非常器重，于是密授玄旨，并鼓励他说："你将来一定会有大兴佛事之日。"

后来吴越忠懿王见灵隐寺颓废倒塌，于是请延寿到杭州主持灵隐寺的重建。

延寿大兴土木，重建殿宇，前后共计一千三百多间。灵隐寺再次成为远近闻名的大寺院。第二年延寿住持永明寺（今杭州净慈寺），世称"永明延寿"。听他说法的僧众达两千人之多，香火盛极一时。

三、禅教一致的思想

延寿在佛学思想上除了继承禅宗的传统外，还更多地注意到了禅宗在当时出现的种种弊端，提出了用"教"来纠正"宗"之偏，主张"禅教一致"。也就是说，延寿以"心"为宗，试图调和禅教两家的关系。

隋唐时代，佛教形成了八个宗派，大体上可分为两种类型：一类是以义理、学解为主的派别，有天台、三论、唯识、华严诸宗；一类是以修持、践行为主的派别，有律、净、禅、密诸宗。

相对而言，以义理、学解为主的派别和以修持、践行为主的派别各有千秋，义理佛教缺乏修持的内证实践，而修持佛教则缺乏义理正见支撑。

随着隋唐佛教八宗的流传，宗派佛教也暴露出自身存在的问题。在五代、宋初，佛教内部的问题主要有三个：一是禅宗的修持验证，二是义理宗派间的理论差异，三是禅宗与其他宗派的关系。这三个问题中最重要、同时牵涉其他两个问题的是禅宗与其他宗派的关系问题。禅宗与其他宗派的关系，即禅与教的关系。

五代宋代禅净两宗是最为流行的。自唐末至五代，禅宗形成了沩仰、临济、曹洞、云门、法眼"五家"。五代以后，禅宗、天台宗和律宗等学者多兼弘净土，净土宗信众越来越多，在宋代结社念佛之风越来越盛。

禅宗把佛教分为两种：宗门与教门，禅家与教家。宗门、禅家，即禅宗，为教外之法；教门、教家，即禅宗以外其他所有以经论为依据的宗派，为教内之法。

禅宗认为，佛教的真髓，在经典义理、文字言说之外，是必须通过参禅实践才能获得的。禅与教的矛盾表现在诸多方面，如关于语言的看法，禅宗认为语言文字是假名性空，并非真理的表现；而教家则认为，佛教经典是佛的说法，表达了佛教真理。禅宗与其他宗派在成佛方法、成佛途径上也存在着巨大差异。

因此，调和禅教之间的矛盾成为关乎佛教命运的重大理论问题和实践问题，延寿的禅教一致说即在此种背景下提出来的。

晚唐五代，禅宗一花五叶盛开，成为中国佛教的主流思想。禅宗自达摩西来，其理论依大乘如来藏学，确信众生皆有佛性，唯被无明妄念遮蔽，迷而不现，通过修直观自心的如来清净禅或一行三昧，顿悟自心佛性，此即所谓禅宗之禅。宗是禅，是佛心；

教是理，是佛语。自古以来，"从禅出教"，禅宗自称教外别传，"以心印心"、"不立文字"。

禅宗行者虽不立文字，却又不离经教。自菩提达摩起，即主张"藉教悟宗"，禅与教必须相应。到延寿时代，禅宗僧人轻视佛祖教说，出现了参禅流于空疏的倾向，宗门弊端当更为严重。为此永明延寿撰写了《宗镜录》，该书共八十万字，分为三章。因其宗旨是"举一心为宗，照万法如镜"，故名《宗镜录》。

除了《宗镜录》外，延寿的著作还有《万善同归集》三卷，《唯心诀》一卷，《神栖安养赋》一卷，《定慧相资歌》一卷，《警世》一卷。

延寿将大乘语录、祖师语录、圣贤集等编纂在一起，形成了融合禅教的《宗镜录》百卷，其中涉及了天台、贤首、唯识等的教义，引《华严经》的理论最多。这是因为禅宗和华严宗在认识中有许多相似之处。另外，此也是法眼宗的传统。法眼宗的创始人清凉文益就十分重视华严的圆融思想。作为法眼宗的传人，延寿自然也受到了影响。

但是，延寿作为禅宗的信徒，融合禅教，并非要以教摄禅，而是要以禅摄教，以禅为中心、目的，教乃是手段、方法。

《宗镜录》写成后，很快就流传到高丽。高丽国王读了之后深受启发，便派使者来拜见永明延寿，叙弟子礼。法眼宗因此而流传海外。

永明延寿学识渊博，著作很有文采，因此从他受业的弟子很多。他住持永明寺 15 年，度弟子 1700 人。法眼宗在宋初盛极一时，与永明延寿的大力弘扬有密切的关系。

永明延寿以后，弟子辈中能够重振旗鼓、不负众望的几乎找不到人，因此法脉衰微，以致断绝。

四、禅净合一的思想

除了倡导禅教一致外，延寿还主张禅净合一，禅净双修，他的著作《万善同归集》对此作了全面论述。

所谓禅净双修，是指禅宗有意识地吸收净土宗的信仰和实践；禅宗僧人的身份没有改变，但日常修行的重心转移到念佛上来了。

延寿认为，念佛修净和禅僧的修行并不矛盾。在实践上，他身体力行，坚持每日念佛，从未废弃。据说永明延寿住在杭州南屏山顶，每天念佛数万声，山下听见他念佛的声音，就好像天乐鸣空。这种修行在当时影响很大，风靡一时。因为他弘扬净土宗的功能，后来净土宗人甚至将其列为净土宗祖师。

大师常修法华忏，精进禅观，常感瑞应。一日中夜见普贤菩萨前所供养的莲华忽然在手。大师思忖，素有二愿：一愿终身常诵《法华经》，二愿毕生广利众生。忆此二愿，复乐禅寂。进退迟疑，莫能自决，遂上智者禅院作二阄。一是一心禅定阄，二是诵经万善庄严净土阄。大师于佛前冥心精祷，信手拈之，七次并得净土阄。由是，大师一意专修净业。诵经三载，见观音菩萨以甘露灌口，从此得观音之辩才。

永明大师的有关禅净关系的"四料简"在佛教中流传甚广，文曰："有禅无净土，十人九蹉路，阴境若现前，瞥尔随他去。无禅有净土，万修万人去，但得见弥陀，何愁不开悟。有禅有净土，犹如戴角虎，现世为人师，来生作佛祖。无禅无净土，铁床并铜柱，万劫与千生，没个人依怙。"

"四料简"一出，禅净二宗顿起斗争。净土宗徒说："有禅无净土，十人九蹉路。"单修禅宗，生死不了；单修净土"万修万人去"。又参禅又念佛则"犹如戴角虎"，"无禅无净土"是世间恶人。

延寿致力于禅教合一、禅净双修的做法，对后世产生了重大影响。

从佛教的发展趋势来说，延寿的思想不仅代表了佛教发展的一个轨迹，同时对宋代相对活跃的修禅方法的形成以及禅净成为天下共宗都起到了重大作用。

第三节 兖州兴隆塔地宫的发掘说明宋代佛教的盛况

塔，也叫佛塔或浮屠（又写作浮图）。它起源于印度，是用来保存或埋藏佛祖舍利的建筑。塔的梵文为 stupa，巴利语为 thupa，音译为"堵波"，意译为高显处、功德聚、塔庙、灵庙等，汉音略译为塔婆、浮图、佛塔等。

塔分为两种，有舍利者名塔，无舍利者名支提。恭敬修建、礼拜、供养佛塔，有很大的功德利益。佛塔还是佛教实现其普度众生、利乐有情的理想和广结佛缘、弘传佛教的一种十分重要的方式。历代佛教信众们都十分乐意于修建佛塔等自利利人的功德善事。

一、中国佛塔的由来及样式

佛塔最初形式为圆冢，即埋遗体或舍利于土中。根据佛教文献记载，佛陀释迦牟尼涅槃后火化形成舍利，被当地八个国王收取，分别建塔加以供奉。

在释迦牟尼一生中有纪念意义的八个地点（释迦牟尼佛诞生处的兰毗尼花园、成道处的尼连禅河、首次说法处的鹿野苑、安居处的祇陀园、从忉利天下处的桑迦尸国曲女城、化度分别僧处的王舍城、将入涅槃处的毗耶离城、涅槃处的拘尸那城），建造了八大灵塔，依次称作聚莲塔、菩提塔、吉祥塔、神变塔、天降塔、和平塔、胜利塔、涅槃木塔，这些塔都是有纪念意义的。

在青海塔尔寺建有善逝八宝塔，西藏布达拉宫建有如来八塔，也都是为纪念释迦佛八大事迹而建造的。

印度在阿育王统治时期，佛教被列为国教，塔的建立达到了空前的高潮，在孔雀王朝所统领的小邦国内分建了八万四千座佛塔。这时期始造复钵式的塔。

现存比较完整的印度桑奇大塔，中央是复钵形塔体，塔顶上是方形平台和三层伞盖，塔的底部有基台和围栏，前面有阶梯上下，最外层还有绕塔围栏，围栏的四面各有一个牌坊状塔门。

在中国，一般立在寺院中的塔是由复钵式发展、演变而来的。

中国汉地佛塔，一般都由地宫、塔基、塔身和塔刹组成。地宫珍藏舍利等法物，位于塔基正中地面以下。塔基包括基台和基座，把佛塔建在稳固高大、雕饰精美的台基上，表示了供养人们对佛法的尊崇，对增强佛塔的雄伟气势有很好的烘托作用。塔身为塔的结构主体，形式变化很多，由此决定其为楼阁式、密檐式、覆钵式等各种类型的佛塔。塔身内部有实心的，有中空的。塔刹位于佛塔的最高处，往往加以非常突出和精密的艺术处理，使之玲珑挺拔、直指苍穹。塔刹本身也形如小塔，其结构分刹座、刹身、刹顶三部分，中心用刹杆直贯相连。刹座覆压在塔顶之上，有的刹基内也有类似地宫的窟穴，以珍藏佛舍利等宝物。刹身主要的形象是套贯在刹杆上的圆环，称之为相轮，相轮之上，置宝盖作为相轮刹身的冠。刹顶在宝盖之上，是全塔的顶尖。

东汉时期，随着佛教传入中原，佛塔的建造也开始了。汉明帝敕建的白马寺塔为中国最早的佛塔。其塔九层，高二百尺，四方式，是一座阿育王塔。据《佛祖历代通载》卷五载，高僧康僧会行化至吴都健康（今南京），取得吴帝孙权信任，孙权为其修筑建初寺和建初塔。此为江南建寺造塔之始。后赵时高僧佛图澄广弘佛法，所历州郡建佛寺893所，并开江北造塔之盛行的风气。据《洛阳伽蓝记》中所载，标有寺名的59所佛寺中，有17座寺庙立有佛塔。《法苑珠林》中载，仅五台山的中台就有千余座塔。南北朝时，随着佛教在汉地更广泛的流传，建寺造塔风起云涌。北魏文成、孝明二帝，曾敕诸郡造塔。

隋唐时期佛教隆盛，修建佛塔的数量与规模都远超前代，且香火旺盛。如隋文帝崇信佛法，曾三次下诏诸州建舍利宝塔113座。北宋皇帝赵匡胤尊崇佛教，曾在都城汴梁建造起一座极其华丽高大的楼阁式佛塔，一时佛塔的修建在全国骤然兴盛。以后历代都有佛教信众发心修建佛塔，以护持弘扬佛教。

中国早期的佛塔基本上都是中国建筑形式的楼阁式塔，其次有复钵式、密檐式、金刚宝座塔、过街塔或塔门、料敌塔、文峰塔、报恩塔和房内建塔等。

楼阁式塔的形式来源于中国传统建筑中的楼阁，这种塔在中国古塔中历史悠久，形体最高大，保存数量也最多。最早的楼阁式塔见于南北朝的云冈和敦煌石窟的雕刻中。隋唐以后，多用砖石为建塔材料，出现了以砖石仿木结构的楼阁式塔。它们的特征是，每层之间的距离较大，塔的一层相当于楼阁的一层，各层的大小与高度，自下而上逐层缩小，整体轮廓为锥形。楼阁式塔的平面，唐代为方形，宋、辽、金时代为八角形，宋代还出现过六角形。明、清时代仍采用八角形和六角形。塔的结构，唐代为单层塔壁，中空，内部呈筒状，设木楼梯、楼板。宋、辽、金各代均在塔的中心砌"砖柱"。柱与塔壁之间为登临的楼梯间或塔内走廊。底部设简单台基，宋以前多不用基座。塔身每层都砌出柱、额、门窗。唐代用方柱和八角柱，辽、宋多用圆柱。早期著名的楼阁式塔如西安大小雁塔、杭州六和塔、银川海宝塔、四川泸州报恩塔、河南卫辉市镇国塔等。

复钵式塔，又称喇嘛塔或藏式塔。喇嘛教建塔常用这种形式，故名。这种塔的塔身是一个半圆形的复钵，这是源于印度佛塔的形式。复钵上是巨大的塔刹，复钵上建一个高大的须弥座。这种塔在元代开始流行，明清时期继续发展，这与喇嘛教在当时的盛行有密切的关系。元代设两层须弥座，明代沿用了这种形式，清代多数只用一层须弥座。著名的复钵式塔如北京妙音寺白塔、宁夏青铜峡市一百零八塔等。

密檐式塔的第一层特高，以上各层骤变低矮，高度面阔亦渐缩小，且越上收缩越急，各层檐紧密相接，故名。整体轮廓呈炮弹形。现存最古的砖塔河南登封县的嵩岳寺塔即属于密檐式塔。此塔也是中国现存古塔实物中年代最早的，该塔修建于北魏永平二年（509 年）。嵩岳寺塔是由木结构向砖石结构过渡的早期实例，非常值得重视。

金刚宝座塔，源于印度菩提伽耶的金刚宝座塔。塔的下部是一个巨大的金刚宝座，座的下部有门。宝座上建五个小塔，供奉着佛教密宗金刚界五部主佛舍利。这种塔在中国从明代以后陆续有修造，但是数量很少，全国现存十多处。著名的有北京真觉寺金刚宝座塔、内蒙古呼和浩特慈灯寺金刚宝座舍利塔等。

过街塔或塔门是一种横跨在道路两边的塔。自元代始，多为喇嘛塔形制。人从塔下经过，就算是礼拜一次，不必烧香拜佛，贫富均等，童叟无欺，男女不论。如江苏镇江"昭关"、北京居庸关"云台"就是著名的过街塔。

料敌塔："料敌"者，嘹敌之谓也。如北宋仁宗至和二年（1055年）建成的河北定县料敌塔，位于宋、辽时期军事冲要之地，可供登临，以作凭眺远敌之用。

文峰塔：因塔形笔立于野，塔尖如笔，直指苍穹，故有"文峰"之称，是中国古代科举制度下，儒生为求功名利禄，张扬文气的象征。

报恩塔：唐高宗李治建慈恩寺答谢其母文德皇后养育之恩，后又将其中的大雁塔（625年）改名为慈恩寺塔。明成祖朱棣于永乐十年（1412年）建南京大报恩寺塔。这可以说是中国佛、儒合流的一个文化"产品"。

房内建塔：在中国，大的佛殿内部常常再建塔以表示对塔的尊敬，也可以说是对佛的尊敬。如浙江宁波天童寺阿王大殿内的阿育王塔。还有的在佛殿内再建造小型佛殿楼阁一座或数座，也是表示对佛的一种真诚敬仰。

至今，我国汉地还保存着约三千多座千姿百态、古色古香的佛塔。我国汉地存留至今的佛塔，从建塔的材料来看，有木塔、砖塔、石塔、铁塔、铜塔、银塔、金塔、琉璃塔、水晶塔、玉塔，还有经塔。

二、中国佛塔的构造特点

佛塔随着佛教传入中国汉地后，在塔刹、浮雕、彩画装饰等方面继承了印度佛塔的特征，同时在建筑造型和艺术风格等方面也有着鲜明的汉民族文化的烙印。

张驭寰教授在《中国古建筑百问》一书中谈及中国塔与印度塔有何不同时认为，中国塔与印度塔根本上没有共同之点，印度式塔都是体形甚大，几个连为一体，塔身有着烦琐的雕刻；而中国的塔是一个一个的单体建筑，塔与塔没有什么关系，而且都为中国楼阁式或中国佛教自身发展道路上所创造的风格，中国塔有中国塔的特征。张教授又指出，印度的古塔基本上都采用喇嘛塔的形象，与中国的喇嘛塔倒有密切的关系，从中启发出中国喇嘛塔的式样。

在建筑佛塔的材料方面，古印度佛塔主要以土石为主，而中国佛塔则淋漓尽致地充分发挥砖、木、石等结构材料的长处，使之和谐配合使用。

一般而言，由于土木质地相对柔韧、可塑性大、易于人工改造，这就造成了中华传统建筑结构的灵活性、形象的丰富性与建筑群体沿着大地平面向四处铺排的广阔性。可是，土木作为建筑材料也容易被自然力所损蚀，由此决定了中华传统建筑高台基的创造、斗拱的发明和屋檐的出挑。因为没有高台基的话，室内以泥土夯实的地面容易潮湿；若没有斗拱的话，室内、室外梁柱的重压将无法起到分力的作用。因为高台基，墙体、立柱以土木为材，易被风雨侵蚀，所以才有出挑深远的屋檐对台基、墙体与立柱起到保护作用。而且，由于以土木为材料，这种材料巨大的可塑性为中华传统建筑的群体组合提供了可能性。

　　由于土木的硬度与长度的局限性，促使中华传统木制建筑一般具有偏于平缓的特点。也就是说，其高度是很有限的，这与西方古代建筑相比，形成明显的特色。这除了受土木材料的限制，更重要的是受儒家清醒理性精神的制约，儒家以为人生的理想与快乐既然在现世，就不必让建筑向高空发展、不必以西方古代哥特式教堂尖顶去呼唤苍穹、进行一场人与上帝之间的"对话"。而这种局限与不足后来为中华佛塔这一特殊建筑样式所弥补，中华佛塔以土木为材料，建造起高峻伟岸、英姿勃发的中华佛塔，从而在高度上大大超越其余中华传统的木构建筑。中华佛塔之突兀、高峻，与比较平缓的古代其他建筑相比，无疑是一引人注目的特点。

　　中国汉地佛塔的级数，一般为奇数，而多边形佛塔的平面，一般都是偶数。据说这与我国的《易经》思想等有关，天数奇数为阳数，生数，有上升、前进、生长等意，天在上，向高处发展要用天数奇数；地数偶数，为阴数，成数，地在下，平面展开要用地数偶数。天覆地载，高天厚地，吉祥如意。

　　在塔的建筑式样上普遍采用楼阁式，并与我国传统的古建筑楼、阁、阙、观等相结合，使不少佛塔可游览、居住和攀登眺望。楼阁式佛塔最能代表中国汉地佛塔特色，也是我国现存古塔中数量最多、艺术水平最高的一种造型。汉地有"仙人好楼居"的传说，历史上秦始皇、汉武帝等都建造了不少高楼台阁以迎候仙人。佛塔随佛教传入中土后，自然与我国的建筑文化传统相结合，用楼阁式的佛塔这种高贵的建筑形式来供奉珍藏佛舍利等法宝，以表示对佛法的崇敬与仰慕。从历史文献记载看出，早期的楼阁式佛塔非常雄伟壮观。

从南北地域看，北方的佛塔大多雄伟稳重，南方的佛塔通常玲珑精美，但都同样讲究佛塔的装饰美，充分利用各种装饰材料砌饰门窗、佛龛、角柱、斗拱、檐口、平座和顶刹等，体现了我国古代建筑雕梁画栋的特有风韵。特别是向上挑起，呈飞檐翘角状的塔檐，是中国古代建筑最显著的特征。佛塔借用了中国传统的飞檐建筑形式，不仅使佛塔呈现飞动、轻快、向上的挺举之势，给人以舒展轻快的韵律美，而且也体现了佛教追求的崇高境界。

我国的花塔，更是将装饰美发展到顶峰。著名的如唐建河北广惠寺花塔、辽建北京房山水落洞花塔、广州六榕寺花塔、敦煌城了湾花塔等。花塔的下层为亭阁式或楼阁式，塔的上半部密布佛龛、佛像、菩萨、狮、象等雕塑，犹如巨型花束盛开，蕴涵一种细腻温馨的美。一座座古朴端庄、典雅精美的中国佛塔，吸收了丰富的汉民族优秀文化传统和建筑艺术的精华，犹如一颗颗璀璨的明珠、一朵朵绚丽多姿的奇葩，点缀于蓝天白云、青山绿水之间，为祖国的锦绣江山平添了无限春色。许多佛塔已成为我国各地风景轮廓线上最突出的标志和特征。中国汉传佛教佛塔，凝聚着人民高度的智慧、虔诚的信仰和对幸福美好生活的愿望，千百年来吸引着无数的朝拜者和观光游客，为广结佛缘，实现佛教普度众生、利乐有情的理想和广泛地传播佛教起了巨大作用。

三、兖州兴隆塔地宫的发掘

兖州兴隆塔是中国古代典型的楼阁式砖塔，位于现兖州市博物馆院内。因该地原有古兴隆寺而得名，现在古寺已毁，独存此塔。

据《滋阳县志》记载，塔建于仁寿二年（602 年），是隋代第二批派送舍利的五十三塔之一，《续高僧传》有兖州僧法性于仁寿初年诏送佛舍利到普乐寺的记载。滋阳县就是今天的兖州，普乐寺即后来的兴隆寺。20 世纪 30 年代，著名古建专家梁思成、林徽因夫妇到兖州考察此塔，认为"塔之建造年代为宋嘉祐八年"。从新发现的地宫形制和碑文记载看，可以确信梁思成先生的先见，此塔是宋代建筑无疑，距今已有九百多年的历史。历代多次修缮，古塔在康熙七年六月十七日（1668 年 7 月 25 日）的大地震中损坏严重，经过数十年的维修，于康熙末年竣工，现在看到的古塔应多为清代遗物。

兴隆塔高 54 米，底基周长 48 米，八角十三层楼阁式砖塔，塔身分为两截，下面七层宽大厚重，上面六层骤然缩小，塔内有穿心式塔梯，可登临第七层之上的平台，上面六层通体中空，以木板间隔，有木梯可攀登，现已损毁。塔的外部装饰较为简洁，古塔的第一层出双檐，以上各层为单檐，塔身四面开门，另四面开圆窗或假窗。二层外部设平座，通体区分两截，上下叠加，呈母子相托状。下七层粗大深厚，内设台阶式砖梯踏步，层间设回廊，游人可顺梯拾阶回旋而上；两截间形成 2 米宽的阳台，四周有石雕栏杆，凭栏远眺，风物尽收眼底。上六层骤缩细小，挺秀玲珑，直入云端；六层空心，设有楼板木梯直至塔顶（现已拆除）；塔顶用琉璃瓦制成的莲台宝相式宝刹，塔内有题名碑记 6 块。旧时每年正月十六此处有庙会。文人和商贾云集，多登塔览胜，题诗赋文。由此可见，兴隆塔完全符合中国传统的楼阁式塔的建筑特点。这座古塔造型奇异之处表现在全塔有 13 层之高，上 6 层急剧缩小，形成"塔上塔"的风格特色，为全国绝无仅有，可谓佛塔建筑史上的奇迹。

更为引人注目的是在塔的下面发现了珍藏佛教无价之宝的地宫。而地宫的发现要追溯到一起盗掘案的侦破。2008年年初，一个犯罪团伙挖出了一条深6米、长24米的地道直至兴隆塔下地宫，盗走部分文物。济宁、兖州两地警方联手破获此案，犯罪分子落入法网，失窃的文物被追回。考古部门决定对兴隆塔地宫进行抢救性挖掘，整个挖掘过程从2008年9月1日开始至14日结束。

这次发掘出的文物具有震惊世界的价值，有石函、鎏金银棺、舍利金瓶三件国家一级文物，舍利碑刻、玻璃瓶两件国家三级文物，般文物多件。舍利宝函是瘗埋佛骨舍利的成套容器，肇始于北魏佛教兴盛时期，发展于隋，全盛于唐。佛骨舍利，在佛教发祥地天竺是用罂坛盛放，佛教东渐中国，北魏、隋唐时期采取建塔瘗埋佛舍利的习俗。

盛唐以降，瘗埋舍利的习俗得到了进一步发展，出现了以下特点：一是在佛塔之下构建地宫；二是皇室异常重视，按照中国传统的墓葬礼仪进行舍利容器的设计，逐渐形成了地宫、石函、金棺银椁等。唐代皇家对瘗埋佛舍利异常重视，可谓不惜重金。正因为如此奢华靡费，才有了韩愈谏迎佛骨而遭贬谪的历史典故。

甘肃省泾川大云寺塔基、陕西省临潼庆山寺塔基、江苏省镇江甘露寺塔基和陕西省扶风法门寺塔基都是考古史上的重大发现。在这些地方出土了以金棺银椁为主的成套舍利容器。其中法门寺地宫和佛指舍利宝函明显具有唐皇室瘗埋的特点，所出土均为国宝级文物。

至宋代，由于"三武一宗灭佛"和皇家笃信儒家思想等原因，

283

对佛教的重视程度明显降低，而且宋代崇尚俭约，目前全国范围内发现的宋代舍利塔基足有十余处，但舍利宝函内里都没有使用金银这样的贵重材料。正因为如此，兖州兴隆寺的鎏金银棺和舍利金瓶才更显得珍贵。可以说，这是全国罕见的宋代舍利金棺银椁，所以它才被定为一级文物，是名副其实的国宝。

这次考古发现除了三件国家一级文物的现世，更为牵动人心的就是佛顶骨真身舍利的出土。顶骨真身舍利是最有智慧头脑的象征，是佛真身舍利中最为宝贵的，它的现世将是佛教界的一次盛事，也将是文物考古界的一次盛事。佛顶骨是佛舍利的一类。古代文献记载很多，如：《洛阳伽蓝记》说"方圆四寸，黄白色，下有孔"；《续高僧传》记载"周尺二寸，其相仰平，形如天盖"；《神州三宝感通录》记"高五寸、阔四寸许，黄紫色"；《法苑珠林》记"广二寸余，色黄白，发孔分明"等。兖州地宫发现的舍利金瓶里的颗粒状物，应当就是佛顶骨舍利。不过，也有人对此提出异议，认为佛顶骨应是一块"片状物"而不是"颗粒状物"。

此次兴隆塔发现的舍利数量众多，这在以往的考古发现中也是不多见的，而佛顶骨真身舍利存在的最直接证据，就是地宫中舍利碑刻的明确记载。

碑文中提到：兴隆塔就是为了供奉佛顶骨真身舍利而建，真身舍利是当时一位叫正光大师的西域于阗高僧不远万里从佛国古印度取来的。正光大师取回舍利后，一直希望建塔供奉，但未能如愿，云游至兖州，年事已高的正光大师把佛骨舍利传于一个自己最信任的弟子。

此后该弟子又将佛骨舍利传于当时兴隆寺的和尚和德，而正是在和德的手中，兴隆塔得以建造，建塔供奉的夙愿也就此实现。从碑文的记载看，佛顶骨真身舍利存在应该确凿无疑，宋代的碑文就是最好的证据。但此次出土的舍利众多，在金瓶内多达几十粒，而石函内的舍利更是无法计数，究竟哪块才是佛顶骨真身舍利还需要进一步用各种科技手段进行鉴定。由此可见，它的发现价值完全可与法门寺地宫相媲美。

无独有偶的是，在南京大报恩寺（长干寺）地宫也有类似的发现。南北两个新发现的北宋地宫有许多暗合之处：一是两处地宫属于同时代佛教建筑，南京长干寺地宫封藏于大中祥符四年，即 1011 年；兖州兴隆塔地宫封藏于嘉祐八年，即 1063 年，两者相隔只有 52 年。二是南北最大的舍利塔椁同日面世，就是 8 月 7 日，最大的鎏金阿育王塔在南京揭开冰山一角，最大的鎏金银椁被济宁市公安刑侦支队连夜追回。三是都有碑文记载藏有佛顶骨舍利，而且都是民间瘗藏的。

而与兖州同属济宁市的汶上宝相寺曾于 1994 年出土了释迦牟尼佛牙舍利，被佛教徒视为圣物。而兖州与汶上相邻，又有佛顶骨真身舍利出土，两者之间有何联系？

从碑文的记载看，当时兖州的兴隆寺下设 28 个寺院，寺院僧众多达万人，规模庞大。而从整个山东而言，青州的龙兴寺、济南的灵岩寺、汶上的宝相寺都是当时规模较大的寺院，如此众多的名刹集中在山东，说明了宋代山东佛教文化的昌盛。

由此可见，山东佛教在古代是十分发达的。也就是说，山东不仅是儒家文化的发祥地，也是佛教发展的重镇。儒释两家在这里交融汇合，对齐鲁文化的形成都起了重大作用。

第四节　辽金元佛教

宋代是在统一五代十国的基础上建立起来的，但是国势始终孱弱，与其对峙的辽金则统治了中国北部地区约330年。佛教也在其间流行了起来。

一、辽代佛教

辽代佛教是指916年到1125年期间北方地区的契丹族耶律王朝的佛教。

契丹信仰佛教始于辽太祖耶律阿保机。辽宫廷贵族经常入寺进行佛教活动，佛教在契丹民族内逐渐流行起来。

辽代帝王采取的是佛教保护政策，在圣宗、兴宗、道宗三朝佛教鼎盛，刻经、建塔、开凿石窟，风行一时，如著名的北京房山云居寺的石经就是在那时续刻的。

辽代以五台山为中心的华严宗最为发达。

在民间，辽代盛行"千人邑社"的团体，这是佛教信徒结成的一种大规模团体组织，主要协助寺庙举办各种佛教活动，许多民俗也渗入了佛教色彩。

辽代佛教信仰的盛行以及国家对僧人出家没有明确的限制，造成僧人数量的迅速膨胀。由于佛教信仰的风行，保留下来的辽代建筑比较多，著名的有辽宁义县的奉国寺、山西大同的华严寺，还有应县佛宫寺的木塔，尤其是木塔，是现存木塔中年代最久远的。

二、金代佛教

金代佛教是从 1115 年女真部完颜阿骨打建金到 1235 年被灭之间的佛教发展史。女真族本以萨满教为本民族信仰，但在金建国以后，便受到邻国高丽等国的影响，有了佛教的信仰，灭辽入中原以后，辽及宋地流行的佛教文化对女真人产生了重要的影响，佛教信仰逐渐在金地普及。

金朝统治者对佛教的基本态度也是支持，所以佛教相当发达，最为流行的是禅宗。金朝相比之辽，对佛教的管理较为严格，严禁民间私建寺庙，也严禁私度。后来章宗以后，朝廷为了筹措军费，滥发空名度牒，度牒是政府发给出家者的证明书，出家者要交纳钱财。这样使得佛教滥杂腐化，日趋衰退。

金代文化中的一件大事是刻印《大藏经》，此经是迄今为止保存较为完整的古代藏经，有较高的史料价值。

金代以来佛道两教融合的趋势越来越明显，此时产生的新道教——全真道，即把儒家的《孝经》、佛教的《般若心经》和道教的《道德经》作为立教的经典著作，竭力提倡三教合一。王重阳曾作对联说："儒门释户道相通，三教从来一祖风"；"儒释道源三教祖，由来千圣古今同"。

佛教对此做出肯定性的回应，佛道两教的民间信仰也日益融合在一起，如佛寺道观都立关帝（羽）和观音菩萨为信奉对象，一些法会道场也是和尚、道士共同主持。迄至明代，一些最著名的僧人也都提倡三教合一，如憨山德清不仅撰《大学中庸直解》，也作《道德经解》、《庄子内篇注》；蒲益智旭作《周易禅解》和《四书直解》。作为这种三教合一思想的形象体现，人们至今也还能看到，孔子、释迦牟尼和老子"三圣像"共同端坐在某些寺庙殿堂里，和平共处，同享香火。历史表明，佛教在思想上与儒家、道家、道教的界限是越来越模糊了，共同性越来越多了。这正是佛教中国化的必然结局。

三、元代佛教

元代是我国历史上的统一王朝，元代佛教大致涵盖 1206—1368 年蒙古族所管辖区域内的佛教史。

元代的佛教兴起以喇嘛教为主，喇嘛教是藏传佛教的俗称。

从成吉思汗时起，蒙古统治者就试图把喇嘛教作为联系西藏上层的重要纽带。西藏归顺蒙古后，忽必烈尊奉西藏地区的名僧八思巴为帝师，规定每个帝王必须先从帝师受戒然后才能登基。由于王朝对佛教的支持，推动了喇嘛教在藏、蒙和北方汉民间的传播。

喇嘛教享有国教的地位。喇嘛僧不仅负责管理全国佛教，还享有一些政治经济特权。元代的寺院经济畸形发展，既拥有大量的土地，又经营工商业，当时各地的当铺、酒店、渔场、旅馆及商店等，相当一部分是由寺院经营的。元代后期喇嘛教逐渐腐败，给元代的社会经济带来严重后果。

在喇嘛教流行的同时，禅宗等宗派也有相当发展。元代诸帝对喇嘛教之外的宗派并不排斥，忽必烈曾经下令对所有寺院免收田产赋税，佛事活动由国库支持。

元代佛教是继宋以来的一次较大的发展。当时僧尼总人数超过了百万。禅宗在当时仍是汉地佛教的主流，北方有万松行秀一系的曹洞宗和海云印简一系的临济宗；南方有云峰妙高、雪岩祖钦、高峰原妙、中峰明本、元叟行端等所传的临济宗。总的来说，曹洞流行于北方，临济盛行于南方。行秀是当时的名师，曾被追赠晋国公。

禅宗之外的华严、天台、慈恩、律宗等仍有传人。

在这些传统宗派外，元代江南地区还流行白莲教和白云宗等教团。

白莲教是在宋代结社念佛、净土信仰广泛发展的情况下产生的。它在初创时期是佛教的一个世俗化教派，但在后来则演化为民间秘密社团。白莲教是南宋初沙门茅子元所创，该派主张吃斋念佛，男女僧俗共同修持，允许有妻室，因主张断肉吃菜，就是如今的素食主义，教徒被称为"白莲菜人"。白莲教的迅速发展曾引起统治者的不安而被宋元两代下诏禁止过。白云宗原为华严宗的一支，北宋时杭州白云庵的沙门孔清觉创立，基本主张和白莲教大同小异。白莲教在元末农民起义时曾被加以利用，后来明清两代，两派都被严禁。

第十二章

明清时期的佛教

明太祖朱元璋出身僧侣，但他鉴于农民利用秘密宗教起义的历史事实，对佛教也进行了整顿。总体说来，明代仍然以儒家思想为指导，在佛教政策上则实行了诸如免除度牒费、度僧、设僧官、发展寺院经济等，都具有一定的代表性。

明代对元代流传下来的喇嘛教也采取了既限制又扶植的政策：一方面废除喇嘛僧在内地的特权，另一方面又不断地封王赏赐喇嘛名僧。以后明代历代帝王对佛教的政策都大致如此。这一时期还出现了在家居士研究佛教的风气，很多明代名士都有自己的佛学著作，对佛教复兴产生了一定影响。这期间由于三教合一和佛教在民间传播的需要，产生了"善书"和"宝卷"的刊印流行，主要用来普及佛教，但也融合了三教之说。

总体上看，佛教内部仍旧是禅宗和净土宗最为流行，其思想理论上却较少创新。从四大高僧身上可以看到当时佛教发展的一些特点。

第一节　明代四大高僧

明代四大高僧分别是万历年间的云栖袾宏、紫柏真可、憨山德清、蕅益智旭。他们是明代佛教宗匠的代表，是明代佛教的一个亮点。

一、云栖袾宏

云栖袾宏（1535—1615 年），别号莲池，杭州人，他是净土宗第八代祖师。袾宏和当时很多僧人一样，早年都是学儒，他尚未出家前，常听到左邻右舍在念佛，当时就有强烈的出世之心，他曾经写四个字——"生死事大"，放在书桌上用来警策自己。

后来遭家庭变故，妻与子均病亡，所以出家为僧。

出家后他四处游方，参学访道。他曾在浙江五云山结庵而居，题名"云栖"。

他住持云栖寺四十余年，同门因此尊称他为"云栖大师"。

在思想上，袾宏以净土为主，又主张禅、净、教的合一。他认为，参禅不能离开参教，也很重视经教，不同意禅僧对经典的排斥。他认为，念佛可以总括禅教，也就是说，净土法门才是根本，是求得解脱的最好方式。

在儒佛关系上，袾宏认为儒家能补佛法之偏，三教合一才是合理的。

他对当时传入的天主教还作过一番批评。

袾宏的著作由其弟子汇集成《云栖法会》一书。袾宏在当时名声极大，名公巨卿，朝廷权贵倾心与他结交的极多，以致有人把他比作"法门周孔"。

二、紫柏真可

紫柏真可（1543—1603 年），字达观，俗姓沈，苏州吴江人。

17 岁出家，20 岁受具足戒。真可为人较为豪放，对国事、民生给予了极大关注和热情；而且也没有担任过任何寺院的住持，没有举行过讲经说法；他与明末另一高僧德清关系甚好，曾与德清共议续修明代传灯录，又一起筹划建房山云居寺静琬塔院。

万历三十一年（1603 年）发生了明史上的"妖书"事件，真可被人诬告而下狱致死。

他的著作有《紫柏尊者全集》三十卷和《紫柏尊者别集》四卷，附录一卷，收录了他所写的经释、序跋、书信等。

真可一生并没有专一的师承，思想上主张全面调和佛教与教外思想、佛教内部各宗派、宗与教之间的关系。这反映了当时明代佛教发展的一个总趋势。

真可反对禅僧盲目排斥语言文字，认为参禅离开文字是不可行的。

三、憨山德清

憨山德清（1546—1623 年），字澄印，俗姓蔡，安徽全椒人。

德清幼结佛缘，年少时即受父母影响信仰佛教，19 岁削发为僧，26 岁开始游历各地，31 岁时遇袾宏，二人相交甚好。

万历十一年（1583 年），赴青岛崂山安居，并通过皇太后的赏赐，用于赈灾和建庙。后万历二十三年（1595 年），神宗不满皇太后为佛事耗费巨资，迁怒于德清，将其逮捕入狱，后万历三十四年（1606年）获得赦免。

后历经千辛万苦重修南华寺，影响深远，被誉为中兴祖庭宗师。

德清的著作由其弟子整理为《憨山老人梦游全集》。

德清的思想接受三教一致、禅净兼修、宗教不二的思想，认为佛教中参禅、念佛最为重要。

晚年的德清成为净土的忠实信仰者。

大师一生致力于佛教研究，著作累累，弟子万千。明天启三年（1623年）十月十一日，大师世缘已尽，圆寂于南华禅寺，享年78岁。大师的肉身法像现供奉于广东南华寺内。

四、蕅益智旭

蕅益智旭（1599—1655年）是明末"四大高僧"之一，在佛教史上享有盛名。其净土思想也颇具特色。

1. 生平

蕅益智旭是江苏省吴县木渎镇人。俗姓钟，讳际明，又名声，字振之。蕅益法讳为智旭，字蕅（藕）益，又字素华，自号八不道人及西有道人；因累年常返灵峰山居，又号灵峰老人，世称灵峰蕅益大师。先世汴梁人，始祖由汴梁南渡至江苏。父名钟之凤，字歧仲。母金氏，名大莲，乃学佛居士。

蕅益自幼受到佛教的影响，7岁就开始食素，并且持戒严格。12岁的时候外出求学，后受当时学风影响，曾经作《辟佛论》攻击佛教。17岁时阅读了莲池的《自知录》而改变了对佛教的看法；后又读莲池的《竹窗随笔》，乃归心佛门。

24 岁时，曾于一月当中三次梦见憨山大师。无奈憨山大师远在曹溪，无法皈依，乃退而剃度于憨山大师的门人雪岭法师。蕅益将出家时，母舅金赤城用官场的种种名利诱惑阻止他出家，他不为所动。蕅益孝心醇厚，他的母亲病重时，曾四次刲肱割肉以疗母伤。出家人虽割亲辞爱，但并不因此而损减孝心。蕅益以父母为缘，而缘念及一切众生。28 岁那年，蕅益丧失慈母，哀痛之余，"尽弃笔砚"。直到 38 岁隐遁于九华山时，拈得"阅藏著述"一阄，遂得安心重理笔砚。30 岁时，蕅益受道友雪航法师的邀请在龙居寺讲律。33 岁时，到浙江北天目灵峰山造西湖寺。晚年栖心净土，求生西方极乐世界。

蕅益还一生信奉地藏菩萨，常居九华山，自称为"地藏之孤臣"，并勤礼《地藏忏仪》，持诵《地藏真言》，以求消除业障，往生净土。有人问蕅益："所愿为何？"蕅益答曰："愿生西方。""更有何愿？"答曰："愿生地狱。"问的人感到不理解，蕅益解释说："往生西方，则可以上事诸佛；投胎地狱，则可以下度众生。"

蕅益又发"三拼"誓愿说：拼得饿死，拼得冻死，拼得被人欺负死，终也不发一言与人辩是非、争得失，何况有抱怨复仇之事呢？他虚心向其他佛门大师学习。真可、憨山等都是他称赞的对象。蕅益有《紫柏尊者达观大师像赞》诗两首，抒发对真可的仰慕之情。蕅益也曾称赞莲池是"救世菩萨"。宋明以来，佛门中非禅即净，自从莲池以禅导净，更是开启了净土宗兴盛的局面。蕅益承其遗绪，亦大力提倡净土思想。在个人行持上，两人都是持戒谨严的典范。

蕅益一生著述甚丰，自称"长于著述，短于应酬"。他在读经卷时，随阅随录，著述《阅藏知津》和《法海观澜》二书。除了十卷的《灵峰宗论》，尚有其他多种解释经论的著作，归纳起来可分作以下几个部分：净土经论、戒学部分、天台教观、般若部分、唯识部分、忏仪及其他经注、杂著部分。有关净土的著作主要有《阿弥陀经要解》。该书是蕅益49岁时写成的。书中将净土思想发挥得淋漓尽致，使净土理论得以昭彰于世。台湾以信仰净土而闻名的李炳南居士在《重校新版阿弥陀经要解讲义序》中说："蕅益大师《要解》出，文润而质，言简而精，性与相双彰其谛；禅与净融而无诤。求解者，豁显其义，求行者，详示其端。十三祖叹为观止，良有以也！"

自古以来，注疏净土典籍者不乏其人。到了明末，莲池和幽溪注释净土的著作，为蕅益所推崇。他在《阿弥陀经要解》中说："云栖和尚著为《疏钞》，广大精微。幽溪师伯，述《圆中钞》，高深洪博。"然而，这两部书"特以文富义繁，边涯莫测，或致初机浅识，信愿难阶"。因此，蕅益再述《阿弥陀经要解》。《阿弥陀经要解》与前两书的关系，蕅益作一比喻进行说明："譬如侧看成峰，横看成岭，纵皆不尽庐山真境，要不失为各各亲见庐山而已。"除了《阿弥陀经要解》以外，在《灵峰宗论》中亦有不少描述净土的文章：如《弥陀疏钞三十二问》、《礼净土忏文》、《示念佛法门》、《示念佛三昧》、《孕莲说》、《持名念佛历九品净四土说》、《参究念佛论》、《念佛即禅观论》等。

2. 净土思想

（1）"三学一源"论

蕅益的修行，最初是在禅、律上下工夫，而后兼及研教、著述，最后汇归于净土法门。他在《灵峰宗论》中的《刻净土忏序》中认为，律、教、禅都是从净土法门流出，又还归净土法门。其

"三学一源"的观念，即以持戒为本，教理、禅观相资，将一切万善功德，导归西方净土。

佛门中有所谓"戒者佛身，律者佛行，禅者佛心，教者佛语"的说法。蕅益在《灵峰宗论》中发挥这一思想说："禅者佛心，教者佛语，律者佛行。世安有有心而无语、无行，有语而无行、无心者乎？"他举例说："迦叶未尝不持戒精严，博通佛法也，以禅名。阿难未尝不深证六通，严持妙戒也，以教名。优波离未尝不广解佛法，深入禅思也，以律名。又此土律师如昙无谶等，何尝不备禅、教。法师如智者、荆谿、清凉等，何尝不备禅、律。禅师如六祖、南岳、百丈、沩山等，何尝不备教、律。"将禅教律三者分离，乃是不懂"三学一源"之理。

他认为，禅、教、律三宗，不唯分无可分，并且合无可合，皆现前一念心性使然。因为"分无可分"，故古来大圣大贤无不贯通三学者；因"合无可合"，故古来真实知识无不各专一门者。在这当中，"了义中最了义，圆顿中极圆顿，方便中第一方便，无如净土一门"。何以言净土为最极了义、圆顿呢？因为"随其心净，则佛土净"。众生心念佛时，是心作佛，是心是佛，以一念顿入佛海，故曰"一称南无佛，皆已成佛道"、"若人专念弥陀佛，是名无上深妙禅"。

蕅益对念佛生净土一事推崇备至，他在《灵峰宗论》中说："上自文殊、普贤、马鸣、龙树，下至蜎飞蠕动、羽族毛群，唯此一事。此事第一要信得及，二要时时发愿，三要念佛功夫不间。三事具，至愚亦生；三事缺一，虽聪明伶俐亦不生也。其有谤此者，即谤三世诸佛菩萨。毗卢顶上，翻为阿鼻最下层矣。哀哉！"净土宗所宣扬的往生三资粮"信、愿、行"，在此被显赫地提了出来，只有"三事具"方能往生。

蕅益在《佛说阿弥陀经要解》中也有推崇马鸣、龙树、智者、永明等的言论。马鸣、龙树二大士号称"登地菩萨"，尚求生净土；智者大师号称"东土小释迦"，与永明大师皆力倡净土。蕅益承继了永明延寿的思想，兼宗禅、教、律于一身，并导归净土。

蕅益将禅、教、律三宗都汇归到净土法门，而禅、教、律又都要汇归到心性。蕅益认为净土法门是心性最大的全体大用，他在《灵峰宗论》中说："性非道理，无所不统。故十劫久成之导师，不在性外；心非缘影，无所不具，故十万亿刹之极乐，实在心中。"

净土宗认为，只要坚信西方可到，直念下去，或昼夜三万，或五万、十万，以决定不缺为准，毕此一生，定能往生。蕅益在《灵峰宗论》中保证说："若不得往生者，三世诸佛便为诳语。一得往生，永无退转，种种法门，咸得现前。切忌今日张三，明日李四。遇教下人又思寻章摘句；遇宗门人又思参究问答；遇持律人又思搭衣用钵，此则头头不了，帐帐不清。岂知念得阿弥陀佛熟，三藏十二部极则教理都在里许；千七百公案、向上机关亦在里许；三千威仪、八万细行、三聚净戒亦在里许。"又说："真能念佛，放下身心世界，即大布施；真能念佛，不复起贪瞋痴，即大持戒；真能念佛，不计是非人我，即大忍辱；真能念佛，不稍间断夹杂，即大精进；真能念佛，不复妄想驰逐，即大禅定；真能念佛，不为他歧所惑，即大智慧。"不管是研教、参禅或是学律，皆可以一句佛号来圆摄这百千法门，统摄一切法门。此即是"三教"最终导归净土的道理。

蕅益强调"三学一源"，最后汇归净土。但在《灵峰宗论》中又提醒人们说:"念佛求生净土,乃一门圆摄百千法门,非举一废百也;但必一门深入,念佛为正行,余一切戒定慧等为助行。正助合行,如顺风之舟,更加板索,疾到岸矣!"因此,佛教修行虽以净土为主,禅、教、律亦不可偏废。禅、教、律等种种助行,皆可汇归导入净土。

(2)净土修行论

净土宗宣扬"带业往生",即不须完全断除惑业,而仅须伏住粗重之惑业,不让它生起造作,再加信愿持名,就能够往生西方。蕅益在《弥陀要解》中说:"此经以信愿持名为修行之宗要,非信不足以启愿,非愿不足以导行,非持名妙行不足以满其所愿而证所信。是故经中先演极乐依正以生信,次劝应当发愿以导行,次示七日持名以径登不退。"又在《灵峰宗论》中说:"信愿如目,众行如足;信愿如牛,众行如车;信愿如棋之有眼,众行如棋之有子。故信愿行三,虽缺一不可,而尤以信愿为主为导也。盖信愿既专,凡种种诸善,皆净土资粮。……苟无信愿,则戒感人天,定感色、无色界,慧剋二乘权果而已。"可见,信、愿、行乃净土修行者必备的要求。

蕅益认为,"信"为修行净土者首要具备的条件,"信为道源功德母,长养一切诸善根"。他又将信与发菩提心紧密相连,他在《灵峰宗论》中说:"不发真菩提心,亦不名真信,信岂易言哉!马鸣立论,直名《起信》。三祖作铭,直名《信心》。不似后世,妄以信解行证强分浅深次第也。"

蕅益在《弥陀经要解》中将"信"分为六种,它们是"信自、信他、信因、信果、信事、信理"。

蕅益解释"信自"说:"信我现前一念之心,本非肉团,亦非缘影，竖无初后，横绝边涯，终日随缘，终日不变。十方虚空微尘国土，元我一念心中所现之物。我今虽复昏迷倒惑，苟能一念回心，决定得生，自己心中本具极乐，更无疑虑，是名信自。"

解释"信他"说："信彼释迦如来决无诳语，弥陀世尊决无虚愿，六方诸佛广长舌决无二言，随顺诸佛真实教诲，决志求生，更无疑惑，是名信他。"

又解释说："信因者，深信散乱称名犹为成佛种子，何况一心不乱安得不生净土因，是名信因。信果者，深信净土上善聚会皆从念佛三昧得生，譬如种瓜得瓜，种豆得豆，亦如影必随形，响必应声，决无虚弃，是名信果。信事者，深信只今现前一念不可尽故，所以依心所现一切十方世界亦不可尽，实有极乐国土，在十万亿土之外，最极清净庄严不同庄生寓言，是名信事。信理者，深信极乐国土虽在十万亿土之远，而实不出我只今现前介尔一念心外，以吾现前一念心性实无外故。又复，深信西方依若正若主伴皆吾现前一念妙明真心中所现影。全事即理，全妄即真，全修即性，全他即自，我心遍故，佛心亦遍，佛心遍故，一切众生心性亦遍，譬一室千灯光光互遍，重重交摄不相妨碍，是名信理。"

净土法门素有"难信而易行"之说。为何净土法门为难信之法呢？蕅益在《灵峰宗论》中说："诸佛功德智慧，虽皆平等，而施化则有难易。于净土成菩提易，于浊世成菩提难；为净土众生说法易，为浊世众生说法难；为浊世众生说渐法犹易，说顿法尤难；为浊世众生说余顿法犹易，说此净土横超顿法尤难；为浊世众生说净土横超顿修顿证妙观，已自不易。说此无藉劬劳修证，但持名号，径登不退，奇特胜妙，超出思议，第一方便，更为难中之难。"这里用陈级的比较法，来说明净土难信的事实。净土法门易行而又难信，其原因在于阿弥陀佛四十八愿之一的"带业往生"。"带业往生"不须断除见思二惑，就能往生西方净土。

云何为"愿"？蕅益在《灵峰宗论》中说："出世之要，莫尚愿力。愿者，信所钟，行所出也。无信则无愿，不愿可云信乎？无愿则无行，愿相续，非即行相续乎？所以法藏比丘四十八愿既发，阿弥陀佛四种净土庄严。"

云何为"行"？蕅益提倡信愿持名，他于《弥陀要解》中，开宗明义的说："原夫诸佛悯念群迷，随机施化。虽归元无二，而方便多门；然于一切方便之中，求其至直捷至圆顿者，则莫若念佛求生净土。又于一切念佛法门之中，求其至简易至稳当者，则莫若信愿专持名号。"

持名一法出自于《佛说阿弥陀经》，不同于其他的念佛三昧。蕅益在《弥陀要解》中说："惟此持名一法收机最广下手最易。故释迦慈尊于此经中无问自说，特向大智舍利弗拈出。可谓方便中之第一方便，了义中无上了义，圆顿中最极圆顿。"

蕅益以"一心三观"，即一心观空、假、中来诠释持名念佛，称赞持名念佛乃"举一全收，无一法在名字外"。又在《灵峰宗论》中说："复次束此境三，总名妙假，举正报该依报，举化主该徒众，举假名该宝法，一句名号，三千历然故；复次束此观三，总名为空，以觅心无朕故；复次名若是心，复何为名？名若非心，心何持名？心若是名，复何为心？心若非名，名何预心？于其中间，无是非是，岂非即中？"悟得此理而持名，则一称一念顿圆无上菩提，全在妙境妙观之中。所持之佛名，无非是"一境三谛"；所持之念，无非是"一心三观"，是故一切法门，无不从此念佛法门流出，无不摄入念佛法门之中。

3. 在净土思想史上的地位

蕅益大师一生有两次大的开悟。第一次开悟是他 20 岁（1618 年）那年，在诠释《论语》时，至"天下归仁"处便不能下笔，废寝忘食三昼夜后，大悟孔颜心法。这是蕅益出家前生平第一次的悟处。据大师自述，此次所悟与阳明无二。由此可知，儒、释、道三家之学皆是反求诸己、自省内学的心法功夫，为不假推求的自然呈现。

第二次开悟是他 24 岁（1622 年）那年，在云栖门下服劳役，听闻古德法师讲授法相宗的经论时，一听之下，甚觉经义了了分明；转而又想起《楞严经》等性宗经典，在宗旨上似乎有矛盾之处，便把心中所疑，请教古德法师。古德法师答曰："性相二宗，不许和会。"听完这个回答以后，甚感奇怪，认为佛法岂有分歧？过些日子，再向古德法师发问："佛法说不怕有念头生起，只怕是觉察的功夫太迟。若是中阴身在投胎受生的那一刻，突然间迅速地醒觉了，如此一来，又如何脱离受生的既定命运？"古德法师反问道："那你现在入胎了没？"大师微笑不语。古德法师接着又说："是入胎了吧！"大师仍无语。古德法师再逼问道："难道你以为受得此身，只决定于受胎时的那一念迷悟？"大师受此棒喝，汗流浃背，一时无法分晓。于是，收拾行囊，前往径山坐禅参究。不疑不悟，大疑大悟，经过一番努力，终于大彻大悟。这是蕅益第二次开悟的因缘。

此后，蕅益在注解经论时，于性相二宗能圆融无碍，实得力于此。这也影响到蕅益对净土法门的悟解。蕅益在各宗上的成就，可与宋朝永明延寿相媲美。令人遗憾的是大师世寿仅五十七；否则，所留著作当更丰富。大师与永明延寿皆为融通佛教各宗的集大成者，并且对于净土法门竭力弘扬。所以，蕅益与永明的思想可谓一脉相承。

蕅益弘扬净土的著作以《阿弥陀要解》最为出名。《阿弥陀要解》把西方极乐世界的依正庄严，完全汇归到现前的一念心性。明示佛力不可思议、法力不可思议、众生现前的一念心性具足恒沙功德亦不可思议。蕅益的《净土十要》亦流传甚广，其中收选自著的《弥陀要解》和袁中郎的《西方合论》等十本著作，后由弟子成时坚密法师评点叙述，精刻行世，成为净土修行的必备宝典。

弘一大师最推崇蕅益。弘一大师曾编选《寒笳集》，乃取杜甫"边城霜月听寒笳"之意旨。《寒笳集》又名《蕅益大师警训略录》，其内容选录《灵峰宗论》之法语，作为警训之用。弘一大师还为蕅益大师编了大事年谱。净土宗十三祖印光大师，以及天台谛闲大师、倓虚老法师等，对蕅益大师也都赞佩有加。蕅益之后，净土宗有十祖截流行策大师、十一祖省庵大师、十二祖彻悟禅师以及民国初年的十三祖印光大师。考察印光大师思想的主要背景，可以发现仍是以蕅益大师的思想为主轴。同时，两人都偏向于天台的教理思想，对净土教的认知可说是完全一致的。

正如台湾的法藏法师在《台湾净土教思想的发展》一文中所说："蕅益大师是全才，包括学戒律、修密、参禅及对各种教理广泛的涉猎研究，但并不失其在净土宗被推崇的地位；因此印光大师和蕅益大师在思想上可说是前后一脉相承的。"

由上可见，净土宗的传承有其法脉的承继，由蕅益大师再追溯而上，有永明延寿；再推之而上，根本是由释迦牟尼所亲口宣说。而由蕅益大师以下，也传承了几代，今日大陆佛教与台湾佛教的净土宗也是经由如此的传承而来的。

总的说来，四大高僧面对明代佛教宗门混乱的局面是立志寻找良方，又多在禅净二宗上寻求突破。同时，又对儒、释、道三教合一作出推动。融合教内宗派思想、消解佛教与教外儒道的差别，是四大高僧的共同思想倾向。

第二节　清代佛教

清代佛教是从清顺治元年（1644 年）至宣统三年（1911 年）共 268 年间清朝一代的佛教。

一、对佛教既限制又利用

清代为满洲贵族爱新觉罗氏建立。满族原来信仰萨满教，对天神地祇的崇拜十分流行，与汉民族对天帝和土地的传统信仰极为相似。清代统一全国后，接受汉族文化，吸收明王朝的政治制度，进一步加强了君主专制制度，在文化领域实行空前严格的思想统制，对汉地佛教继续采取既利用又限制的政策。

清代在佛教政策上仿照明朝，建立僧官制度，在京设立僧录司，所有僧官都经礼部考选，吏部委任；各州府县僧官，则由各省布政司遴选，报送礼部受职。所有僧官名称都和明代一样。有管理佛教的衙门，也有相应的律例来规定僧尼的行为；同时，对出家、建寺等都有严格规定，不允许私自度僧尼和拆毁建造寺庙佛像。

对于僧道，一律官给度牒，自乾隆十九年起（1754 年）才通令取消官给度牒制度。到清末时，全国僧尼约有八十万人。清代的译经也有一定特色，主要是国内各族文字的互译。

二、重视喇嘛教

研究清代佛教首先要讲到藏传佛教。清在入关之前与西藏喇嘛教有所联系，清顺治帝九年（1652 年）西藏的达赖五世应邀入京，受到清政府的礼遇，并专门为他修建了西黄寺，作为他在北京的住所。五世达赖离京后顺治帝还赠与了大量的礼品和金银。

1653 年，顺治帝册封他为"西天大善自在佛所领天下释教普通瓦赤喇怛喇达赖喇嘛"，意即其统领藏蒙地区的佛教。通过册封达赖，清政府加强了对西藏的控制，也使得蒙古各族归顺清政府。

康熙年间清政府又拉拢西藏班禅系统，下诏册封第五世班禅喇嘛罗桑益西为班禅额尔德尼。

雍正时设驻藏大臣，管理西藏政务。

乾隆年间组织人力翻译满藏经文，在各族间加强交流。并将雍和宫立为喇嘛教寺院，成为国都喇嘛教的中心。在清皇室的扶持下，喇嘛教在全国，特别是在蒙、藏地区有相当大的发展。

汉地佛教则在清代由于战火破坏、寺院荒废、国力衰弱处于全面衰退阶段。

三、禅宗、净土宗和居士佛教

清代禅宗无论从社会影响上还是理论水平方面都远不及禅宗发展的兴盛时期，实际上清代禅宗也仅活跃于清初。虽然曾经有过短暂的复兴和名师出现，但是后来门派争论严重，雍正也干预其中，许多宗派分出新的门系，如临济宗分出天童系和盘山系，曹洞宗分出寿昌系和云门系，由此形成清代禅宗的基本格局。

脉络

中国佛教

清初以后，禅宗的地位渐渐为净土宗所取代，净土是清代各宗的共同信仰，清代净土名家辈出，有省庵、行策、瑞安、印光等。省庵是净土宗第七祖，行策则首创"打念佛七"。其他各宗如律宗、华严宗等也有不少传承。但是总体上，各个宗派规模和影响已大不如前，最终归于沉寂。

虽然佛教宗派发展停滞，但是在文士之中，佛教义学反而出现异常活跃的现象，居士弘扬佛法成为一大特色。

自明代以来，由李贽开始的士人将佛教作为观察世界和批判道学的武器，佛教义理成了官方儒学的异端。后来明末政治腐败，士人背离道学，多向佛教倾斜。

及至明亡，抗清复明而又独具见识的士人，有相当一批归于佛教，如八大山人、石涛等均出家为僧；未出家者也借用佛教义学阐述自己的理论，如方以智、黄宗羲等。

第三节　藏传佛教转世制度的发展

藏传佛教作为中国佛教的三大系列之一，在蒙藏地区拥有深厚的群众基础和深远的历史影响。

一、转世制度

藏传佛教从后弘期开始，即 11 世纪起进入了鼎盛时期，这一时期藏传佛教的特点是不仅自成体系的僧团寺庙相继形成，而且各具特点的诸多宗派先后兴起，例如宁玛、噶举、格鲁等，并逐渐影响到蒙古地区。

此后，藏传佛教思想逐步渗透到藏族、蒙古族等民族的社会生活、政治生活和精神生活等各个方面，成为藏、蒙各族传统文化的重要组成部分。

藏传佛教的经典教义、显密二宗的传统方式、灌顶修行等宗教仪轨，都以其独具特色的魅力，吸引着众多的佛教信仰者、研究者和爱好者。其中的活佛转世制度，对蒙、藏地区的社会影响最大。

转世制度，是藏传佛教所特有的制度。藏传佛教认为活佛是佛、菩萨或圣僧的再生者。所谓活佛转世，是指大喇嘛和活佛生时修行已达到了断除了惑业的因，证得了菩提心体，生死之间能不昧本性，不随业而自在转生，复接其前生的职位。

现在广为人知的是达赖喇嘛和班禅额尔德尼两大活佛转世系统，属于黄教，即格鲁派的转世系统。

西藏历史上，活佛转世开始于噶玛噶举派，大约在 13 世纪中叶时形成，1283 年正式成立。

15 世纪初，宗喀巴对佛教进行了改革，使得黄教广泛与各个地方封建势力建立联系，所以在整个西藏上层的支持下，黄教迅速发展。

二、达赖喇嘛的由来

1576 年（明万历四年），青海蒙古首领俺答汗派人到西藏邀请索南嘉错，双方互相互赠尊号。

俺答汗赠给索南嘉措的尊号是"圣识一切瓦尔达喇达赖喇嘛"。此即达赖喇嘛名号的起源和由来，"达赖"是蒙古语"大海"的意思，"喇嘛"是藏语的音译，为上师之义。根敦主、根敦嘉措被追认为一世、二世喇嘛，而索南嘉措自然成了第三世喇嘛。

其转世后辈一直称为达赖喇嘛。

发展到 17 世纪中叶，西藏地区以日喀则为中心支持噶玛噶举派、止贡噶举派的藏族地方政权和黄教寺院集团斗争不止。

人与人之间的争斗、宗教与宗教之间的争斗、宗教内部各大派别之间的争斗，在历史上从来没有止息过。藏传佛教也不例外。这令人想起了庄子的思想，人的认识都是以其所是，而非其所非。

三、班禅的由来

1642 年蒙古固始汗进军西藏帮助黄教消灭了西藏地方政权，建立了甘丹颇章地方政权。1645 年，固始汗赠扎什伦布寺寺主罗桑却吉坚赞"班禅博克多"的尊号。

"班禅"是"班智达钦波"的简称，意为大学者、博学者，是后藏地区对学识渊博的高僧的尊称。"博克多"是蒙语，是对有勇有智的英雄人物的尊称。

从此，"班禅"成为专用称号，不再用来尊称他人。班禅活佛转世系统就产生了。

罗桑却吉坚赞是第四世班禅，克主杰、索南乔朗、恩萨巴罗桑顿主分别被追认为一至三世班禅。

四、清代的达赖和班禅的册封制度

达赖喇嘛和班禅的称号虽然在明代时候就已产生，但是清代时才得以确立。

通过清政府顺治帝的册封，给了达赖喇嘛历史上最优异的礼遇和最高之称号，令其掌管西藏佛教，也就是西藏地方的宗教首领，认可了固始汗在西藏的统治地位。

自此，以黄教最高领袖号召蒙藏民众，依靠蒙古势力统治西藏地方成为清政府的基本政策。

后来清朝为稳定在西藏的统治和加强班禅系统的势力，康熙皇帝下诏册封第五世班禅。这样，清政府正式确立了达赖喇嘛和班禅额尔德尼系统，从此，历代达赖喇嘛和班禅额尔德尼都必须经过中央王朝的承认和册封便成惯例。

另外，黄教在蒙古又立了两大活佛转世系统：一是外蒙古的哲布尊丹巴，二是内蒙古的章嘉。这个系统用来掌管该地的藏传佛教事宜，但是没有达赖和班禅流传之广。

五、"金瓶掣签"法

活佛转世制度的运作流程，都较为神秘。在前世活佛去世一年后开始寻访，通过占卜等神秘活动寻访出一位甚至多位灵童。然后再由灵童来辨认前世活佛生前的物品，再请神来问谕。辨认和降神的结果要由驻藏大臣向清政府报告，请求批示。然后再举行升座仪式，称为"坐床"，经过此仪式，灵童正式称为活佛。

这其中出现的问题是，如果是多位灵童都可以进行候选的话，那么，该如何抉择？并且同时如何避免西藏多个贵族操纵活佛地位用于争权夺位呢？

1792年乾隆皇帝颁布了"金瓶掣签"法，由清政府制金瓶两个，一个送往拉萨大昭寺，一个藏于雍和宫。活佛转世系统中，确定灵童后要用抽签来决定活佛。这样金瓶掣签成为定例，流传至今。

自清朝以来，藏传佛教活佛达赖和班禅转世灵童需在中央代表监督下，经金瓶掣签认定。历史上，第十世、十一世、十二世达赖喇嘛和第八世、九世、十世班禅额尔德尼以及第五世、六世、七世、八世哲布尊丹巴呼图克图经由该仪式产生。

金瓶掣签

第十三章

近现代佛教

从 1840 年开始，中国拉开了近代历史的序幕。近代的中国正处于社会转型时期，佛教也处于空前的危机之中。

佛教走上了漫长的改革之路。当时的佛教面临的威胁是国际社会的挤压、西方文化的排挤和国内政治的打击，以及佛教自身的弊端等，呈现出一幅衰败的景象。

晚清以来，西方资本主义生产方式传入，彻底动摇了封建统治的基础，与之相依的佛教也受到了沉重打击。中国传统佛教的生存土壤，无疑是小农经济。禅宗的"农禅经济"就能很好地说明这一点。

随着鸦片战争的爆发，西方近代工业文明扫荡了整个风雨飘摇的中国大地。资本主义的冒险、追逐利润等心理，与佛教的与世无争、断绝尘缘等特点相距甚远。同时，在资本主义生产方式和生活方式渗入的同时，基督教也随之进入，中国信仰基督教人数日益扩大；同时日本也向中国反输佛教，带有浓厚的侵略色彩而失去了佛教原有的宗旨。国内的政治势力也对佛教进行残酷的打击，例如太平天国对佛教的打击，还有政府对寺庙财产的侵夺。

以上这些都给中国传统佛教生存造成了巨大压力，使得他们在这样的内忧外患下难以喘息。

佛教由于长期依附于封建势力，随着封建阶层的没落，佛教本身也出现了衰退，到了生死存亡的关头。首先是佛教本身的封建化色彩浓厚，这给传统佛教带来了巨大障碍。寺庙经济开始难以维持日益增长的庞大的食利阶层，也因此产生了因追逐寺院经济而置佛教义理于不顾的恶劣现象。随着中国封建社会丧钟的敲响，传统佛教的活力也走到了尽头。其次是由于佛教在宋以后从事的义理讨论都集中在与儒、道的三教结合，所以佛教本身并没有多大发展。这主要体现在大多数僧人的佛学修养普遍不高。这与唐代、五代、宋代时期名僧迭起的状况是极为不同的。多数僧人只知道对佛祖菩萨焚香礼拜，对佛理并不了解甚至不作研究，就更不用说出现诸如禅宗五家十宗争鸣的局面。僧人文化水平普遍不高，识字不多。这样的佛教界，要担负起佛教振兴的重任确实很困难。

在这样一个内外夹击的情况下，中国传统佛教作出了一定抗争。

居士佛教在晚清这样一个时代异军突起，为佛教界值得关注的一个现象。在他们的影响下，佛教各宗派也作了诸多尝试，试图复兴各宗的义理发展。其中以初清既已衰败的禅宗最为积极，禅宗在中国历史上毕竟有深厚的文化积淀，所以在清末仍能保持一定的规模，并且开始积极地参与社会活动，兴办佛学院校，组建团体，从事慈善救济活动。

其中较为著名的是虚云、圆瑛大师，他们为禅宗法门的支撑做了许多工作。

净土宗也积极地推动社会公益事业，并且依然受到了民众的推崇。印光大师作为近代净土宗的重要人物，对弘扬净土影响最广，为后人所不及。

另外，法相唯识宗在湮没已久的情况下于近代复兴，可谓是一枝独秀。

天台宗、华严宗、律宗、密宗也有一定延续。

到了近代，佛教开始走向了革新之路，重要的一点就是提出了"人生佛教"的口号，许多僧界领袖都积极地响应。并且在社会上作了普及和教育活动，成立佛教研究机构、民间团体，创办刊物，为近代佛教带来新气象。

下面篇章将通过对近代三位居士和名僧的介绍来具体阐述近代佛教特点。

第一节　近代佛教"复兴之父"——杨文会

杨文会，字仁山，1837 年（清道光十七年）出生于安徽石埭（今石台）的一个官宦之家，因为偶然得《大乘起信论》而反复研读，随之又读了《楞严经》，对佛学产生了浓厚兴趣，从此一心学佛，认为只有在佛教中才能找到解脱苦恼的方法，并且把关注的焦点移到佛教的振兴上。

一、创办金陵刻经处

杨文会生平所作的一件大事就是在金陵即南京创办了刻经处。1866 年，杨文会移居南京，认识一批学佛同人，如王梅叔、魏刚己等人，面对佛教内忧外患的情况，他们感到佛教典籍的毁坏失散对当前佛教的发展大为不利，于是发愿改变过去刻印大部头《大藏经》的做法，转而改印佛经小册子，以便佛法流传。杨文会亲自制定章程，就此创立了金陵刻经处。他们以金陵为中心，根据统一的刻经版式和校点编辑体例，刻印了一大批普及佛典，对近代中国佛教发展作出了突出贡献。

杨文会生前主持金陵刻经事业近五十年，刻印佛经三千余卷，其中有许多是已经佚失的唯识宗典籍，对近代唯识宗的振兴起了重大的推动作用。同时华严宗的复兴也与其有莫大关系，杨文会曾托人从日本收集到中国久已失传的《搜玄记》、《探玄记》等数十种华严经典，整理刊刻并结合时代需要予以发挥，激起了强烈的反响。

金陵刻经处刻印的经书在近代享有很高的声誉，主要有两个特点，一是金陵刻经处对所刻经书，选择极严，内容纯正；二是刻印经书的质量很高，校勘严谨，刻工精致。杨文会还注重广传中国失传古本，积极自海外寻得流传已久的各宗派书籍二三百种，择其精要而刻印。

金陵刻经处的印经，对清末民初佛教经论的流通贡献极大，实际上推动了当时学佛研佛的风气，为近代佛教的复兴作出了基础性的贡献。在他的带动下，全国各地纷纷成立了刻经机构。总而言之，金陵刻经处的创立，是近代中国佛教的大事。中国近代佛教的复兴，金陵刻经处有开启之功。

二、培养佛学人才

杨文会身为近代著名居士，不仅在刻经上做出了努力，而且还培养了诸多佛学人才，推动了近代佛教教育事业的发展，更开一代居士佛学之新风，从他开始，以佛学研究为基础，以印经与讲学为事业，遂为金陵刻经处百余年来的优良传统。

当时杨文会看到近代僧人素质普遍低下，致使佛学不振。所以他以金陵刻经处为基地，开办佛学堂，举办佛学研究会，与多方名士共同探究佛学义理。近代的名士如谭嗣同、章太炎等都曾拜在其门下。杨文会甚至还仿照学堂教法来教授佛学课程，热心于佛学堂的工作。

杨文会更亲自动手编写了《佛教初学课本》，1907 年秋天，在金陵刻经处办起了佛教学校"祇洹精舍"，当时入学的僧俗学生约有二十人，太虚就是那时候的学生。两年后，因为经费紧张而停办"祇洹精舍"。

杨文会并没有灰心，于 1910 年又发起了"佛学研究会"，每月开会一次，每七日讲经一次。欧阳渐就是此时正式拜于杨文会门下。

先后出在杨文会门下的著名佛教学者，除了前面所提到的之外，还有梅撷芸、李证刚等人，可见近代僧俗两界的人才多出于杨文会的培养之下。杨文会以金陵刻经处为中心，从忧身出发进而忧教、忧国、忧人类；特别是忧教忧国的理念，是中国传统知识分子忧患意识的延续，这是当时整个佛教界、知识界的共同心声。但是，在僧俗两界能够做到像杨文会如此，将刻经办学做出规模，对佛学义理研究出深度来，是无人能及的。

总之，杨文会是晚清最杰出的佛教居士，为中国近现代居士佛教带来了新的风气。杨文会为佛教的振兴作出了卓越的贡献，后人多有不及，被誉为中国近代佛教"复兴之父"。

第二节　欧阳竟无与支那内学院

欧阳竟无，名渐，字镜湖，号竟无，生于清同治十年（1871年），逝世于民国三十二年（1943年），江西宜黄人。近代著名佛学家思想家、教育家，人称"宜黄大师"，他同时也是近代著名的唯识宗大师。

欧阳竟无早年是攻读经史的，1890年进南昌经训书院，学习程朱理学，博涉经史，兼修天文、数学。后又潜心研习陆王之学。后来受到朋友桂伯华的影响而对佛学发生了兴趣。

一、继续创办金陵刻经处

欧阳竟无1904年到南京，投奔杨文会，研究学习佛学。后来还游历日本，回国后任两广优级师范教师，因病而辞职，又于1910年回到南京跟随杨文会学习。

次年杨文会去世，叮嘱欧阳竟无在金陵刻经处继续刻印佛经，欧阳竟无在南京留了下来。1912年与李证纲、桂伯华、黎端甫等创立佛教协会。1914年在刻经处设佛学研究部，聚众讲学。

二、创办支那内学院

1918年，欧阳竟无和章太炎、陈三立等人在紧靠秦淮河畔的南京半边街创立支那内学院（佛学院），由欧阳竟无主讲《唯识抉择谈》、《大藏经》、《四书》、《五经》等经典。

1922年欧阳竟无出任支那内学院院长。

初次讲学时，著名学者梁启超和张嘉森等人专程赶来听讲二十余天，而当代佛学大师赵朴初也是欧阳竟无当时的入室弟子。

1925 年，他和学院中四十多名生徒开始编辑和刊印唐代以来译自梵文的佛经二十余种一百多卷。

1931 年，创办《内院年刊》和《内院杂志》，同年，"九·一八"事变后，欧阳竟无激发爱国精神，大声疾呼抗战。

1937 年夏，抗日战争爆发，他率院众携经板至四川江津，建立中国内学院蜀院，主持该院，讲学刻经，直到 1943 年 2 月去世为止。

三、对唯识宗的贡献

欧阳竟无创办的支那内学院是当时佛教宗派中复兴唯识宗的重镇。早年他跟随杨文会学习唯识宗，在金陵刻经处为唯识宗的经典刻译做出了诸多努力。

1914 年，他作为刻经处编辑，刊行了唐代玄奘自印度带回并据梵文翻译的唯识宗经卷。1917 年他刻成《瑜伽地师论》后 50 卷，为当时学者对唯识宗的研究提供了典籍范本。

1925 年在内学院专门设立了法相学科，为学生讲唯识论，并按年代顺序和发展情况向学生们介绍早期小乘和大乘的佛典。

欧阳竟无自己在佛学理论上推尊法相唯识学，并对此有十分精深的研究。他通过对法相唯识学发展历史的梳理和研究，提出了唯识和法相是在理论上具有许多不同特点的两种学理的崭新见解。

他在《瑜伽地师论》刻印时，亲自写序言，阐发法相唯识学一本十支的奥义，分唯识、法相两宗，发前人之所未发。

他认为，从印度瑜伽行派弥勒学发展历史来考察，是先立法相，后创唯识。他在有关的经论叙述中，从不同角度比较了法相学与唯识学之间的不同点。

欧阳竟无一生著述甚丰，晚年自编所存著作为《竟无内外学》26种三十余卷，他在著作中提出的"结论后的研究"的方法和"佛教宗教非哲学"、"法相唯识非一"的思想，在当时颇有影响。欧阳竟无毕生穷究佛学，初研瑜伽，中研般若，晚精法相唯识，实集佛学之大成。

四、培育佛教人才

在佛教教育方面，欧阳竟无为近代中国培养了一大批著名的佛教学者，在内学院的三十年历史中，在中国近代思想史、学术史上卓有成就的梁漱溟、熊十力、汤用彤等，都与内学院有着密切的关系。

欧阳竟无一生，继承了杨文会的刻经立学事业，成果斐然，他所创办的支那内学院开佛学教育专业化、学术化之先河，并以此为后世居士道场的发展奠定了基础，大大提升了居士于佛学界之地位，另外其突出的贡献还在于他在唯识宗复兴上的诸多努力以及他融通儒佛的佛学思想。

第三节　太虚的佛教革新运动

太虚（1889—1947年），浙江海宁人，现代中国佛教改革的最重要领袖，人生佛学的主要倡导者。

一、中国的马丁·路德

太虚一生的事业和佛教改革息息相关，门下徒众誉之为"中国的马丁·路德"，而"政治和尚"之类的讥评也时有所闻。

从立志佛教改革后开始，太虚始终在寻求一条将佛法与社会，也即将佛法的胜义谛与世俗谛结合发展的道路，其佛教改革思想和这一中心目标密不可分。

太虚自幼家贫多病，启蒙识字后，才气渐露。16 岁于苏州平望小九华寺出家，同年依宁波天童寺寄禅和尚受具足戒。1909 年随寄禅参加江苏省僧教育会，又于南京金陵刻经处"祇洹精舍"跟随杨文会学佛经。

1911 年在广州组织僧教育会，住持白云山双溪寺。当时的黄花岗起义对他影响很大，他曾作诗凭吊。1912 年与同学仁山等创设中国佛教协进会，后中国佛教协进会并入中华佛教总会，被推为会刊《佛教月报》总编辑，撰文宣传"佛教复兴运动"，建立新的僧团制度。1917 年应请至台湾弘法。曾在上海与章太炎等组织觉社，出版《觉社丛刊》，后改为《海潮音》月刊。

1922 年创办武昌佛学院。1925 年率佛教代表团出席在日本东京召开的东亚佛教大会，并考察日本佛教。

1927 年任厦门南普陀寺住持、闽南佛学院院长。

1928 年在南京发起成立中国佛学会，是年秋出国访问，历游英、法、德、比、美诸国，宣扬佛教，与英、法等国学者共同发起，在巴黎筹组世界佛学苑，太虚是第一个到欧美弘法的中国僧人。

1931 年在重庆北碚缙云寺创办汉藏教理院。1943 年组织中国宗教徒联谊会。抗战胜利后，任中国佛教整理委员会主任。1947年在上海逝世。

太虚一生精研佛学，在许多佛学义理尤其是唯识宗派思想上作过诸多论述，他是当时僧界弘扬唯识学的主将。但就其一生的主要经历看，他致力于佛教复兴、重整和改革活动，是一位佛教改革的实践家。

太虚年轻时候受时局影响，阅读很多中外各种思潮的书刊，还跟苏曼殊学过英文。

1907年经同学华山、栖云等介绍，读康有为、梁启超、谭嗣同、章太炎、邹容等人的著述，深受激励，向往革命。他当时还读了不少空想社会主义者和无政府主义者，如托尔斯泰、巴枯宁、蒲鲁东、克鲁泡特金的书，甚至马克思的著作。

他面对清末以来佛教界的种种弊病，提出了"佛教革命"的口号，提出"教理、教制、教产"三大革命，撰文宣扬佛教复兴运动，规划创建新型的僧团组织和制度，他主张推行贴近普通民众社会生活的"人生佛教"，并致力发展佛教教育。

"人生佛学"被后人发展为"人间佛教"理论，成为现代中国佛教的指导思想；他还创办佛学院，组织居士林，出版书报杂志，在培育新僧人才、团结各界信众、宣传佛教文化等方面，都作出了卓越的贡献。

二、三佛主义

太虚提出的佛教革新思想显然受到了近代资产阶级民主革命派思想的深刻影响，他自己曾把佛教三大革命的主张与孙中山的三民主义相比拟，认为教理革命就是民权主义，教制革命就是民

第十三章　近现代佛教

族主义，而教产革命则是民生主义。

后来他又模仿三民主义而提出了所谓的"三佛主义"，即建立有主义、有纪律之僧团组织的"佛僧主义"，大力发展佛教徒、在僧侣组织之外还要建立居士组织的"佛化主义"，以及用佛教影响国家乃至全世界的"佛国主义"。

太虚倡导的佛教革新运动，其重点在整顿僧制，建立新僧团。

由于社会的发展变化，以及受到佛教内部保守派的强烈反对，改革难以实行。因此，太虚便积极从事佛教教育。他创办刊物以宣传佛教思想，创办佛学院以培养佛教人才；他特别鼓励年轻的僧人学习佛教教义，并兼学各种文化知识。

他在《学僧修学纲宗》中谈到学僧"为学的宗旨"时强调，"根本宗旨在于佛学"，但学佛"不仅解行佛法独善其身，还要将佛法扩充到全社会里去，发展到全人类中去，既然如此，在此修学时期，必须要预备办这种事业的工具，即是要有世间的各种常识：科学、哲学的常识，各民族历史、地理等文化的常识，此外还有宣传佛教的文字语言"。

太虚在推行佛教教育方面的努力对近代佛学研究和佛教文化事业的发展都起了一定的促进作用。

太虚的佛教改革事业中，教产、教制方面的收效甚微，而教理革命，尤其是人生佛教的思想对中国近现代佛教的发展贡献很大。

三、"人生佛教"思想

太虚提倡人生佛教的主要内容在于以佛教"舍己利他"、"饶益有情"的精神去改进社会和人类，建立完善的人格、僧格。

为此，太虚大师提出了"即人成佛"、"人圆佛即成"的口号。他认为，这里所谓的"即人成佛"与禅宗所说的"直指人心，见性成佛"不一样，而是指"直依人生增进成佛"，或"发达人生进化成佛"。

他鼓励僧众和信众从现实人生出发，由自身当下做起。这也就是说，成佛就在人的现实生活中，就在人的日常道德行为中。因此，他的人生佛教的鲜明特点就是落实到现实生活中具体人格的培养和完成上。

太虚的这一理念，虽然在当初受到了一些佛教信仰者尤其是僧界的攻击，但是随着学说的宣扬，影响越来越人，很多工商界和民族资产阶级支持太虚的做法。在他们的努力下，太虚以"人生佛教"为核心的教理革命，向社会迅速扩展，并最终成为整个佛教界的自觉行动，推动了近代佛教的革新。

虽然太虚的很多思想在后来并未能实现，大师晚年还写了《我的佛教革命失败史》一文来总结过其中的教训。但是，大师所指出的佛教改革的总方向和他的实践精神，至今仍在激励着中国的广大佛教僧伽和信众去为之奋斗。

太虚提出的佛教革新主张，在当时得到了广大僧众的支持，但也遭到了一些守旧派的反对，例如1912年在镇江金山寺召开的"佛教协进会"成立大会上，他最早提出佛教革新主张时，由于旧派的反对而引起了激烈的争论，乃至发生了"大闹金山"事件。

虽然太虚革新佛教的主张有些并不十分适合当时社会的实际情况和实际需要，他自己后来也改变或放弃了某些主张，但不可否认，他提出并致力于推行的佛教革新运动在近代佛教发展史上的影响是巨大的，对近代佛教的复兴起了十分重要的积极作用。

太虚之所以能成为近代佛教改革的领袖人物，成就一番有特色的佛教改良思想，很大因素在于他生活在佛教这样一个内忧外患的时代；在一个革命的年代里，一切社会和文化的变革都必然会打上革命的烙印，佛教从传统向现代的变革也是如此。

　　佛教对太虚大师来说，不再只是个体生命解脱的工具，其所关心的是改革佛教的积弊，振兴佛教，以之为救国救天下的工具。佛教的信仰与天下大势紧密融合在一起，使那个时代的佛教呈现出奇情异彩。

第十四章

新中国成立后佛教的发展

1949 年中华人民共和国的成立，是中国佛教发展历史上的一次重大转折。首先是中国佛教协会的成立，是佛教发展的一个重大历史事件。

1953 年 6 月 3 日，中国佛教协会在北京广济寺正式成立，它是佛教界人士和信教群众代表发起并成立的全国性爱国组织。圆瑛是首任会长。

中国佛教协会成立后，陆续开始整修名寺古刹，先后修缮北京雍和宫、法源寺，上海玉佛寺、龙华寺，江苏灵岩寺，南京栖霞寺，杭州灵隐寺，天台国清寺，广东南华寺以及西藏的许多寺院。

在人才培养方面，中国佛教协会积极创办一系列佛学院，还恢复了金陵刻经处，开展佛教书籍的出版与流通工作。此外还刊行《现代佛学》月刊，"文革"期间停办，佛教协会的工作也随之停顿。"文革"后，佛教协会的工作进一步完善，并与海外佛教界加强了联系。

新中国的佛教教育，就全国性教育机构的设立而言，开始于中国佛学院的开办。1956 年，中国佛学院在北京法源寺正式成立，中国佛教协会副会长喜饶嘉措担任首任院长，后由太虚的弟子法尊接任院长一职。该院是新中国培养佛教专门人才的院校，该院几乎集中了全国所有的佛教教师，学僧来自全国各地寺院，分设本科、专修科两个班，共一百多人。该院还开办藏语班，专门培养来自西藏、四川、青海、云南等省的学员。

后来20 世纪80 年代时还在全国各地开办了分院以及恢复或成立各地的佛学院，如闽南佛学院、武昌佛学院、上海佛学院、九华山佛学院、五台山佛学院、西藏佛学院、青海佛学院等。另外金陵刻经处也在1949 后得到恢复和发展，印刷流通经书数百种。

探讨新中国成立后的佛教主流思想不得不提到人间佛教，如上篇所提，它是由太虚大师所初发起的人生佛教发展而来。在改革开放后，中国佛教协会明确提出了把人间佛教作为今后佛教发展的目标。中国佛教协会会长赵朴初在 1983 年重新阐释人间佛教的思想，说："佛陀出生在人间，说法利生在人间，佛法是源出人间并利益人间的。"他指出了佛教思想的现代意义，并把人间佛教提高到当今世界的发展趋势的高度。

从佛教思想发展的历史上看，人间佛教是佛教不断发展的必然趋势。当代一些国家和地区的佛教组织或团体，已经把积极入世和参与社会作为其佛教活动的基本原则，这也说明了传统佛教的现代价值正在越来越多地被人们重视。"人间佛教"作为一种观念的提出，也正是这一大势所趋。

新中国成立后，特别是改革开放以来，中国佛教躬身力行，使人间佛教在现实的社会生活中逐渐得到了落实，并取得了巨大成就。赵朴初明确地把人间佛教的思想提高到佛教在新时期的复兴以及与社会主义社会相适应的政治高度。十几年来他的这一号召在全国佛教界得到了广泛响应。在他的指导下，中国佛教协会和各地佛教协会通过了一系列决议和决定，在各方面与社会主义社会有机结合起来，在更大的范围内实践"人间佛教"。

当然，由于时代的发展，尤其是在当代中国，社会价值面临着冲击，中国的传统价值观自然也包括佛教，也面临着一些新的问题。为了使佛教在新时期沿着健康有序的方向发展，中国佛教协会多年来研究、制定了一系列的制度和规章，如《全国汉传佛教寺院管理方法》、《全国汉传佛教寺院共住规约通则》等，正是由丁这些规章的制定，新中国佛教的发展和建设，才有了切实可行的操作规章，有利于人间佛教事业在全国的开展。

从历史的眼光来看，"人间佛教"的思想最初是出现在佛陀时代，是原始佛教的基本理念，提倡学佛做人，学佛要积极服务于社会，而不能脱离社会实际生活，这种理念对现代社会的道德文化建设毋庸置疑具有很大的积极价值作用。

现当代，随着以"和谐世界，从心开始"为主题的"首届世界佛教论坛"的顺利召开，佛教积极参与社会慈善事业、佛教文化的国际性逐渐成为当代中国佛教发展的热点问题，日益引起了人们广泛的关注，人间佛教的研究在以往的基础上将会更加深入，这也是我们在梳理我国佛教脉络时不应忽视和回避的问题。

佛教与我国社会主义社会相适应是佛教在当代中国、新时期所体现出的一个显著特点，这是一个全新的课题，从历史的角度来看待这个问题，这正是体现了佛教在历史长河中发展变化的规律，即佛教在历史上是根据社会的不断发展而自觉或者不自觉地在调整自己在社会中所扮演的角色，不断地革新和完善自己的教义教规和组织管理制度，发挥自身在社会中的作用。

新中国成立后，尤其改革开放以后，我国佛教生存和发展的阶级根源已经不复存在了，其思想意识形态和规诫逐渐地调整，以适应社会的发展，佛教与社会已经表现出一种十分融洽的关系。

客观地讲或者从本质上说，佛教与社会主义社会相协调不是说二者完全地融合或者合二为一，也不是必须强行地要求各自放弃自己的本质属性而走向趋同，而是在求同存异的基础上相互交流和协作，是一种"各美其美，美美与共"的状态。

20世纪初期，针对我国佛教凋敝的历史现状和不容乐观的发展趋势，以太虚法师为代表的近现代佛教高僧大德提出用"人间佛教"的精神理念来促进佛教的进一步发展，以此适应中国社会由传统向现代转型的需要。

中国近代佛教入世的思想和所面临的现代问题，也就是如何真正体现佛教的社会关怀，实现"人间佛教"的问题。今后的"佛教必须是实际的，佛教必须是世界的"（太虚法师）。我们说佛教必须是"实际的"，才可能真正驻足人间；在"地球只有一个、人类本是一家"的全球化时代，佛教必须是"世界"的，才可能是全人类的。因此，现在佛教的发展明显地体现出佛教思想全球化的动态趋向。我们的一个重要任务就是要探寻在这个文化多元化的时代里，我国佛教文化体系或样式如何来自我定位的问题。

从佛教思想的本质来讲，它一方面把对现实生活的超越作为追求的最终价值理想，另一方面，又提倡对终极目标的探寻不能离开活生生的实际生活，并在对人们现实生活剖析和批判的进程中体现出佛教对社会本质和人的价值等问题的诠释和把握。

第一节　赵朴初及其"人间佛教"的情怀

1907 年 11 月 5 日，赵朴初出生在安庆天台里四代翰林府第中，是嘉庆元年（1796 年）状元赵文楷的后人。父亲赵恩彤，任过县吏和塾师，生性敦厚，母亲陈慧信仰佛教。家中设有佛堂，母亲每日早晨烧香拜佛；门前的水塘是她的放生池，里面放养着不少她买下的龟、鳖。

赵朴初

1914 年夏日的一天，7 岁的赵朴初看到一只蜻蜓在蜘蛛网里挣扎，不一会儿，蜻蜓被越缠越紧，渐渐不能动弹。赵朴初转身到厨房找来一根竹竿，把蜘蛛网耐心地挑开，将蜻蜓救出。母亲见了非常高兴，第二天带儿子去廨院寺烧香。

佛事结束后，母亲与先觉师父闲谈，说起儿子会对对子了。师父听了，指着庙中的火神殿，出了一句上联："火神殿火神菩萨掌管人间灾祸。"赵朴初想了想道："观音阁观音大佛保佑黎民平安。"先觉师父笑了，对陈慧说："这孩子将来必成大器。"

赵朴初信仰佛教还受到了其表舅的影响。赵朴初的表舅关絅之曾以同知（相当于地方政府厅一级长官）身份做上海道尹袁树勋的幕僚。二次革命失败后，关絅之接到上海镇守史郑汝成逮捕孙中山的密令，作为同盟会会员的他悄悄地让公廨秘书杨润之通知孙中山转移，并故意拖延发捕票的时间。孙中山终于脱险，后曾亲笔题写书扇感谢他的相救。

1921年，关絅之信仰佛教，在中国现代佛教史上有重要地位；与周舜卿、沈心师、谢泗亭等人于1922年发起成立佛教居士林，这是全国第一个居士林团体。

同年，关絅之等创办净业社，施省之任董事长，关絅之任副会长。1927年，净业社迁入觉园。

净业社是上海江浙佛教联合会下属单位，赵朴初在这里做秘书，收发报纸，起草文件。关絅之第一次看到赵朴初起草的文字时，皱着眉头略有所思，一边拿笔批改，一边婉言批评道："你的国文很好，毛笔字也好，但佛教有佛教的门径，你要多看佛书啊！"从此，赵朴初开始研究佛经。

后来，关絅之建上海佛教慈幼院并任院长，日常工作即由赵朴初去做。

1929年4月，中国佛教会成立，关絅之被选为九人常委之一。从此，赵朴初和全国高僧大德的接触频繁起来了。

赵朴初生活在这样一个佛化家庭气氛里，自然也走上了慈善为本、普度众生的道路。

1935年秋天，圆瑛法师在上海兴办圆明讲堂，经其表舅介绍，赵朴初皈依了佛门，成了在家居士。在圆明讲堂，赵朴初接触了卷帙浩瀚的佛经。在经卷和高僧的影响下，赵朴初将自己在私塾和东吴大学所学的知识，与佛学融会贯通，形成了自己的佛学世界观。

赵朴初对佛学有着很深的造诣，是当代中国具有重大历史影响的佛教领袖，是闻名海内外的佛教学者、卓越的社会活动家和著名的爱国主义者。

新中国成立初期，一切都是百废待兴。赵朴初作为佛教协会副会长，广泛动员佛教徒与全国各族人民团结起来，充分发挥佛教界的积极作用，为新中国的建设添砖加瓦。赵朴初始终关心着佛教和社会的共同发展，不断地深化佛教思想，自觉地遵守国家的政策法律，正确地理解宗教信仰自由政策，努力提高佛教徒的整体素养，增强他们爱国爱教的思想情感，为佛教自身的发展和社会的进步作出了卓越的贡献。

一、周总理称赵朴初"国家宝贝"

1951 年年底，中央人民政府在国家机关人员中开展反贪污、反浪费、反官僚主义的三反运动。赵朴初曾经手巨额捐款和救济物资。尽管周恩来、陈毅等非常相信赵朴初的人品，但根据政策，他仍被列为重点核查对象。

经手了这么大的巨额经费，谁能担保不出问题呢？有人猜，赵朴初一定会有问题。运动开始后，报刊上不断刊登挖出贪污分子和经济犯罪分子的消息。也有个别当事人不了解政策，胆战心惊，乱讲乱咬，结果既害别人，也害自己。赵朴初以平常心对待这场运动，同时严肃地对下属提出三条要求："①不乱说自己；②不乱说别人；③不自杀。"

经过层层审查，结论是赵朴初经手的巨额款项和物资，来龙去脉非常清楚，无一笔糊涂账。周总理十分高兴，称赞说："赵朴初是国家的宝贝啊!"从此，就有了赵朴初是"国宝"的说法。

二、毛主席亲笔写"发扬佛教优良传统"

1952 年 10 月，为振兴中国奄奄一息的佛教，国内有代表性的佛教人士齐聚北京，探讨成立一个联系全国佛教徒的统一组织，指导今后全国的佛教工作。翌年 5 月 30 日，中国佛教协会第一次会议在北京西四阜内大街的广济寺举行。汉、藏、蒙、傣、满、苗、撒里维吾尔（后称裕固族）七个民族的法师、活佛、喇嘛、居士代表共 141 人出席了成立大会。中国佛协筹备处主任赵朴初主持起草了《中国佛教协会章程》，毛泽东在阅读章程草案时，亲笔加了"发扬佛教优良传统"这句话。大会选举达赖、班禅额尔德尼、虚云、查干葛根为名誉会长，圆瑛为中国佛教协会会长，赵朴初任副会长兼秘书长。

三、担任中国佛教协会会长

在 20 世纪二三十年代，赵朴初曾担任过江浙佛教联合会秘书，上海佛教协会秘书和"佛教净业社"的社长、中国佛教协会秘书等职务。1980 年，开始担任中国佛学院院长和中国佛教协会会长的职务。作为爱国佛教界的杰出代表，他曾参加了在中国历史上有重大意义的第一届全国政治协商会议，历任第一、第二、第三届全国政协委员，第四、第五届全国政协常委，第六、第七、第八、第九届全国政协副主席。他的影响遍及海内外，尤以宗教家为甚。他的书法以行楷书最擅长，脱胎于李北海、苏东坡，字的体势向右上方倾斜，结构严谨，笔力劲健而又有种雍容宽博的气度，隐隐透出一种佛家气象。

中国佛教协会在 1987 年和 1993 年分别召开第五次、第六次全国佛教代表大会，赵朴初继任会长。特别值得一提的是，在第六次全国佛教代表会议上，赵朴初所做的《中国佛教协会四十年》的报告，明确了新时期佛教的历史使命和定位——中国佛教协会是爱国团体。

四、毛主席夸赵朴初懂"辩证法"

1958 年 6 月 30 日，赵朴初陪同毛泽东会见了胡达法师率领的柬埔寨佛教代表团。毛泽东一边等待客人，一边兴致勃勃地和赵朴初聊天。他早就认识赵朴初了，但单独聊天还是第一次。谈话间，毛泽东以开玩笑的口吻问赵朴初："佛经里有些语言很奇怪，佛说第一波罗蜜，即非第一波罗蜜，是名第一波罗蜜。佛说赵朴初，即非赵朴初，是名赵朴初。先肯定，再否定，再来一个否定的否定，是不是?"赵朴初听后就笑起来了。

从这一番话可以看出，毛泽东熟悉《金刚经》。惠能大师也是通过《金刚经》中的"应无所住而生其心"而开悟的。"佛说"、"即非"、"是名"就是《金刚经》的主题，全部《金刚经》反复讲述的就是这一主题。它解答了"降伏其心"的菩萨心行的关键，历来为中国佛教徒所重视。

赵朴初不同意毛泽东的话。他听后笑着说："不是啊。主席。它是同时肯定又同时否定。"毛主席毕竟不是学佛的科班出身，当时就被其中的道理搞蒙了。

赵朴初喜欢研究佛法般若思想，他发现其中有很多辩证的哲理和辩证方法，甚至认为黑格尔的辩证法与佛教存在某种关系。这回，见毛主席说起辩证的否定，赵朴初就谈了自己的见解。

　　毛泽东很满意赵朴初的回答，点头说："看来你们佛教还真有些辩证法的味道……"正谈在兴头上，不料胡达法师到了，对话只好中断。

　　那段时间，刚好毛泽东在研究佛教和共产主义相通的地方。1955年3月8日，毛泽东和达赖喇嘛谈话时，就曾明白地说："信佛教的人和我们共产党人合作，在为众生即为人民群众解除压迫的痛苦这一点上是共同的。"后来，在提到赵朴初时，毛泽东曾很感慨地说："这个和尚懂得辩证法。"

　　后来赵朴初一直想和毛主席沟通关于佛教般若思想的要旨，终于没有找到合适的机会，于是赵朴初就想到了佛教思想普及的必要性。也是在这一思想的驱使下，赵朴初编写了《佛教常识答问》一书。该书在佛教内外备受推崇，应广大读者的要求，多次再版，在社会上广为流传，为人们所熟知，产生了广泛而又积极的社会影响。

　　赵朴初与中共三代领导人都有密切交往。

　　新中国成立前期，赵朴初与邓小平在上海开始交往。1977年，赵朴初听说邓小平已经回到北京，非常高兴。这年8月，他在阮波家看到赖少其先生画的《万松图》，立即在空白处挥毫写下了著名的长诗《题万松图》，表达了对邓小平的敬意，以"三落复三起"呼唤邓小平出山。后来他又将此诗写成了一幅字，邓小平特意将它压在自己办公室的大玻璃板下。

　　1997年2月，邓小平在京逝世，赵朴初热泪纵横，哭得像个泪人。他说："90 多岁的人哭 90 多岁的人，这才真晓得什么是沁入肝脾了。"他写诗："泪作江河四海倾，神州忍见大星沉。"

江泽民也把赵朴初的信当文物。1991 年 1 月 30 日，担任总书记的江泽民专门邀请赵朴初等各宗教团体领导人到中南海做客。江泽民同志对赵朴初表现出极大的尊重，亲切地称赵朴初为"国宝"。20 世纪 90 年代，针对日本右翼势力挑起的钓鱼岛争端，赵朴初曾将他先祖赵文楷当年出使琉球时路过钓鱼岛所写的诗，特别抄赠江泽民同志和王任重同志，证明钓鱼岛自古以来就是中国的领土。江泽民后来见到赵朴初还说起："你给我的信，我都作为文物保存着。"

五、《宽心谣》

赵朴初先生 92 岁时写了一首《宽心谣》，读来发人深省。

《宽心谣》："日出东海落西山，愁也一天，喜也一天；遇事不钻牛角尖，身也舒坦，心也舒坦；每月领取养老钱，多也喜欢，少也喜欢；少荤多素日三餐，粗也香甜，细也香甜；新旧衣服不挑拣，好也御寒，赖也御寒；常与知己聊聊天，古也谈谈，今也谈谈；内孙外孙同样看，儿也心欢，女也心欢；全家老少互慰勉，贫也相安，富也相安；早晚操劳勤锻炼，忙也乐观，闲也乐观；心宽体健养天年，不是神仙，胜似神仙。"品读《宽心谣》，如同咀嚼橄榄，令人感觉词清句畅，寄意深邃悠远。

赵朴初先生是海内外高山仰止的国学大师，可谓雅事、俗事、琐事无不领略，亦可谓国事、家事、天下事无不关心。但他心在菩提，免去了一个"俗"字，才可以写出这脍炙人口的《宽心谣》。这首歌谣充分反映了赵朴初的高风亮节，更表现了他的宽阔的胸襟；赵朴初的这首《宽心谣》既是他对世俗生活的调侃，又是他作为一个佛门居士平常心的独白。

《宽心谣》对世俗中的悲喜、得失、多寡、吃穿、儿孙、贫富、忙闲等，无不作了朴实而深刻的阐释，让人感慨佛家"心无挂碍"的至高境界，更感慨大师的平常心是何等的博大。

《宽心谣》是写给老年人的，也是写给每个入世之人的。因为，我们每一个人都需要箴言的启迪，都需要以平常心善待自己。读读《宽心谣》，不仅能净化你的心灵，多份宽心而少份浮躁，添些喜悦而少些烦恼，而且能使你的胸怀变得博大，生活变得自在潇洒。

赵朴初生前常说的一句话是："盛世来之不易，我们要倍加珍惜。"他的爱国主义精神，他的孜孜不倦追求真理的精神，他的豁达大度、清正廉洁的高尚品德，永远值得后人去学习。

六、逆境中寻开心

1968年12月11日至1969年2月12日，赵朴初被监管劳动，地点在广济寺后两跨院，具体做送煤、劈柴、扫雪、倒脏土等杂务。中国佛教协会的牌子已被红卫兵战斗队的各种招牌所替代。戒坛的香案早已布满了灰尘，和尚被赶出了庙门，只有藏经阁前的松树仍然高高地屹立着。

在广济寺劳动的头一天，赵朴初和虞愚教授被分配做煤球，捡煤核。烧过的煤球灰里，残留着半黑色的煤球，拣起来，仍然可烧。

赵朴初在一点一点往煤灰深处掏煤核时，突然想到，看似很冷的煤球灰，却能死灰复燃呢！这使他脱口做出一首五绝来："细向心中检，然而有不然。冷灰犹可拨，试看火烧天。"吟罢，赵朴初对虞愚说："现在这种情况是暂时的，不久以后，一切都会好的，一切都将会走向正轨。无论受多大委屈，一定要坚持住，活着，就是胜利。"

后来，周恩来了解到赵朴初被迫劳动的情况，下了保护赵朴初的指示。他不再每天接受监管劳动，被拆掉的电话也安上了。

赵朴初劳动三个月下来，用诗歌记录下了"改造"过程中的思想火花。他抽空将这些意外收获加上标题《闲情偶记》，送给了佛协教务部主任陈秉之。

陈秉之十分感慨地说："别人写'劳动改造'的诗，常常发泄心中的愤懑，赵朴初的诗却气象峥嵘，没有半点半骚。尤其是对国家前途信心十足，其胸襟确非常人可比啊。"

七、发挥佛教"黄金纽带"的作用

赵朴初还积极进行佛教与时俱进的改革和完善，作为新中国著名的佛教界领袖，把佛教的教义自觉地融入到社会主义社会建设和发展中去，积极倡导中国的佛教要走出去，促进与世界其他国家和地区佛教界的友好交往，例如1951年，赵朴初代表中国佛教界主动而又友好地把观音像送给日本的佛教界，这在一定程度上打开了中日民间文化友好交流的大门，增进了中日两国人民的感情，他的这一行为还受到周恩来总理的高度赞誉。

1993年，赵朴初首次提出佛教是中国、日本和韩国三国友好交流"黄金纽带"的构想，得到了日本佛教界和韩国佛教界的积极赞同，这些类似的活动，积极发挥了佛教在国际交往中的积极作用，促进了中国人民与世界人民的友谊，可以说为维护亚洲和世界的和平作出了重大的贡献。

在他的积极倡导下，以"友好·合作·和平"为主题的首次中日韩佛教友好交流会议于 1995 年 5 月在北京举行，取得了圆满成功，得到社会各界的广泛赞誉，为中国的佛教赢得了海内外的好评。

八、重视培养佛教人才和佛教文化的传承

赵朴初居士十分重视佛教人才的培养和佛教文化研究工作，1956 年中国佛学院的成立及其在"文革"后的恢复，栖霞山和灵岩山分院的设立乃至各地佛学院的成立，都得到他老人家的亲切关怀和指导。

他主持召开了 1986 年和 1992 年两次全国汉语系佛教教育工作座谈会，强调培养佛教人才是"最重要，最紧迫"的大事，提出调整教育规划，编写教材，制定相应措施，联合学界力量培养研究生等，从而为中国佛教教育事业开拓了新局面。

赵朴初居士还十分重视佛教文化研究。在他主持下，佛协组织力量开展保护和整理佛教文物，发掘和拓印房山石经，组织编写《中国佛教百科全书》，出版中文版《中国佛教》，恢复金陵刻经处，补刻《玄奘法师译撰全集》，出版各种文集，举办佛教美术艺术展览，成立中国佛教图书文物馆，重印《清藏》等。

1987 年成立中国佛教文化研究所，聘请吴立民先生担任所长，开展佛教学术研究和教内外佛教学术交流，出版了《佛学研究》、《佛教文化》等学术著作。

赵朴初先生对《乾隆版大藏经》的整理、出版和发行做的大量工作，至今令人难以忘怀。《乾隆版大藏经》亦称《龙藏》和《清藏》，是雍正皇帝降旨，于清雍正十一年（1733 年）刊刻。但

因雍正皇帝仅完成钦定《清藏》的内容和筹划雕造等事务，开雕不久，他就去世了。雕造和刷印《清藏》的大量工作是由乾隆皇帝完成的，故又称《乾隆版大藏经》。乾隆三年（1738年），历时五年经板雕造完工。清廷出资刷印一百部《乾隆版大藏经》，颁赐全国各大寺院。七万多块经板储存故宫武英殿。后因请印不便，经奏准移储柏林寺。"文革"中经板遭到严重破坏，"文革"后为保护好这套国内仅存的《乾隆版大藏经》经板，文物部门把经板移置智化寺，加以保护。

后经中国佛教协会、北京市文物局、文物出版社共同协商后，决定开展重印《乾隆版大藏经》的工作，1987年12月29日在中国佛教协会所在地广济寺，召开重印《乾隆版大藏经》汇报会，赵朴初主持会议。文物局和文物出版社的领导汇报了重印《乾隆版大藏经》的各项准备工作。赵朴初听了大家的汇报，非常高兴地说："重印《乾隆版大藏经》是一项非常重要的工作，要完成如此大的工作，只有盛世才能做到。现在又是盛世，我们重印《乾隆版大藏经》，无论对佛教界还是文化界都是一件非常了不起的事情，让我们的事业像龙一样腾飞起来。"

赵朴初还欣然撰写《重印清龙藏序》：自宋初创刻大藏经，而后历朝无不以刊刻大藏经为大事，以迄元明，官私刻板达十余部，惜屡经丧乱，板佚无存。清雍乾之际，整编重雕，世称龙藏，并收汉土著述达七千八百余卷，博采旁搜，包罗宏富，实集佛学典籍之大成，为华夏文化之丰碑。

1988年是中国的龙年，11月24日，在人民大会堂西藏厅里，佛教、文物、出版界的领导和各界知名人士济济一堂，赵朴初也光临会场，参加新版《乾隆版大藏经》面世，并向国内外发行的新闻发布会。赵朴初说："能够把 724 函、7240 卷，含 1675 部佛经的大部头线装古籍《乾隆版大藏经》印刷出版已经是功德无量，如果能够再把损坏掉的经板全部补刻好，那就功德圆满了。"赵朴初居士为中国佛教文化建设事业付出了大量心血。

九、赵朴初的诗词与书法

赵朴初的诗词、书法闻名遐迩，尤其是书法，影响力非同一般，他是一位蜚声中外的书法家。赵朴初具有丰富的佛教文化知识，其佛学修养是多数学者和书法家不具备的。

在中国书法史上虽然出现了很多高僧和名居士书法大家，但在佛教界居于领袖地位的唯独赵朴初先生。他的诗词和佛教文化知识，促进了他的书法艺术的发展，在现代史是一位有造诣的书法家。

赵朴初青少年时期写什么书体不清，从时代的需要和他的家庭出身，和已形成的书法风格看，其书写"馆阁体"的功底深厚。赵朴初楷书、行草尤其写得好。

在赵朴初安庆的故居和太湖县寺前镇赵朴初生平陈列馆，这两处见到最多的书法为行草，其中有一幅关于药师佛的经文的行笔为小楷，写于佛历 2540 年，其作品取法于颜、柳，点画变化较为突出，蜕变而成自己的风格，结体严谨，深厚圆润，笔健挺拔，舒展大方，拐折竖画宽博厚重，显得稳如基石，点呈圆形，有高山坠石之势，可见颜、柳书之风貌，雄强之风骨，可见赵朴初楷书功力确非一般。

赵朴初的行草书法，与其他书家的不同点是赵朴初具有高深的佛学知识，他的书法作品，尤其晚年书法作品，具有浓重禅理，这是其他书法家所不具备的；赵朴初还是一位杰出的诗人，其诗意具有禅意；赵朴初书法又具有翰墨飘逸悠远之感。

十、赵朴初的佛教思想

赵朴初的佛教思想最大的特点就是传承了太虚法师在 20 世纪 20 年代所提倡的"人生佛教"或者说"人间佛教"的伟大思想。他对这一重要思想的阐述主要集中在《佛教常识答问》和《佛教与中国文化的关系》这两本书中。

就对佛教自身的要求而言，赵朴初提出要继续弘扬中国佛教"加强学术研究"、"农禅并行"和"国内外友好交流"这三大优良传统。积极主张佛教与社会主义社会相适应，国家从法律和政策的层面要尊重广大公民宗教信仰自由的权利，佛教徒以及其他的宗教信徒应该遵守国家的法律，不做违法乱纪的事情。

他慈悲为怀，坚持不懈地做慈善事业，率先垂范，曾经亲自为遭受地震和洪水灾害的地区筹集救灾资金和救援物资。从他的遗嘱中也可以充分看出他的那份豁达、心系众生的心灵境界。他临终的诗中写道："生固欣然，死亦无憾；花落还开，水流不断。我今何有，谁欤安息？明月清风，不劳寻觅。"

从整体而言，赵朴初所主张的"人间佛教"思想主要有以下五个显著特点：

（1）佛教徒不仅仅要热爱佛教，注重加强对佛教教义的学习和研究，而且要热爱中华人民共和国，即要把爱教爱国的思想结合起来。

（2）佛教自身要切实维护国家的统一和尊严，遵守宗教政策法规。不做违法乱纪的事情，佛教徒要以身作则，为民族团结和社会和谐积极奉献自己的力量。

（3）尤其要提高佛教自身的素质，加强对佛教徒的严格管理，着重对佛教道风、人才、信仰、佛教制度和组织的建设和完善。

（4）佛教不能脱离社会，不能脱离普通百姓，要深入到人民大众的生活中去，以践行"佛教人间净土"为自己最大的责任，提倡庄严国土和利乐有情的思想。

（5）把佛教思想中的"五戒"、"十善"等教人行善莫作恶的思想精髓和新中国的社会公德，例如"五讲四美"结合起来，充分发挥佛教对社会道德建设的积极作用。

赵朴初在宏观上指导中国当代佛教正确走向的同时，在具体的工作中也是身体力行，在加强对佛教人士的培养和佛学文化研究上，他更是不遗余力，例如，他多次亲自过问和指导栖霞山和灵岩山中国佛学院分院的建立。

在1986年和1992年分别召开的全国性的汉语系佛教教育工作座谈会上，他语重心长地强调培养佛教人才的重要性和紧迫性，加强与学界的联系，开展对佛教人才的研究生层次的教育。赵朴初认为必须要挖掘佛教经典的思想，重视对佛教文物的管理和有效地保护，建成了中国佛教图书文物馆。在他的亲切关怀和精心组织下，《中国佛教百科全书》、中文版《中国佛教》最终出版，同时有《玄奘法师译撰全集》的问世等。

第二节　一诚法师的当代佛学地位

一诚法师，俗姓周，名云生，1927年出生在湖南省望城，

1949 年剃度出家，承继佛教的临济宗派。2002 年当选中国佛教协会会长。2010 年卸任，担任佛教协会名誉会长。

一诚法师

一诚法师精通佛法，对佛教的各个宗派都有着精辟而又深刻的见解，主张爱教爱国，把二者结合起来，不能有失偏颇，在海内外的佛教界都有着很高的声望。

据记载，他十五六岁的时候，就经常和亲友一起到离家不远的乌山寺烧香拜佛。

据说，有一天，一诚法师在乌山寺佛殿虔诚地顶礼膜拜佛祖时，突然看到佛殿内庄严的佛像前的蜡烛燃烧着，一滴一滴的烛泪顺流而下，不可抑制，一诚法师忽然感到佛光突现，心中满是欢喜，有一种祥和之气在心中缓缓流淌，于是情不自禁地脱口诵出"皈依故佛前"、"灯光用大千"等句子，当时震惊全场，人们很是惊讶，一致认为他很有禅缘宿根，悟性极高。佛殿里的一位法师说他参禅能成大器，果然很灵验，后来皈依佛门后改修参禅，成绩斐然。

法师出家以后，静下心来勤奋地学习佛法，严格要求自己，刻苦修持，研读佛教经典，特别是对于《金刚经》有很大的体悟。

一、虚云法师的弟子

1956 年，由闻名海内外的著名高僧——虚云担任得戒和尚，1957 年，由当时真如禅寺方丈为其授予正法眼藏。

此后，主要在虚云法师主办成立的佛学研究苑研修佛法。在"文化大革命"时期，被遣至云居山垦殖场做农工，无论身体上多么的劳累和疲倦，心中依然不忘对佛法的研究和学习。

他先是被强制要求到深山老林砍竹子、伐木头，后来又被送去农场放牛，然而更多的是到工地上披星戴月地修公路，过着饥寒交迫的生活。但是，法师依然经常在闲暇之时坚持不懈地参禅拜佛，诵背佛经。

"文革"结束后，回到云居山重新开始学习佛法。先后被推选为寺务管理委员会委员等，此后又担任真如禅寺方丈。在其不辞劳苦的奔波下，修复了虚云舍利塔，得到了时任中国佛教协会会长赵朴初的认同和赞扬。

之后还当选过江西省佛教协会会长、江西省政协委员和九江市政协常委。

法师不仅精通佛法，而且多才多艺，从 1985 年开始，法师亲自设计和督导施工，高质量、高效率地建成了虚云纪念堂、方丈寮、西禅堂，海灯和朗耀等和尚的塔墓；同时在法师的积极努力下，完成了对观衡和戒显等祖师塔墓的修葺，法师的这些作为不仅彰显了佛法，而且弘扬了中华民族尊奉师道的优良文化传统，在社会上起到了一个很好的垂范作用。

一诚法师还整理其尊长虚云法师的遗物，主要是仔细梳理、

中国佛教

脉络

归纳和总结虚云法师遗留下的诗词文稿和与海内外友好交流往来的书信。

据统计，截至 1959 年，法师已经整理出虚云法师文稿五大本，成绩斐然，对虚云法师的思想做了很好的概括和阐述，这是一项一般人不能代替的工作，在当代佛教史上留下了佳话，对名扬海内外的虚云法师文稿的悉心收集和汇总，在一定程度上弥补了当代佛教史人物史料相对匮乏的缺憾。

二、担任中国佛教协会会长

法师在爱国爱教思想的主导下，以"弘扬佛法，普度众生"为己任，不仅潜心学习佛法，而且能深入生活中去切实践行佛教苦行头陀的远大志向，获得了极高的声誉，无论是在佛教内部还是在佛教外部都受到人们崇高的尊敬。

在具体的事务工作中，法师一方面勤勉地践行佛教历史上高僧大德、祖师遗训的经验，又能根据时代变化和发展的具体情况，与时俱进地改革和完善佛教的教规教理，不仅尊奉佛法，而且恪守世俗法律。

在管理寺院僧人日常的言行上，法师着重抓住僧众的身心，让其严格地遵守戒律，同时根据实际情况合理地制定了"真如寺常住规约"和相关的"客堂规约"等寺院管理制度，而且自己身先士卒，起到积极的表率作用，形成了很好的风气，如每天要到佛殿做早晚功课，每月"布萨诵戒"，尤其要求僧人坐禅习定。

经过辛苦的筹措，在 1990 年建成了可以容纳更多坐长香的僧人新禅堂，相应地做了一些教规的改革，比如坐长香僧人，在以前每天坐四支香的基础之上，又增加了十根，以方便僧人能够更加深入地修持佛法。自觉刻苦修持，尤其在现实的生活中真正地实践百丈禅师的"一日不作，一日不食"的遗训，勤勤恳恳，起到了一个很好的表率和榜样作用。在具体遵循祖师的遗训方面，法师强调僧众必须进行农耕，真正体验"一日不耕，一日不食"的理念。一诚法师的努力赢得了广大僧众的支持，所以继赵朴初之后当选为中佛协会会长。

值得一提的是，1987 年，在法师的努力下重新恢复了"真如禅寺僧伽农场"，仿照世俗的做法，实行僧众承包制，包片到人，极大地提高了僧众劳动的激情，使整个真如寺呈现出佛教风气正、戒律严等风貌，各项工作都繁荣昌盛的大好局面，在佛教界有着较大的影响。

三、重视佛教文化、教育及海外传播

法师在佛教文化事业方面也有着很大的成就，写下了很多思想睿智的佛学著作，尤其是经过三年的辛苦劳作，高质量地完成了对《云居山新志》的编纂，在佛教界有着很大的影响。

法师在大力弘扬佛法的同时，还不忘对青少年僧侣的培养和教育，重视他们对佛教经典的研读，养成一个良好的学习习惯；要求他们尊奉"般若堂中学无为、明心见性是指归"的圭旨，系统而又深入地研修《金刚经》等佛教经典；在给年轻僧侣灌输"应无所住而生其心"佛学理念时，时刻告诫他们要做到"不污染"，倡导学会先做人后修禅，要明白"担水砍柴也能成佛"的道理，参禅学佛不要讲求外在的形式，关键在于心的开悟。

一诚法师把那些佛学功底深厚，满足条件的僧侣送到北京等佛学院中培养，提高他们的佛学水平。在每年的春季和夏季，都

会系统地、分批地组织僧众学习佛教的唱念。同时加强与其他寺院的交流，比如专门聘请广州光孝寺首座和尚来寺主持讲经班，在这期间，精心组织和安排全部的僧众去听讲，听完之后相互交流学习心得，起到一种相互提高的作用。

在 1985 年、1988 年和 1991 年三次亲自主持传授三坛大戒，受戒衲子上千万，进一步扩大了佛教影响，弘扬了佛法。

在加强国内佛教界之间的交流外，法师也注重与国外佛教界的友好往来，使中国的佛教走出国门，积极参与到国际性的佛学探讨中去。

1989 年，法师作为"中国佛教赴美弘法团"的重要组成人员，到美国万佛圣城参加传戒大典，担任尊证和尚，赢得了很高的国际声誉。

在担任中国佛教协会会长期间，在其直接领导下，中国佛教协会圆满成功地举办了中国佛教协会第七届代表大会、中韩日三国"黄金纽带"会议和世界佛教论坛等大型会议，同时多方协调和沟通，积极开展与台湾佛教界、港澳佛教界和海外华人佛教界的联谊和友好交流，尤其在一诚法师不断努力、亲自关怀和指导下，成功地开展了中国大陆与台湾之间的"两岸第二届佛教教育座谈会"，取得了很好的社会效果，加强了往来和相互的学习，抵制了邪教等非法宗教势力对社会稳定的破坏，为国家的统一和当代中国佛教的发展作出了重要的贡献。

第三节　传印法师的当代佛学贡献

传印法师，1927 年出生，辽宁省庄河人，1954 年在江西省云居山出家为僧，1955 年依德高望重的虚云法师受具足戒，蒙授予佛教沩仰宗法脉，赐法名传印，为第九世。2010 年 2 月 2 日，在中国佛教协会第八次全国代表会议上当选为中国佛教协会会长，同年 3 月出任中国佛学院院长。

传印法师

从 1960 年开始，在中国佛学院学习，1965 年本科毕业，之后又重新回到江西省云居山真如寺，担任典座兼副寺。

"文化大革命"时期，法师受到迫害，被遣至垦殖场城山分场种菜。

1978 年秋季，应邀到浙江省天台国清寺。1979 年 12 月，被调至北京中国佛教协会。1981 年开始，在日本京都净土寺佛教大学学习，1983 年回国。

1984 年被调到中国佛学院任教务长，1986 年任副院长。

1991 年，在天台山方广寺专修念佛。1994 年，法师在庐山东林寺晋院升座，来自上海、北京、江苏、江西、湖南等省、市的佛协领导、各佛教寺院长老、佛教院校师生和来自中国台湾、中国香港、日本的客人，以及当地的信徒共两千多人参加了庆典。

时任中国佛教协会副秘书长倪强也率团前来庆贺，并带来了赵朴初会长的贺联："净念一心传，沙界众生皈乐土；高擎三法印，天龙八部护东林。"

1999 年，始任北京市佛教协会会长。

传印法师的佛学思想博大精深，学养很高，对佛教各宗派，尤其对净土宗有很深的造诣，是中国当代著名的禅宗和净土宗高僧，闻名海内外，受到社会各界的拥戴。

传印法师还勤奋好学，笔耕不辍，在社会上有很大的影响，写下了《从远古到释尊家系》、《佛陀传记文献》、《八相成道》、《佛教僧团组织》、《异学沙门——外道八师》、《印度六派哲学讲义》、《印度佛教龙树、提婆菩萨传》、《印度佛教流变概观》、《阿育王与佛教》、《关于世尊年代的推定》、《亚历山大远征印度占领五河地方概况》、《波斯三征希腊》、《异部宗轮论述记》、《律学在我国汉地的弘传》、《天台四教颂略释》等著作。

客观地讲，在中国大陆，当代高僧大德除了赵朴初居士、一诚法师和传印法师外，还有很多在佛学方面造诣很高的佛学人才，他们爱国爱教，在恪守佛教教义的基础上，又能够根据当代思想文化和国际格局变动不居的情形具体地来讲经授道，使中国当代佛教焕发出新的活力，使"人间佛教"的思想得到更好的弘扬。

第四节　明哲长老对佛教教育的贡献

2010 年 10 月 24 日，明哲长老邀请中国人民大学方立天教授、北京大学楼宇烈教授、台湾华梵大学校长朱建民教授、北京师范大学游彪教授、中央民族大学的刘成有教授等全国 20 个学术机构的三十余位佛教学者共赴山东龙口南山禅寺和青岛湛山寺，进行了为期三天的访问交流活动。并于第二天召开了一场有关"佛教教育"的座谈交流会。

明哲长老在座谈会上发表了题为《继承传统不保守、顺应时代不流俗》的主题报告，系统阐述了自己六十余年的实践修行和教学经验所形成的"佛教教育思想"，得到了与会专家、学者的高度评价。

明哲长老的"佛教教育思想"内涵丰富、意蕴深厚、高瞻远瞩，有着内在的逻辑体系，对于今天的佛教教育具有重大的指导和借鉴意义。明哲长老教育思想的形成与其丰富的人生阅历和多年的佛教教学实践是分不开的。

明哲长老，字日晶，俗名张玉祥，号云祥。1925 年 3 月出生于山东济宁，7 岁开始读私塾。13 岁由于看到圆瑛大师的庄严法相，内心受到震撼，决定离家去北京追随圆瑛大师出家，却被家人发现而追了回来。从此，明哲长老更加坚定了出家修行的信念。回到私塾后，他安心读书，记忆超群，过目不忘，不到 14 岁就能通背四书五经，成了远近闻名的神童，这为他日后的修行打下了扎实的儒学功底。其实，真正的学佛是离不开儒家基础的，正如明末四大高僧之一的蕅益智旭所说："惟学佛然后知儒，亦惟真儒乃能学佛。"号称净土法门十三祖的印光大师就提倡修行念佛法门首先要"敦伦尽分，闲邪存诚"；新中国成立前去台湾、以念佛而著称的李炳南（雪庐老人）是印光大师的弟子，也是以深厚的儒学功底而皈依佛教净土法门的；雪庐老人的弟子净空法师也是在弘扬佛法的同时不忘儒家的四书五经。可见，明哲长老的幼年经历对其佛教教育思想的形成还是有一定影响的。

明哲长老喜欢读书，但因家境贫寒，15 岁便辍学了，到万盛祥玻璃店当学徒工。艰辛的打工生活磨炼了明老的心性，使他体悟到人生的真谛。1948 年，23 岁的明哲长老终于得以如愿，拜上海圆明讲堂圆瑛大师座前剃度出家。圆瑛（1878—1953 年）是近代著名的佛学大师。圆瑛大师曾写过一副对联："欲无烦恼须学佛，知有因缘不羡人"，这副对联曾鼓舞很多人皈依佛门。受到圆瑛大师法布施的人不计其数，其弘化足迹亦遍布海内外。据《圆瑛大师年谱》记载，清宣统元年（1909 年），"大师（圆瑛）辅佐寄禅（敬安）长老力拒伊藤贤道，窃名护教，呈浙江巡抚聂仲芳，请命白兴僧学，组织僧教育会，此为我国有僧教育会和僧学校之始"。[①] 由此可知，圆瑛大师"在中国僧教史上具有创始人或辅助创始人的地位"。圆瑛大师曾在 1919 年 4 月成立的宁波接待寺佛教讲所、1929 年 9 月成立的宁波七塔报恩佛学院、1937 年 9 月成立的福州法海寺法界学院、1938 年 10 月成立的槟城佛学研究会、1945 年 1 月成立的上海圆明讲堂楞严专宗学院、1948 年 9 月成立的上海圆明讲堂圆明佛学院等佛教教学和研究机构担任重要职务。由此可见，圆瑛大师对佛教教育事业是何等的关注。而作为圆瑛大师弟子的明哲长老深受其师的影响也是必然的。明哲长老的经历还与圆瑛大师颇为相近。圆瑛大师也是自幼习儒，过目成诵，有"神童"之美誉，16 岁投考秀才，名列榜首。但是，圆瑛大师对世俗的名利不以为意，深感世事无常，人生如幻。17 岁那年，便偷偷跑到福州鼓山涌泉寺出家，后被叔父强行拉回。19 岁那年，出家的机缘成熟，终于获准与叔父一道，同礼增西上人为师，落发为

---

① 明肠：《圆瑛法师年谱》，北京：宗教文化出版社，1996 年，第 13 页。

僧。"幼年习儒"、"神童之誉"、"偷偷出家"，圆瑛大师与明哲长老的经历何其相似！师徒之缘如前世注定一般，真乃不可思议！

1950 年明哲长老又在福州市舍利院慈舟老法师门下，受三坛具足大戒，学戒律、华严教义。1952 年，随慈老到厦门南普陀寺任僧值职。1953 年春，在上海随静权法师学天台、华严教旨。1954 年秋，去五台山清凉吉祥寺随能海上师学习戒律和密宗教法。1955 年，应广济茅逢净如方丈邀请，参加华严法会，作为副讲。1956 年，以优异的成绩考入中国佛学院第一届本科班读书，1959 年毕业。明哲法师对佛法潜心研究，遍学八宗，与佛教教育结下了很深的因缘。1980 年起在中国佛教协会工作，并担任中国佛学院讲师和副教务长，教书育人的同时，还参与教学管理，1988 年开始担任青岛湛山寺方丈。同时兼任中国佛教协会谘议委员会副主席、山东佛教协会会长和青岛湛山寺、龙口南山禅寺、青岛灵珠山菩提寺方丈。明哲长老出家六十余年来，积极投身寺院建设和佛教教育事业，为新中国佛教的恢复与振兴，作出了重要贡献。尤其是担任青岛湛山寺方丈以来，长老用功办道、广施法雨，不仅带领这座天台宗名刹实现了历史"中兴"，而且还于 2004 年创办成立了山东湛山佛学院，以八旬高龄亲自走上讲台，继续为佛教教育事业辛勤耕耘。

明哲长老对佛教教育贡献巨大，堪称新中国佛教教育的理论家和实践家。总括其贡献，我认为表现在以下方面：

一、重视佛教教育

赵朴初很早就提出佛教教育的重要性，认为佛教的发展关键在于人才的培养。明哲长老更加突出了佛教教育的作用。明哲长老经常在年轻人面前说："佛教是认识论，而不是宿命论。"既然是"认识论"，就免不了"教育与学习"。明哲长老的这句话揭示了佛教的本质，也强调了"教育"在佛教中的意义。孙中山先生也曾说过"佛教是智信不是迷信"，"学习佛学可以补科学之偏"。其意思是说，佛教可以通过理性的教育方式让人接受，而不是让人盲目信仰。明哲长老的"佛教是认识论"的思想是其重视佛教教育的内在理论依据。这一思想贯穿在其教育思想的始终，也是我们进行佛教教育必须遵循的一个基本原则。

任何宗教都是人文神性和宗教理性的交叉。也就是说，任何宗教都既具有人文理性的一面，又具有宗教神性的一面；这两方面是相互交织在一起的，人文理性的一面适合了官方和知识阶层对宗教的需要，而宗教神性的一面则适应了下层百姓对宗教的需要。佛教作为世界三大宗教之一，自然是人文理性和宗教神性兼具，可以适应不同社会阶层的精神需求。佛学专家欧阳竟无评价佛教说"佛教非宗教非哲学"，又说"佛教亦宗教亦哲学"；亦即佛教兼具了信仰与理性、宗教与认识论的两大特点。所以，明哲长老的"佛教是认识论"的观点乃对佛教有精深体会的真知灼见。

为了更好地说明这一思想，明哲长老经常"现身说法"，讲自己亲身经历的故事说明"教育"对一个人的重要作用。在他13岁那年，曾经因为目睹了圆瑛大师的法像而第一次萌发了"当和尚"的愿望，于是离家出走，决定去北京追随大师出家，但被家人追回。其母亲告诉他：一个人如果没有学问，出家也当不了"大法师"。年少的明哲长老被这句话深深触动了，为了实现当"大法师"的愿望，他回到私塾，安心读书，不到14岁就能通背四书五经，成了远近闻名的小神童。可见，明哲长老有着深厚的儒学功底，正所谓"内通佛理，外善群书"。10多年后，他终于有机会在上海圆明讲堂见到了圆瑛大师，但当他提出想出家的愿望后，大师却没有立刻答应，而是先要他做一篇文章、考一考他的学问。文章作好后，圆瑛大师看了感到很满意，笑着说："如果你的文章做得不好，我今天不会收你。"明哲长老不禁感慨："多亏当年听母亲的话，认真读书，如今才有机会通过师父的考试；否则，大字不识一箩筐，即便到了师父的跟前，也做不成他的弟子。而自己能有幸被师父收在门下，正是自己当年刻苦读书换来的。"这件事对明哲长老产生了深远的影响，也决定了明哲长老学佛经历中始终把提高个人的教育素养作为首要任务。出家之后，他变得更加刻苦：尤其是面对浩如烟海的佛教经典，更加激发了他勤奋读书的兴趣。

明哲长老虚心求教，博览群书，成为了一名博学多才的学问僧。到1956年考入中国佛学院第一届本科班之前，除本师圆瑛大师之外，他先后追随慈舟、应慈、能海等多位高僧大德左右，亲听教诲、孜孜求学。多年以后，明哲长老感慨地说："佛教的发展需要人才，而人才必须依靠教育。我年轻的时候，就认定自己以后要从事佛教教育，因为自己跟随那么多位高僧大德学习，真正体会到了'受教育'的好处，也就更加理解了教育对佛教事业的重要作用，从而激发了自己从事教育的愿望、坚定了从事教育的决心。但要从事好教育，就必须先接受好教育，这就是我报考佛学院时的真正想法。"

二、明哲长老的佛教教育理念

明哲长老对中国佛教教育事业十分关心，在长达半个多世纪的工作中，他始终坚持"继承传统不保守、顺应时代不流俗"的理念，这一理念体现了明哲长老在佛教教育中的批判与继承的精神，将佛教教育与时代变迁紧密结合，反映了佛教教育与时俱进的思想。这一理念贯穿在明哲长老的四个结合之中。

1. "庄严国土" 与 "利乐有情" 的结合

"庄严国土，利乐有情" 是明哲长老所始终遵循的原则。佛教要在国家中存有一席之地，必须与政府保持高度一致。这一点早在中国的东晋时期就被高僧道安大师所倡导，他说："不依国主，则法事难立。"道安大师总结出佛教在历史上的发展规律，说明了佛教与政治的密切关系。梁启超高度评价道安大师是使中国佛教成为影响最大的宗教的第一人。印度的历史也说明了这一点，没有公元前 3 世纪阿育王和后来的迦腻色迦王对佛教的支持，就没有佛教后来的走向世界，成为了世界三大宗教之一的大教。佛教来到中国后，也是受到了历代帝王的支持才有了蓬勃发展的局面。明哲长老洞察历史、远见卓识，可谓一代高僧。明哲长老对社会充满热心，对国家充满忠诚。我参加过多次明哲长老做主题发言的佛教大会，一次是山东菏泽定陶的佛教大会，一次是山东兖州兴隆寺地宫研讨佛教大会，还有一次是纪念山东菏泽临济义玄的大会。每次大会发言，明哲长老都会表达对我们党的热爱之情，情真意切令在场的听众动容。明哲长老年少时经历过侵华日军的战火，曾经给八路军秘密供应过药品；给解放军运送过军粮；在中国佛教协会工作期间，他负责接待过重要的国外来宾；也曾作为副团长，带领重要访团出国访问。明哲长老六十余年的佛教生涯，总是把祖国和人民装在心里，真正体现了佛教 "庄严国土，利乐有情" 的爱国和慈悲精神。明哲长老的个人经历影响了他思想的形成，使他深刻认识到 "佛教积极与社会主义事业相适应"

的重要意义。

明老进而认为，"人间佛教"思想的实质就是关怀社会。明哲长老解释说："关心社会的目的有两个，一是了解社会的疾苦，激发佛教徒的慈悲心；二是要了解社会的变化、开阔眼界，找准佛教在社会上的位置。关心政治的目的也有两个，一是要了解国家的发展，激发佛教徒的爱国之心；二是要了解国家的政策，在国家发展的大背景下，认清佛教的发展之路。"在山东湛山佛学院，明哲长老始终把爱国教育摆在重要的位置上，他亲自为学僧讲授《宗教事务条例》、《反分裂国家法》、《构筑和谐社会》等文件，传达"两岸四地佛教圆桌会议精神"；请市宗教局领导讲授《时事政治》课程；他为佛学院订阅了各种报刊读物，供学僧阅读学习；创办了《菩提道》杂志，加强与其他寺院、学院的交流；以组织各种读书班、学习会、演讲比赛的形式，丰富学僧的文化生活，提高他们关心社会、关心政治的兴趣。明哲长老还在学院里组织"慈善一日捐"活动，号召学僧们捐出一天的开销，救助社会上的贫困人员，并自己带头捐款；四川发生地震、南方发生雪灾，学院里也总要举行赈灾法会与捐款活动。明哲长老亲自带领学僧利用节假日和课余时间到中国佛教协会、中国佛学院以及各佛教名山、名寺参观学习。朝拜了佛教圣地五台山文殊菩萨道场、云冈石窟、北岳悬空寺，参拜了崂山华严寺、那罗延窟憨山大师修海印三昧遗址、法显大师纪念碑等佛教圣地。这些做法开阔了学僧们的眼界，打开了他们了解社会的一面窗口。每当国家有重大事件，山东湛山佛学院和青岛湛山寺也总要举办相应的纪念活动。如 2005 年，隆重地举办了纪念抗日战争胜利 60 周年活动；2008年 8 月 8 日，为了配合北京奥会的开幕，海内外佛子云聚湛山寺，共同撞响了专为奥运会而铸造的"奥运和平吉祥钟",并隆重举行了"为奥运祈福法会",一时成为佛教界的盛事和全球媒体关注的焦点。这些活动激发了学僧们的爱国热情,也为佛教的发展在政治上铺平了道路。

明哲长老的佛教教育理念是一种以人格教育为主题的"信仰教育"。其信仰教育中,除了佛教教育,还包括了知识教育、社会教育、政治教育、道德教育等,都是围绕信仰教育进行和展开的,其根本目的是完善学僧的人格。这体现了近代著名高僧太虚大师所说的"仰止唯佛陀,完成在人格"的精神,实际上是发展了佛教信仰教育的精神内涵。

2. "师徒传承式"和"学院化"教育的结合

明哲长老在佛教教育中既重视"师徒传承式"教育,又重视"学院化"教育。明哲长老追随圆瑛大师出家,亲近多位高僧左右,所接受的就是传统的"师徒传承式"教育;但他又认可"学院化"教育,他进入中国佛学院读书就是因为认识到了"传统与时代"的互补作用。明哲长老分析了这两种教育的长短,认为"师徒传承式"的教育偏重于精深,个体色彩比较浓厚;而"学院化"教育偏重系统传承,普及面广,集体色彩比较浓厚,两种教育方式的确需要互相补充,这实际上是坚持了佛教教育的中道思想。

中国传统的"师徒传承式"教育的弊端,邓子美在《20世纪中国佛教教育事业之回顾》中就有所评价:"虽说名师出高徒,实际上那时名师本来就少,沙弥绝大多数为糊口而出家,很少具有文化基础。中国的方块字难学,加上佛经中的梵文梵音可以说难上加难。这使资质平常的多数人学习极为吃力,由此高才更罕见。

再者，师生各自被封闭于寺院深山，与社会接触面狭窄，使'名师'遇见'高徒'的概率进一步降低。传统僧教育不振的致命弱点还在于职事的提升与住持的继承跟佛学水平并无必然联系，反而与年资辈分、人际关系密切相关，导致僧尼多不求学上进。最后，替人做经忏佛事的丰厚收入的引诱也使大部分沙弥僧无意求学。"① 不过，邓子美在文章中也分析了"师徒传承式"教育的优势："首先是师徒式教育与现代研究生的导师制相仿。法师（禅师）直接面对的学僧人数不多，能够了解学僧，便于因材施教。其次以德育为主，故其所培养出的僧才，虽说缺乏文化知识，但多能甘苦淡泊，持戒修'定'，半途改变生活而回俗者较少。最后，虽然这种方式培养的能够接法弘法的僧才极有限，但其中毕竟也有高僧，这大概与自由行脚参访，转承多师有关。这些是传统僧教育绵延千年至今仍不可全盘否定的合理性所在。"② 1956 年 2 月中国佛教协会一届三次常务理事扩大会议制定了中国佛学院章程，组建了院务委员会。同年中国佛学院在北京法源寺成立。这标志着中国的佛教教育由"师徒传承式"向"学院化"的过渡。中国佛学院创办之初就把继承传统与适应当代紧密结合，从 1956 到 1966 年的十年，先后开办了专修班、本科、研究班、短训班、藏语系专科等不同层次的六个班，有 410 位学员参加过学习，这些学员大都成为各地的佛教骨干，成为当代大陆佛教的精英人物。明哲长老就是在 1956 年以优异的成绩考入中国佛学院的。1966—1976 年"文革"浩劫，中国佛学院也经历了磨难。院长喜饶嘉措大师、副院长兼教务长周叔迦居士被迫害致死，学院几乎处于瘫

---

① 邓子美：《20 世纪中国佛教教育事业之回顾》，《佛教文化》1999 年，第 6 期。
② 邓子美：《20 世纪中国佛教教育事业之回顾》，《佛教文化》1999 年，第 6 期。

痪状态。1980 年秋，中国佛学院恢复，明哲长老担任了副教务长，兼任讲师授课，任佛协理事及常务理事。从此，明老走上了佛教教育办学之路。1984 年，又调任中国佛协所在地广济寺任首座和尚，开办僧伽学习班。明老 63 岁那年，中国佛协的赵朴初会长却给他布置了一个艰难而重要的任务，即调任山东青岛湛山寺住持，恢复山东的佛教发展。当时赵朴初恳切地对明老说："山东的佛教还是比较薄弱，要利用这个时机，恢复湛山寺，筹备山东佛教协会，要从整体上振兴山东佛教。"的确，当时的湛山寺正处在它历史上最困难的时期。由于湛山寺长期疏于管理，僧人流失严重。明哲长老专程前往青岛考察，更感到任务的艰巨。赵朴初在明老动身去山东前送给他四个字，即"忍辱负重"。

　　1988 年 6 月，青岛湛山寺里锣鼓喧天，僧人云集，明哲长老荣膺方丈升座仪式这里举行。从此，明哲长老开始了他在湛山寺的佛教生涯。他在湛山寺的佛教教学中，努力实现"师徒传承式"和"学院化"教育的完美结合，也即将传统与当代、历史与现实最大程度地融为一体，从而实现了佛教教育的现代转换。

　　3. 持守戒律与革新佛教的结合

　　在坚持佛教戒律和顺应时代发展方面，明哲长老的见解也十分深刻。1980 年，中国佛学院恢复招生，明哲长老受时任中国佛教协会会长赵朴初的委托，前往南方诸省招生。佛学院开学后，由于当时的人们刚刚经过"文革"，对佛教未来的发展方向感到茫然，所以有人提出：学习日本，革新佛教，改掉僧装等传统仪轨。明哲长老坚决反对学习日本佛教的做法，他说："戒律是僧人必须遵守的，是释迦牟尼佛临终所最强调的。持戒是僧人的最基本的要求，离开了戒律，僧人将变得不伦不类了。所以，僧装、戒律代表着中国佛教自重自律的精神，是中国佛教的优良传统，如果改掉它们，佛教将不成之为佛教。"但是，对这些传统仪轨的严格坚守，并不代表明哲长老没有革新精神，他提出："佛教不是不要革新，问题是要如何革新。革新的目的是为了更好地发展佛教、传播佛教，所以必须严格把握一个原则，那就是：所有的革新必须在有利于中国佛教事业长远发展的前提下进行。"明哲长老关于中国佛教发展的长远眼光，正体现了长老对中国佛教的深厚感情。明哲长老认为："真正的改革，是要从人格上尊重学僧，给学僧与师长平等的地位，这真正符合时代精神，符合一个社会主义新国家的要求。"对于学僧在学业、修行上的要求，明哲长老抓得很紧。青岛是一个沿海发达城市，到处灯红酒绿，充满了诱惑，在这种环境下如何培养学僧们的自律精神，始终是明哲长老不敢放松的问题。明哲长老还注意充分吸收现代科学的成果，运用到佛教教育中去。他提出："完善配套建设，是办好佛教教育的重要保证。"为此，山东湛山佛学院启用了明亮宽敞的教室，配备了录像、录音、扩音、空调等设施；设置了网络信息室，配备了摄像机、扫描仪、多功能复印机，安装了互联网；新建了法师寮和学生寮楼房两栋，提高了伙食标准，学僧们得以在一个舒适的环境中进行学习。明哲长老解释说："这样做，并不是纵容学僧们享受。而是因为现在整个社会的生活水平都提高了，我们要尊重现实，不要脱离现实。社会上的人们都生活得很好，单单叫学僧们这里受苦，他们能安心吗？一个人只有吃饱了、穿暖了，心里安静了，他才能安心学习、认真读书。而且学僧们都是年轻人，需要逐步地引导和培养，如果太委屈了他们，反而会适得其反。"

4. "学院丛林化"与"丛林学院化"的结合

在佛教教学管理中，明哲长老实行"学院丛林化，丛林学院化"管理，即以丛林的道风和学院的制度使学僧能自重、自律，从而达到佛教教育的目的。学院要求学僧不看电视、不玩电脑游戏、不听流行歌曲，以免被社会上的不良风气所影响；严格出勤作息制度，出寺院必须请假，否则依法处理违规者；每个僧人要坚持早晚课诵、过堂用斋、每日坐香；佛菩萨圣诞法会、初一十五上供、诵经拜忏一律严格按照丛林化进行；明哲长老还组织了传授三坛大戒法会，使学僧们纳受清净戒体，从思想和行为上规范了学僧们的身心。明哲长老这些做法，使佛学院保持了良好的道风，树立了良好的形象；又进一步走向了规范化、制度化，使佛学院稳步向前发展。2004年，山东湛山佛学院开学后，明哲长老提出："如今的佛教不再是山里面的佛教，社会开放了，佛教也不能再缩在山门里。佛教要普度众生，要为社会作贡献，就要顺应时代，尊重现实。"长老深刻认识到，普度众生才是佛法存在的根本意义。

佛教教育是明哲长老毕生为之奉献的事业，也是明哲长老复兴湛山风的重要特色。湛山寺素有兴办佛教教育的传统，这一传统在明哲长老手中得到了继续与发扬。1999年湛山寺成立了"湛山寺僧伽学习班"和"五明佛学研修班"，为佛学院的重建打下基础。2004年，湛山佛学院正式成立，首届开设三年制佛学大专班，有42个学员，后来增加预科班，有六十多人。此后，还建设有师资研究班。学院所有的费用都是由湛山寺自己解决。湛山寺佛学院的办学方针是"教观总持，解行并进，勤修三学，精学五明"。院训是"信解行证"，努力将"丛林学院化"和"学院丛林化"

相结合，在继承传统、顺应时代的原则下，奠定山东湛山佛学院的教育文化体系。湛山佛学院全面发展学僧的佛教素养，强调"显密圆融，台贤并重，禅净双修"的办学方针，将学院办成了适应时代需要的高水平的佛教院校。[①]

明哲长老的以上四个结合的佛教教育理念正是他"继承传统不保守，顺应时代不流俗"的精神体现。

---

① 李崟，张守泉：《续灯畅宗风，利乐愿无穷——记青岛湛山寺明哲法师》，《中国宗教》2006 年，第 10 期。

第十五章

台湾佛教

　　佛教在台湾存在和发展的历史不像佛教在中国大陆那样源远流长，博大精深，这和台湾的历史和现状有着密切的联系。根据史料记载，佛教最早在台湾出现和传播是在明代，对佛教的信仰还是由大陆的移民带过去的。当时的佛教信仰是分散的，不成体系的，还没有形成自己一套独有的思想框架，更多的是体现出大陆佛教的禀赋和潜质。

　　由于当时明王朝的灭亡，大批明王朝的居民，尤其是东南沿海一带的居民开始迁徙到台湾，随身携带着自己日常生活中顶礼膜拜的佛像，这是台湾佛教发展的第一个时期。从这一点，我们也可以从侧面明白一个道理，即中国佛教在不同历史时期所表现出来的特点都和当时的时代格局有着密不可分的关系，这也是我们梳理中国佛教脉络时刻要关注的一个问题。

　　从 1895 年至 1945 年是台湾佛教发展的第二个时期，也是日本占领台湾，日本的佛教势力企图全面控制和整顿台湾佛教的一个时期。

　　随着第二次世界大战的结束，作为战败国之一的日本退出对台湾的殖民统治，与此同时，台湾的佛教进入到了第三个时期。

在第三个时期的历史进程中，台湾佛教有着两段截然不同的发展特点。具体来说，从 1949 年到 1987 年这一段时间里，台湾政局在总体上对佛教采取"戒严"的政策，严格管理佛教的发展。从 1987 年到目前为止，台湾佛教处于一种"解严"状态，像日出东方一样，表现出一种勃勃的生机。

在前一个阶段，随着日本的败退和国民党进驻台湾，国民党一方面整顿和清除了日本在中国台湾的佛教殖民政策，另外一方面，一批在大陆很有名望的寺院僧侣也迁徙到了中国台湾，他们主要传承了汉传佛教的思想渊源，到了中国台湾以后，为中国台湾佛教的发展起到了重大的作用，比较著名的高僧大德主要有：太虚法师的同学及弟子；太虚法师的三传弟子星云和圣严等；同时还有圆瑛法师的弟子白圣等。他们自身有着很深的德行，对佛教有着自己独到而又精辟的见解。这些难得的佛学人才为中国台湾以后的佛教发展奠定了人才基础和佛学知识的储备。总之，从整体上看，在这一"戒严"的特殊时期，专制和高压是这一时期的主要政治特征，佛教也随之必须在其划定的范围内活动和发展，不可越雷池一步，否则很难生存和发展。

1987 年以后，台湾佛教日渐挣脱当局严格的管理和控制，无论是在佛教教会组织上还是在佛教的社会事业和文化活动中都表现出了多元发展的态势，这一"解禁"时期也被台湾有关学者称之为社会转型期。

佛教组织的多元性是台湾佛教现代化的显著标志，尤其进入 20 世纪 90 年代末期，台湾佛教的发展进入了一个高峰期，比如星云法师主持的佛光山和圣严法师主持的法鼓山在海内外都有着崇高的声誉；星云法师倡导"人间佛教"的思想，并且规划出"人间性"、"国际性"和"生活性"的具体指导思路，在世界各地有众多的分支道场，在全球有成千上万的信众，有着广泛的社会影响；圣严法师重视提升人的道德品质，宣扬"人间净土，心灵环保"的理念，尤其强调对佛学人才的培养，在其积极努力下，形成了较有层次的佛学教育系统。其他的佛教组织也表现出很大的社会影响力，如慈济功德会对慈善事业的推动，影响了佛教的发展方向和未来趋势；净空法师的"空中说法"在佛教的推广和宣扬方面作出了突出贡献。由此，我们可以看出，台湾佛教在1987年以后便进入了一个"百家争鸣"、多元存在和发展的时代。台湾这种佛教发展的局面也便于海峡两岸佛教的进一步交流，有利于两岸佛学朝着文化认同的大方向不断前进。

第一节　星云法师及其"人间佛教"思想

星云法师

星云法师（1927年—），祖籍江苏江都，是佛教临济宗第四十八代传人，台湾佛光山的首任宗长，主要的著作有《释迦牟尼传》和《星云大师讲演集》等。

一、创办佛光寺

星云法师1939年在南京出家为僧，1945年在栖霞律学院修学佛法。1949年到台湾，继续弘扬佛法，1967年在台湾高雄创建佛光寺，佛光寺的宗风是大力弘扬"人间佛教"的思想。

"以文化弘扬佛法，以教育培养人才；以慈善福利社会，以共修净化人心"是佛光寺的宗旨。

星云法师孜孜不倦地促进弘法事业，以佛教为起点，全力发展佛教文化教育事业，融通古今中外的佛学文化的精髓，倡导佛教的现代化建设和发展。截至目前，星云法师在世界各地共创建两百余所佛教道场，并开办了数十所佛教丛林学院，其佛教教育体制涵盖了大学、中学和小学等层次，组织科学，管理现代化。

星云法师曾经担任过《今日佛教》和《觉世》等佛教期刊的主编，内容新颖，使佛教思想紧跟时代的步伐；在全球共有一千多人的出家弟子，有成千上万的信众。

二、全球华人最大的佛教社团

星云法师德高望重，有着广泛的国际影响，恩泽遍及世界各地，在世界各地共有不少于180个国家级或地区级佛教协会，迄今为止被誉为全球华人最大的佛教社团；在1991年成立的国际佛光会中，星云法师被推选为世界总会会长。

1978 年，星云法师荣膺美国东方大学荣誉博士学位；1995 年，获全印度佛教大会颁发的佛宝奖；星云法师不仅潜心研习佛法，而且心系世界和平事业，有着宽广的国际视野，不辞劳苦地为世界的和平与发展而呼吁奔走；曾与南传佛教、藏传佛教等各教领袖交换意见，追求各宗教之间的和谐相处，提倡相互尊重、和平发展；1997 年与天主教教宗若望保禄二世晤谈，探讨宗教界的和平共处；2000 年 12 月，泰国总理在第二十一届世界佛教徒友谊会上，颁赠给星云法师"佛教最佳贡献奖"，以此来表彰他在世界佛教事业上的杰出成就；2006 年美国共和党亚裔总部代表布什总统颁赠给他"杰出成就奖"，表彰其在世界和平工作中卓越的表现和重大的贡献。

1998 年在印度成功恢复南传佛教国家与地区早已失传千余年的佛教比丘尼戒法。2004 年，在澳洲首度传授佛教"三坛大戒"。

三、国定佛诞节

星云法师还多方努力，争取各界的支持，主张设立"国定佛诞节"。功夫不负有心人，在他的不懈坚持和努力下，1999 年由我国台湾地区时任总统李登辉正式宣布将农历 4 月 8 日订为"国定假日"，这成为佛教东传中国两千余年以来的第一个"国定佛诞节"，具有深远的文化和政治意义，无疑会有利于佛教在当代的发展。

四、促进海峡两岸的佛教交流

星云法师提倡以佛教文化交流为纽带，促进我国大陆与台湾和港澳的交流和往来，爱教不忘爱国，积极促进国家的统一大业，2002年1月，以"星云牵头，联合迎请，共同供奉，绝对安全"为宗旨，星云法师与时任的中共中央总书记江泽民签订佛指舍利到台湾的协议，组织台湾佛教界成立恭迎佛指舍利委员会，加强与大陆佛教界的文化交流，收到了很好的社会效果，受到海峡两岸热爱和平人士的高度赞誉。

2003年7月，星云法师应邀至厦门南普陀寺参加海峡两岸暨港澳佛教界为"降伏非典"国泰民安世界和平祈福大法会。

五、反对邪教

星云大师注重维护佛教的声誉，正本清源，认为人们修行佛法应该有着正确的理念，不要误入歧途，害人害己，如在2006年由星云法师主持召开的第23届世界佛教徒联谊会上，法师明确主张要"维护正法，反对窃取佛教法轮之名，作危害佛教之事"。积极呼吁世界各地的佛教徒联合起来，团结一致，坚决抵制和声讨祸国殃民的邪教言行。

六、谴责达赖

星云法师告诫一切佛教徒都应该遵纪守法，不能做有损国家主权统一的行为，2009年，星云法师在中国的无锡正义凛然地谴责达赖喇嘛蓄意分裂国家的行为，做了《希望达赖喇嘛面对一个中国，不要忘记自己是中国人，如此则相信中国也能接受他》的发言，受到海峡两岸爱国人士的一致赞扬。

七、推广"人间佛教"思想

星云法师的佛教思想主要是倡导"人间佛教",积极推广佛法的普世性,在社会中大力发展佛教慈善事业。从 1970 年开始算起,在星云法师直接或者间接关怀和指导下,连续建立了育幼院、佛光精舍和云水医院等,本着慈悲为怀的思想积极开展育幼养老、扶弱济贫的佛教社会慈善工作,在社会生活中来弘扬佛法精神,真正做到了佛教人间化,佛教社会化。

在着重弘扬人间佛教的同时,星云法师倡导世人只有一个地球的思想,人与人之间应该相互欢喜和融合,对同体与共生、尊重与包容等类似的概念范畴有着自己独到而又富含哲理的见解。

星云法师参与政治,但是不参与党派之争,正如他所言:"我的弟子,不分蓝绿,但都是佛教徒。"这一切都说明说明了星云法师身体力行"人间佛教"的思想,在大是大非上有着睿智的判断。星云法师是当代中国佛教史上里程碑式的佛教高僧。

第二节　圣严法师的佛学贡献

圣严法师,1930 年生于江苏省南通县,随后到了我国台湾。据说在 1943 年的春天,当时圣严法师 13 岁,他的一个邻居姓戴,从江北的狼山游历回来,受狼山广教寺方丈的委托到江南寻找沙弥。圣严法师与佛有缘分,就在同年的秋天由这位姓戴的居士带到广教寺出家为僧。

圣严法师在广教寺出家为僧半年之后,就到了位于上海的大圣寺勤于治学,在 1947 年春天离开了大圣寺,作为一名插班的学

圣严法师

僧到位于上海的静安寺佛学院潜心学习佛法，主要学习了《大乘起信论》和《八宗纲要》等佛学经典，这为以后的学佛道路奠定了坚实的基础。

圣严法师在上海的静安寺连续学习了五个学期，一直到1949年参军入伍。在军旅生活中，大师不忘修行佛法，笔耕不辍，在《学僧天地》等期刊上发表文章，由于其文笔过人，1956年被调入国防部，这期间，学习和接触了太虚大师"人成即佛成"和印顺法师"人间佛教"的思想，对于有关佛教的问题写了大量的文章，这也成为了他以后主要的佛学理念和精神。

一、随东初老人出家

退伍以后，圣严法师一直孜孜不倦地研习佛法，决心重新出家，由东初老人为其剃度，法派字号是"慧空圣严"。

圣严法师除了从东初老人学习曹洞宗与临济宗两支法门的传承思想之外，1978年，灵源和尚将临济宗的法脉赐给圣严法师，并给了一份法脉传承谱《星灯集》，圣严法师正式成为临济义玄之下第五十七代传人。

二、《戒律学纲要》

1961 年，在台湾高雄县的"大雄山朝元寺"修持佛经和戒律。在这期间仔细修读了《四阿含经》，这为他奠定了佛教戒律学的坚实基础，写了多达十九多万字的《戒律学纲要》，得到了星云大师的首肯，在海内外产生了深远的影响，已经成为当代佛教著名的戒律学教材，南京的金陵刻经处也将这本书翻印流通，广为流传。

三、佛耶之比较

圣严法师具体针对佛教外人士对佛教的一些误解，尤其是当时基督教对佛教的攻击和叫阵挑战，同时为了进一步整顿佛教内部的教规教义，1964 年到 1966 年这三年期间，不间断地写了一些文章以匡正佛法，刊载在《海潮音》和《觉世》等一些佛教杂志上，影响很大，1967 年，由台湾佛教文化服务处集结成册出版，即著名的《基督教之研究》，1968 年出版改名为《比较宗教学》；1969 年出版《世界佛教通史》，这两本书目前依然是华文地区佛教教育的经典教材，全文以历史的角度阐述了西方基督教的客观面貌，对佛教与基督教之间的若干重要而又敏感的问题做了客观而又理性的疏导和比较。

四、将佛教推向世界

1973 年，位于日本品川区立正大学的牛场真玄先生，有意将印顺法师的《中国禅宗史》翻译成为日文，委托圣严法师送到大正大学，代印顺法师申请博士学位。同年，印顺法师的《中国禅宗史》通过了大正大学的博士申请，成为了中国第一位博士比丘，这期间圣严法师作了不少的贡献。

1975 年，圣严法师获得日本立正大学博士学位，同年，应美国沈家桢居士的邀请，前往美国弘扬佛法，讲习法学。法师在美国根据西方人信仰的实际情况，具体地讲授佛教的参禅和打坐，影响深远，一直影响到当代美国人的佛法修行。

之后圣严法师主要把佛学的重心放在美国和中国台湾，学贯东西，在美国纽约设立了"禅中心"，同时，著书立说，写下了著名的《拈花微笑》和《禅与悟》等。

圣严法师注重佛教的对外交流，在国内外都有着很高的声望，2002 年，圣严法师受邀参加在美国纽约举行的"世界经济论坛会议"，他是唯一受邀的佛教界领袖。同年，受世界宗教领袖理事会之邀，参加在日本举行的"世界青年和平高峰会"第一次筹备会议。2003 年，积极推动台湾法鼓山人文社会奖助学术基金会与北京大学合作设置"法鼓人文讲座"，产生了很大的反响，有着重大的文化意义。

晚年由于身患肾病，2009 年在台湾圆寂，享寿 80 岁。大师遗言中有一偈写道："无事忙中老，空里有哭笑；本来没有我，生死皆可抛。"体现了法师深邃的佛学思想和超脱的人生情怀，很值得后人瞻仰和学习。可以说，圣严法师，一生追求进步，探索真理，孜孜以求，矢志不移，是中国当代一位杰出的佛学大师，为当代佛教的发展作出了历史性的贡献。

第三节　证严法师的"慈济功德会"

证严法师

　　当代佛教的发展与当代社会的慈善事业是紧密联系在一起的，以慈善事业为载体，进一步与社会相适应，其实质是佛教在新时期的另一种存在和发展形式。台湾证严法师的所作所为很好地诠释了这个问题。

　　证严法师的"慈济功德会"要求佛教徒要不断地广发善心，通过社会救助的方式，一方面更好地将佛教融入到现实社会生活中去，另一方面更加有益于佛教在现当代的发展。

　　证严法师，原名景云，1937 年出生于台湾中部。经过法师的不断努力，截至目前，慈济功德会已经变成一个规模庞大、管理有效的国际性慈善组织。

一、"慈济功德会"的社会救助事业

"慈济功德会"涉及范围很广，主要涵盖了医疗卫生、人文教育、社会环保及国际性的赈灾等方面，其中最为显著的就是成立"骨髓捐赠慈善组织"，想方设法帮助那些身患绝症的人。1993年成立了专门救助白血病患者的骨髓库，以便帮助那些病入膏肓的人，取得了很好的社会效果，其影响面很大，是全球第三大骨髓资源库。

迄今为止，慈济功德会的慈善工作机构遍布世界各地，据不完全统计，每一天都有不少于100万的义工在社会上传递爱心，尽自己的力量来服务大众，造福大众。

1994年，证严法师获得世界国民外交协会（PTPI）艾森豪国际和平奖；2000年，获得美国诺薇尔基金会（The Noel Foundation）人道精神终身成就奖；2004年，又获得亚美人道关怀奖。

慈济功德会立足于台湾，同时积极向四周辐射，加强与周边国家和地区的联系和交流，广发善心，注重与中国大陆的联系，尤其在慈善方面更是不遗余力，其慈善组织也已经登临大陆，与大陆方面的慈善组织和相关的机构精诚团结，积极援助那些需要帮助的人，取得了卓越的成就，在海内外产生了很大的反响。

二、一个怀孕妇女的悲惨经历触发了证严法师的慈悲心

直接触动和影响证严法师广发善心、在社会上积极努力广泛设立佛教慈善组织和机构是源于她的一段生活经历。以前，证严法师在我国台湾东部花莲教区一个寺庙里挂单修行，想青灯孤影

了此一生，没有更多的奢望。

有一天，她到一家医院看病，在医院里看到几个男子抬着一个孕妇来到了医院，但是，由于没有足够的住院费而被驱赶出去。证严法师打听到那位孕妇来自偏僻的山村，家里贫穷才住不起医院。这几位男子将孕妇抬走时，地下留下了一片鲜红的血迹，这血迹深深刺痛了证言法师的心。当时她就发了一个宏愿——将来一定建立一所专门为贫困人治病的医院。

于是，证严法师的慈悲心让她改变了人生的足迹。她开始到处募捐为筹建医院做准备。盖一所医院需要大笔的资金，不是一句话就能解决的，何况她只是一位出家人，哪里有那么多的钱财去实现这个目标？

但是，后来证严法师不仅了却了这个心愿，而且带动了整个台湾将近五分之一的人参加到她所组织的慈善组织机构中，而且在世界各地也有慈济功德会一千多万的志愿者，积极参与到社会慈善活动中去。

三、救苦救难的活菩萨

证严法师真可谓是救人无数，功德无量，具有无限的人格魅力和令人肃然起敬的仁厚胸襟，被当之无愧地誉为"人间观世音菩萨"，在生活中切实践行了佛教"千手千眼观世音，救苦救难活菩萨"的精神。

我们说，佛教在当代的发展，"人间佛教"理念是其指导思想，而佛教的慈善事业正是其存在和发展的社会载体，承载着佛教大慈大悲的精神内涵，践行着世人对它的希望和重托。

一个人的力量是有限的，但是大家的能量是可以无限扩大的，正所谓积少成多，集腋成裘。

佛教中说，每一个人如果都有观世音菩萨的慈悲心肠，那就会有成千上万的菩萨心肠，就会有千手千眼来救助世人，佛教徒完全可以以出世的情怀来做入世的工作，其功德是无量的。

正如慈济功德会刚开始时，仅由四名佛教弟子和两三位老人在家每人每天做一双婴儿穿的鞋子，逐渐的去扩大规模和组织志愿者去做这件事件；同时鼓励在不影响正常生活和工作的前提下，佛教徒和志愿者每人每天节省五角钱，用来作为救助金，帮助那些急需钱物生活的人。每天节省五角钱，看似很少，但是日子长了，帮助的效果就出来了。

有人问，为什么不每天存五十元钱，其实佛教的这种思想和做法主要是培养人的一种爱心。

因此，我们可以说，证严法师以慈悲喜舍和教富济贫的精神理念来普度众生，使佛教在新的历史时期得到了发展。

第四节　李炳南居士的念佛生涯

"海右此亭古，济南名士多。"济南素以"名士多"而闻名天下。

唐宋八大家的曾巩、宋代著名女词人李清照、抗金英雄兼词人的辛弃疾、撰写《老残游记》的刘鹗，都在济南留下了足迹。现代著名作家老舍在《济南的冬天》一文中更是把济南描写得美不胜收，令人神往。大家可能有所不知，济南的李炳南居士在台湾佛教界名闻遐迩，妇孺皆知。他也算济南的"名士"，济南人的骄傲了。他50岁那年去了台湾，后逝世于台湾，享年97岁。

李炳南居士九十五岁德像

笔者曾专程到他念佛的道场"台中佛教莲社"拜访，看到在纪念他的遗物的橱窗中摆放着一瓶水，上面标有"趵突泉"三个字。据说，这瓶水是李炳南居士生前摆放在家中桌上的遗物，以示思念家乡之意。那么，李老居士如何信了佛教，如何到了台湾，又如何在台湾产生了那么大的影响？

一、信佛之前已怀慈悲心肠

李炳南居士，号雪庐，法号德明，别署雪僧、雪叟，字炳南，山东济南券门巷人，生于清光绪十六年（1890 年），卒于 1986 年。父寿村公，世居济南城内券门巷，好善乐施，教有义方。雪庐自幼颖悟好学，研读经史子集，喜好黄老之学，又习剑术，谙熟法学，尤其嗜好吟诗写赋。他还研究中医理论，为人治伤疗病，解除痛苦。迨研究佛学，教、禅、密、净皆尝修持，最后则归于专修净土法门。

雪庐 22 岁时，与济南学界组成"通俗教育会"，当选为会长。又过五年，该会更名为"私立通俗教育研究会"，在西门月洞设讲习所，日日讲学，普及国民教育，以改善民俗，受到山东省政府的嘉奖。

雪庐30岁时，出任山东莒县监狱总管，目睹监狱条件恶劣，对囚徒产生悲悯之心，令人重建监舍。新建好的监舍宽敞明亮，设施完备。可见，雪庐信佛之前已具有宽厚慈悲心肠。雪庐受儒家思想的影响，强调德化重于刑罚，加强狱中教化，从思想上开导囚犯弃恶向善。许多犯人在雪庐的感化下，纷纷改邪归正。若有囚徒染上疾病，雪庐会以精湛的医术为他们疗伤。罪尸无人认领的，雪庐自费代为收敛。

后来，雪庐就读于山东法科学堂，教授时讲因果，以喻法学。雪庐深契此理，亦为其日后信仰佛教打下了基础。当时，南昌孝廉梅撷芸光羲，任山东高等检察厅厅长。撷芸为杨仁山老居士的入室弟子，专治法相唯识之学，于济南大明湖畔设佛学讲座，讲授唯识学。需要说明的是，笔者亦为济南人，家即住在大明湖畔。大明湖乃济南"三大名圣"（大明湖、趵突泉、千佛山）之一，环境优美，景色宜人。济南自古就有"一城山色半城湖，四面荷花三面柳"之称誉。撷芸就是在这里宣讲佛法，雪庐听而悦之，每讲必与。雪庐对儒释的融会贯通，更强化了他的慈悲仁爱之心。

雪庐38岁时，恰值北伐期间，兵临莒城，县知事弃城逃跑，城内秩序混乱，一片哗然。雪庐率警兵维持治安，安定人心。

次年的4月，匪徒刘桂堂率部袭击莒城，县长逃跑，雪庐联合各机关及邑中士绅，组织成临时县政委员会，抢救灾民，守城等待援军。

雪庐41岁时，逢阎冯反蒋之中原大战，莒城被围困，每天遭到炮火轰击，民不聊生，苦不堪言。雪庐在城中目睹此惨景，心中悲苦。一个偶然的机会，他阅读到丰子恺的《护生画集》，深感只有戒杀护生，才能消除战乱；并发誓说，此次若能存活下来，将终身茹素。不久，莒城解围，雪庐实践诺言，终身食素。

二、皈依佛门，自度度人

此时，净土宗第十三祖印光大师在苏州创办弘化社，印赠佛书，外地只要付邮资即可寄赠，雪庐发信索求，获赠《学佛浅说》、《佛法导论》等书。雪庐阅后，法喜充满，即萌发了皈依佛门之心。继之又闻济宁一老友，言印光大师为精通儒学的高僧，雪庐很想当面请教，终因路遥不便，未能成行。后来，雪庐结识了一位印光大师的弟子，这位弟子颇为热心，积极通过信函向印光大师举荐雪庐皈依，随后获得印光大师许可，赐号德明。印光大师亲笔写信，勉励雪庐要敦伦尽分，闲邪存诚，自度度人，专心净土法门的修行。尔后，两人经常书信往来，问答佛法。又过了三年，雪庐专程到苏州报国寺拜谒印祖，当时印祖正在闭关，仍然抽出时间接见了雪庐。雪庐后来回忆说，当时所见的印祖仿佛西方极乐世界的阿弥陀佛一般，慈眉善目，威仪堂堂，令人肃然起敬。按往常惯例，印祖在关中接见叩见者十余分钟为限，但遇到雪庐却破例了，两人从早到晚谈了一天的时间，仍感话犹未尽。也许，印祖已感到眼前的叩见者必将是未来弘扬净土的巨子。

雪庐45岁时，莒县重修县志，庄太史心如任总编辑，分纂及参与这项工作的都是当地的饱学之士。雪庐因其儒学功底深厚，由监狱长转任编纂县志之职，负责古迹、军事、司法、金石四类的编纂工作。三年后，编纂县志的工作完成。由于雪庐在编纂工作中表现突出，被庄太史举荐，应聘入大成至圣先师奉祀官府任秘书,不久即晋升为主任秘书。这为雪庐后来去台湾埋下了伏笔。佛教讲因缘,这大概就是佛教所说的因缘吧。

雪庐48岁时,卢沟桥事变爆发,华北相继陷落,民国政府迁往重庆,雪庐亦随奉祀官孔德成入川。在重庆时,一日路过长安寺,听说太虚大师卓锡寺内。雪庐早年读《海潮音》杂志,已久仰太虚大师的名讳,今有此机会,即推门叩见。恰巧梅撷云居士亦在堂内。梅居士在太虚大师面前极言雪庐之德行。是时,长安寺设佛学社,太虚大师以佛学社的名义,选派雪庐及蜀僧定九师,遍莅重庆及附近各县监所弘扬佛法,教化囚犯。许多犯人听了弘扬佛法的演讲后,悔过自新,学佛向善。太虚大师曾题字奖掖雪庐的义行。由于日机大肆轰炸重庆,雪庐随孔奉祀官迁往重庆西郊歌乐山,林间有平房数间,雪庐美其名曰"绮蓝别墅"。山顶有一所寺庙叫云顶寺,但无僧人居其中。雪庐组织一班人,将寺庙收拾一新,且在殿楹悬挂上太虚大师所书的"佛学讲演会"五个大字。雪庐喜欢此地幽静,每天早晨天刚蒙蒙亮,即来此礼佛诵经。但是,很长一段时间,未见来此地讲学者,雪庐乃请太虚大师任讲席,太虚大师欣然应允。自此,来朝拜听讲者日众,香火日旺。

雪庐56岁时,日本投降,雪庐随孔奉祀官迁往南京,在南京一住就是三年。其间,雪庐曾陪同孔奉祀官三返曲阜,因道路交通不便,只有一次返回济南探视家人。在南京期间,雪庐以普照寺及正因莲社为道场,讲经弘法。

三、只身赴台,弘扬佛法

雪庐60岁时,当年的2月,他只身漂洋过海,随同孔奉祀官来到台湾。至台后，奉祀官府设在台中市复兴路一陋巷里的一幢日式平房中，雪庐办公、食宿均在此地。他于公务之余，开始寻觅弘法传道的场所。最初是在法华寺传道，讲解《心经》、《四十二章经》的微言大义。雪庐又是一位有营业执照的中医师，在寺内设了中医诊所，施药治病，为人们解除痛苦。他还在寺内设置了一个图书馆，里面摆满了佛教书刊，供大众阅览。这些做法吸引了大批信徒前来拜佛。后来，由于人员的增加，讲经场所扩充到灵山寺、宝觉寺、宝善寺、慎斋堂、菩提场、佛教会馆等处。灵山寺尤为重心，讲经久而且多。台中慈善堂、赞化堂、龙意堂等先天大道或龙华教之鸾坛，这些场所也多请他去讲经，日久之后，鸾坛中的信众也都皈依了佛教，修持净土法门。除此之外，他又在《觉群》、《觉生》、《菩提树》、《慈光》、《明伦》等杂志上开辟《佛学问答》专栏，弘扬佛法。

雪庐又承继东晋慧远大师结社念佛的遗风，倡议建立莲社。雪庐61岁时，与董正之、徐灶生、朱炎煌、张松柏诸居士筹组台中佛教莲社，社址设于法华寺内，雪庐当选为首届社长。次年的7月，由许克绥、朱炎煌二居士出钱，购得绿川南湄绿堤巷民宅一栋为社址，以后屡经扩建，即成当今民生路二十三巷十四号之台湾著名净土道场。同年的10月，莲社成立男女二众弘法团，男众弘法于台中监狱，女众弘法于莲友家中。

雪庐63岁那年的1月3日，莲社大殿落成，礼请证莲老法师传授三皈五戒。雪庐66岁那年的6月，又礼请斌宗和尚、忏云、净念诸法师传授菩萨戒，前后各有数百人得戒。以后经常请忏云老和尚于白月黑月，主持诵戒"布萨"盛会。每年举行"佛七"数次，雪庐常亲自主持，并殷勤劝导大众修善念佛。莲社还开办了佛学讲座、国文补习班，雪庐亲讲佛学，孔德成、刘汝浩、周邦道、许祖成诸教授讲《论语》等国文经典，以后成为惯例。

雪庐71岁那年的6月，莲社十周年社庆，又迎请证莲老和尚启建戒场，得皈依戒者千余人，名曰千人戒会。雪庐又为莲社制订社风十条，作为莲友的行为规范；还定社务三条：一者，讲演儒佛经典，化导人心；二者，集众念佛，各求当生成就；三者，兴办文化慈善事业，以励道德，改善风俗。

台中莲社的成立，推动了台湾各地念佛风气的盛行。雪庐66岁时，他到台湾北部桃园县讲经，辅导该地莲友成立了桃园佛教莲社。雪庐67岁那年的5月，他到屏东讲经，也成立了念佛团。后来，台湾中部如雾峰、丰原、员林、东势、后里、鹿港、卓兰等地都成立了佈教所或念佛会。雪庐与莲社弟子筹议兴建佛教图书馆及讲堂。后经不懈努力，终于在雪庐67岁那年，在台中市柳川西路购得五百坪土地，兴建了第一所佛教图书馆。次年，该图书馆正式对外开放。

雪庐70岁时，莲社联体机构中又成立了慈光育幼院。育幼院的成立，仰赖莲友许克绥等居士的捐地、捐钱，共购土地七百余坪，即在此土地上兴建了台湾第一所佛教孤儿院，于雪庐72岁那年的6月落成。这所孤儿院收容孤儿百余名，由院中照料其生活，并出资送入小学、中学就读，高中毕业后离院。

雪庐74岁时，又创办了菩提医院，这是台湾第一所现代化的佛教医院。医院的建立缘起于雪庐弟子于凌波。于凌波所写的《向知识分子介绍佛教》在海峡两岸广为传播。他原在公立医院任职，受《菩提树》月刊发行人朱斐之约，到狮头山为闭关潜修的会性法师治病。于医师在山中居数日，忽然想到，若是建立一所佛教医院，既解决了出家人住院的素食问题，又解决了修净土者的临终助念问题，岂不两全其美？下山后，就将此构想对朱斐居士讲了，并向雪庐老人陈述，获得两位的大力支持。后来，由莲友黄雪银居士免租提供闹市区店房一幢，于凌波提供医疗设备，先开设佛教医院门诊部，再筹划正式医院的兴建。此门诊部于雪庐74岁那年的佛诞节开业，命名曰佛教菩提医院，由于凌波出任院长一职。后来，在各位善心人士的资助下，规模日渐扩大。雪庐乃聘请地方名流组织了筹建委员会，在台中市郊购一公顷余土地，兴建了有一百张床位的现代化医院。这所医院于雪庐77岁那年的7月9日正式开业，由内政部部长徐庆钟主持剪彩仪式。这所医院在当时儿论在设备上，还是医师水平上，都堪称一流。

继之在医院空地上又增建了菩提安老所、菩提施医会，改组为菩提救济院，成为社会上著名的救济机构之一。

四、一生简朴，以苦为乐

在弘法事业方面，他成立了"内典研究班"，培养弘法人才；创办了《明伦》月刊社、明伦广播社、青莲出版社、台中莲社受托印经会、台中佛经注疏语译会等弘法文化机构，并另设联善施医会、孔学奖金会等。

雪庐在台弘扬佛法近四十年，开创了佛教社会事业发展的新局面，经手钱财不计其数。他将这些钱财均用于弘法利生事业，自己却过着苦行僧的生活。蔡念生居士在《雪庐述学汇稿序》中说："公无一时一刻不殚心于弘法利生，虽眠食不得从容，客有问者，则曰忙、忙。夫世人所忙者，官爵利禄，妻子田宅，饮食游乐，而公不与焉。公寄身斗室，无眷属之奉（老人只身在台），日中蔬食，赖及门弟子轮流供养，虽苦行头陀，不过是也。"[①]

雪庐起居生活十分简朴。初来台时，住奉祀官府之日式平房，在办公室后间辟一斗室，饮食起居于此。数年后，在台中和平街租一旧木楼之二楼，一室一厅，兼作佛堂。后来在正气街顶得一砖造平房，一客室一卧室，佛堂半间，走廊墙壁放置赠人之书刊，狭窄拥挤却井然有序。他每天只吃晨午两餐饭，食唯饭蔬，定时少量，一馒头一菜一汤，多由弟子轮流供养，晚餐泡面糊半碗，与寺院饮食规矩颇相仿佛。平时穿一布长衫，遇有庆典，著中山装，从不穿西服，衣不至缝补不堪则不弃。出门步行，步履轻捷，胜过年轻人。70 岁后，常坐侍者郑胜阳居士机车后座。80 岁后，郑胜阳居士买了一辆旧汽车，自任司机，为他出行提供方便。弟子所馈送的礼物，雪庐悉以弟子之名转为慈济功德。每至一地，总是将自己的财物分施众人，且引以为乐。

五、"一息尚存，不忍闲逸也"

雪庐平常昼夜理案牍于奉祀官府，夜间到各道场去讲经说法，并在中国医药学院教论语、佛经，在中兴、东海等大学教诗选、礼记或佛学，整日忙忙碌碌。他曾对弟子说："一息尚存，不忍闲逸也。"他讲经授课时，底气甚足，音声洪亮，即使到了 90 岁高龄，仍不减当年。

慈光图书馆为雪庐常年讲经道场。其所讲大乘经论，大略有

①　于凌波：《李炳南居士与台湾佛教》，台中：财团法人台中市李炳南居士纪念文教基金会，1996 年，第 27 页。

《地藏菩萨本愿经》、《妙法莲华经》、《佛说尸迦罗越六方礼经》、《佛说阿弥陀经》、《普贤行愿品》、《维摩诘经》、《金刚经》、《楞严经》、《圆觉经》、《华严经》等。听讲《华严经》的恒逾千人，还有屏东、高雄、台北远道而来的听众。雪庐宣讲儒家经典时，常常劝人要敦伦尽分，乐天知命。

雪庐尤其看重净土法门。他曾说："某于战时避渝之前，曾从北京真空禅师学参究法，与济南净居寺方丈客观公同参八年；后至渝州，复学密法于白教喷噶呼图克图、红教诺那呼图克图，如法持咒，亦有八年；愧皆无成，确信印祖之提示，依旧专修念佛一法。"又说："时当末法，断惑极难，不若带业往生之为稳妥。"（《李老居士炳南教授治丧委员会谨述》）

1986年3月，雪庐讲经时，再三劝众，加紧念佛。又以古语提示："少说一句话，多念一声佛；打得念头死，许汝法身活。"口气略显低缓。4月8日傍晚，莲社人员赴公寓所，顶礼请示，雪庐曰："大家安心就好。"4月12日，雪庐对郑胜阳居士说："我要去了。"胜阳对曰："大家还要听师续讲《华严经》。"雪庐未说话。至13日晨，雪庐念佛，并以"一心不乱"嘱咐在旁边的弟子，随即往生，时为夏历丙寅三月初五日五时四十五分，享年97岁。原配张夫人早卒，继配赵夫人、子俊龙、孙女珊、彤均在济南故里。

雪庐一生著述甚丰。遗憾的是，其早年著述因屡经搬迁，业已散佚。1949年，雪庐渡海抵台后，讲经授课近四十年，积讲稿数百万言。老人往生后，弟子徐醒民、郑胜阳、王炯如等组织委员会，整理老人遗作，汇编为《雪庐全书》。老人80岁时，门下弟子周邦道、许祖成、朱时英等，曾集老人当时之著述，包括佛学、医学、文学等，辑为《雪庐述学汇稿》刊刻行世。全书计为八种，分订十余巨册，名称如下：一、阿弥陀经摘注接蒙及义蕴；二、大专学生佛学讲座六种；三、佛学问答类编；四、弘护小品汇存；五、内经摘疑抒见；六、内经选要表解；七、诗阶述唐；八、雪庐诗文集。一至四种属于佛学类，五、六种属于医学类，七、八种属于文学类。《雪庐述学汇稿》出版时，《中华大藏经》总编纂、国大代表、满分优婆塞念生蔡运辰老居士，写了一篇《雪庐述学汇稿序》，刊印在卷首。文曰："自佛教东来二千年中，现居士身，以净土法门鼓舞当时、沾溉后世者，吾得三人焉。曰宋之王龙舒、清之周安士、彭二林。若夫传记所载，远者如宗少文、刘遗民；近者如袁中郎昆仲，乃至并世之杨仁山、丁仲祜诸公，何啻千百人。然或勤于自修，而疏于接众；或富于著作，而简于讲说。即龙舒、安士、二林三大老，其于自行化他，信今传后亦有未若今之盛者，则李公雪庐之高树法幢、接纳群品，其为不可及已。"①

第五节　净空法师的"空中说法"

净空法师，世俗名徐业鸿，生于 1927 年，1959 年在我国台湾北部的临济寺出家为僧，祖籍安徽庐江，从小就对历史、哲学充满兴趣，在其求学生涯中，曾经跟随著名学者方东美、藏传佛教高僧章嘉呼图克图和德高望重的佛教居士李炳南研习佛法。

---

① 于凌波：《李炳南居士与台湾佛教》，第 30 页。

净空法师

他对佛教各个宗派的经论都如数家珍，对净土宗尤其感兴趣，在这方面取得的成就也最大。

一、弘扬净土思想

他积极弘扬佛法，注重对佛教人才的培养，几十年如一日地讲授佛法，主要讲述《净土五经》和《法华经》等，在他的不断努力下，成立了佛陀教育基金会和华藏佛教视听图书馆等，注重借助现代媒体传播工具，比如制作了大量的佛法讲经录音和视频来弘扬佛法，同时积极倡导印制《大藏经》等佛教经典分送到世界各地的寺院，以供学习和交流。

为了更加便于具体地研习和讲授净宗思想，他多方努力，呼吁在不同的国家和地区成立"净宗学会"，形成一定的净宗修行和弘法基地。

依据净空法师的思想，一旦成立新的净宗学会，首要的任务就是印赠经书，制作流通佛经的音像视品，积极展开佛教的"正名"活动。

385

二、注重教育事业

净空法师不仅注重佛教的教育，而且在社会大众普通教育方面，净空法师也是不遗余力。从 1993 年到目前为止，在净空法师的积极倡导下，已经在北京大学、复旦大学和南京师范大学等大中院校中设立了"华藏奖学金"，以资助更多的学生顺利完成学业。

从 1998 年开始，净空法师又多方筹措，先后在我国三十多所院校中成立了"孝廉奖学金"，产生了很大的社会反响，受到社会各界的高度评价和欢迎。

此外，法师倡导佛法无边的理念，2004 年，通过与印尼官方的协商，准备在印尼大学成立奖学金机构，以帮助莘莘学子顺利完成学业。

1998 年，中国遭受了百年不遇的洪涝灾害，造成了社会财产的极大损失，全国人民团结一致，众志成城地投入到这场没有硝烟的战争中。净空法师也是和全国人民一样积极地投入到抗击洪涝灾害中，把筹集来的善款和物资及时送到那些需要援助的人们手中，为灾区的重建积极添砖加瓦，奉献自己的力量。

其实净空法师对祖国社会各界的关心、援助，特别是对大陆佛教界、文化教育界的支持早在 20 世纪 80 年代就开始了，据不完全统计，从 1990 年至 1995 年这一段时期里，净空法师已经捐赠给国内寺院和佛学院八百多部《大藏经》；根据有关机构的记录，1993 年，净空法师赠送给北京图书馆、上海图书馆和各省市高校图书馆《四库全书荟要》三十三套，每套五百册；1994 年，在新加坡为支持中国"万村书库"工程共捐款六万新币；1997 年，净空法师回到与自己阔别五十年的家乡，赠送给庐江中学一百台电脑和大量的其他社会物资。

三、主张宗教和谐

净空法师主张宗教界的和谐、教派之间的和睦，胸怀一种神圣仁慈博爱的佛教教育理念，祈愿在多元文化的时代氛围里，消弭不必要的冲突和矛盾，建立一个充满温情、和谐与稳定的人类生活家园。

法师在弘扬佛法时多次强调要启发人们的真智，破除迷信对人们思想的干扰，教导人们能够辨别是非邪恶，拥有一种奋发、乐观、大觉的慈悲济世人文情怀，最终能圆满地解除人们的种种困苦，获得幸福智慧的人生。

1977 年，法师呼吁社会各界建立了"中华民族百姓宗祠"，主张在世界各地，凡是有中国人居住的地方都应该建立一个"中华民族百姓宗祠"，其核心理念就是教导人们无论在何时何地，身处逆境还是顺境，都应该笃守诚信、忠敬和孝思的人生信念。

净空法师倡导"教育救国"和"教育救世"的思想，特别希望东亚各国的佛教界广发菩提心，同心同德，精诚合作，以全人类的福祉为奋斗的目标，谋求一个真正幸福和繁荣的新时代。

四、二十字佛教修学理念

"真诚、清净、平等、正觉、慈悲、看破、放下、自在、随缘、念佛"这二十个字是净空法师修学教化的最基本价值理念。他不仅自己身体力行，而且孜孜不倦地劝化他人。

自从 1959 年在中国台湾讲经以来，迄今为止已经在世界各地弘法四十余年，足迹踏遍了世界各地，特别是在东南亚和美洲有着深厚的法缘，让世人对佛法有了更加全新的认识和理解；法师不仅讲授佛法，而且弘扬我国的传统文化，比如提倡孝道和师道的文化理念，他深入浅出的讲解，让听众有一种如坐春风的感觉，受到了当地社团和四方弟子的尊崇和爱戴，有着广泛的国际影响力。

五、推进海峡两岸的佛教交流

1995 年，新加坡的佛教居士林和净宗学会邀请净空法师去讲授佛法，并且亲自组织和主持当地的"弘法人才培训班"的日常教学工作，当得知有的受训法师是从中国大陆去的时候，净空法师很是高兴，欣喜之情溢于言表，法师希望在中国大陆培养一批讲经弘法的佛学人才，把自己的所思所想奉献给祖国的佛教事业。

净空法师对佛学独到的见解和高深的研究，引起佛学爱好者的热切关注，自从第一届"弘法人才培训班"圆满结束后，在国内外产生了很大的反响，申请参加学习的人可以说是络绎不绝，依据来信先后的不同，之后又开设了好几届佛学培训班，还有来自泰国、美国和马来西亚等国家和地区的法师参加了这样类似的学习和交流，其中来自我国大陆的各省市的三十位法师，在 1996 年参加了由净空法师主持的培训班，在国内产生了积极的影响，紧接着第三届和第四届分别成功举办。这毋庸置疑为中国当代的佛教发展注入了新鲜的血液，在某种程度上弥补了我国佛教界人才不足的缺憾。

综上所述，从思想的角度来看，我们可以说"人间佛教"是以中国传统儒、释、道三家思想交融为文化大背景，传承汉传大乘佛教为基本思想和理念，主要由太虚法师提出的以融入社会生活为主轴，以佛教的慈悲普度、弘法济世与同体共生为根本目的佛教思想。中国近现代佛教领袖，尤其我国台湾的著名高僧大德本着这一睿智的思想，积极倡导佛教参与社会生活，使中国佛教一改明清两代以来"死的佛教"和"鬼的佛教"的形象，努力实现了中国佛教的近现代化转型。

第六节　印顺《净土新论》中的人间佛教思想

《净土新论》是印顺法师净土研究的主要著作。除此之外，其净土研究的著作还包括了《念佛浅说》（民国四十二年冬台北善导寺讲）、《求生天国与往生净土》（在菲律宾佛教居士林讲，年代不详）、《东方净土发微》、《东山法门的念佛禅》等，都是延续《净土新论》的观点而来。以后加入了一篇《宋译楞伽与达摩禅》，而成为《净土与禅》一书，列入妙云集下编之四，正闻出版社出版。《净土新论》是一部在台湾佛教界掀起激烈反对声浪的颇受争议的著作。尽管如此，其对传统净土信仰所作的反省仍是非常系统、深刻的。这部著作是印顺法师在 1951 年冬，于香港青山净业丛林的演讲稿，主要流通区则是在台湾，至 1984 年已发行至第五版，可见其影响之巨。

据台湾佛教学者江灿腾教授出版的《台湾佛教百年史之研究》一书所述，到 20 世纪 70 年代初期为止的台湾佛学研究之中，有以下两件事最令人注目：一是胡适以惠能、神会为主要历史考察对象的中国禅宗史研究，曾对战后台湾造成相当影响，对此研究前后参加论辩的著名学者有圆明（杨鸿飞）、印顺、钱穆、张曼涛、冉云华等人。二是围绕着印顺法师的《净土新论》一书所引起的战后台湾净土思想的争辩与发展，此争辩一直持续到80年代。印顺法师可谓四十多年来对于台湾本土的佛学研究最具有影响力的一位学问僧，被大家奉为"一代尊师"。

台湾佛教中有传统派，也有革新派，但主要的影响为传统派，所弘扬为西方弥陀净土的持名念佛法门，成为社会的普遍信仰。印顺法师在教理上提出了一些与传统派的净土思想相抵触的观念，所以《净土新论》不可避免地会遭受传统派强大的抗拒，甚至有大批烧毁其书者。①

那么，我们究竟应该如何评价印老对台湾佛教的影响？尤其是印老在《净土新论》中阐发了一些什么样的观点在台湾产生了如此大的反响和争议，这就有必要全面地考察印老的《净土新论》中所蕴含的人间佛教思想才能作出客观中肯的评价。

一、印顺法师的人间佛教思想

印顺法师（1906—2005年），号盛正，浙江省海宁县人，出生于一半农半商之家。其学佛因缘，颇类似于明代高僧智旭大师。走的是由求真而入佛门的路子。法师先学中医三年，对于医道和仙学有浓厚兴趣。16岁开始在小学教书，25岁出家。在学校的9年当中，印顺法师的学习从丹经、术数转到老庄，又转而研读《圣经》及佛经。可见，印老在出家前学养深厚。在印顺法师23～24岁的时候，他的母亲、叔祖父、父亲相继逝世。印顺法师由此深感人生无常，毅然出家修行。他在普陀山福泉庵剃度出家，拜师于清念老和尚门下；随即又到天童寺受具足戒，戒和尚为圆瑛老法师。出家第二年（1931 年）2 月，印顺法师又到厦门南普陀寺闽南佛学院求学，时院长为太虚大师。由于这一因缘，此后印顺法师的佛学思想受到太虚的深刻影响。印顺法师在闽南佛学院仅学习了四个月，就奉大醒法师之命往鼓山佛学院教课，实际上是休养（因生病之故）。后又回到闽南佛学院授课，讲《十二门论》。后来，印顺法师入四川、重庆汉藏教理院深造达八年之久，奠定了他一生佛学的根基。1947 年太虚大师往生，印顺法师即被推选主编《太虚大师全书》，1948 年 5 月于雪窦寺完成。太虚大师门下有所谓四杰：印顺、法舫、芝峰、法尊，其中以印顺法帅在义理上的研究最为卓越。1948 年 10 月，印顺法师到厦门。1949 年到中国香港。1952 年 5 月，印顺法师出席在日本召开的世界佛教友谊会第二届大会，会后就到了中国台湾。印顺法师初在善导寺讲经弘法，后修建了福严精舍、慧日讲堂等道场，以教授僧才为己任。印顺法师著作等身，有《妙云集》二十四册、《华雨集》五册，还有其他单部专著四十册。他对早期印度佛教思想的研究，是他佛学思想的精华。他的《中国禅宗史》被学术界认为是具有很高水准的专著，日本的大正大学为此授予印顺法师文学博士学位。佛教学者郭朋先生把印顺法师与东晋著名高僧道安相提并论，赞誉他是"佛教思想史上的一位划时代的伟人"。

印顺法师的人间佛教观念的形成于 20 世纪 30 年代末 40 年代初。他回忆最初觉悟佛陀人间性思想的因缘说："二十七年冬，梁漱溟氏来山，自述其学佛中止之机曰：'此时、此地、此人。'吾闻而思之，深觉不特梁氏之为然，宋明理学之出佛归儒，亦未尝不缘此一念也。佛教之遍十方界，尽未来际，度一切有情，心量之大，非不善也。然不假以本末先后之辨，任重致远之行，而竞为'三生取办'：'一生圆证'：'即身成佛'之谈，事人而急功，无惑乎佛教之言高而行卑也！吾心疑甚，殊不安。时治唯识学，探其源于《阿含经》，读得'诸佛皆出人间，终不在天上成佛也'句，有所入。释尊之为教，有十方世界而详此土，立三世而重现在，志度一切有情而特以人类为本。释尊之本教，初不与末流之圆融者同，动言十方世界，一切有情也，吾为之喜极而泪。"

印顺法师通过继续深入研讨印度佛教的历史，特别是释迦牟尼佛教出家、传教的本怀，于1941年在汉藏教理院写成了《佛在人间》，这是最早阐释"人间佛教"的作品，成为他"人间佛教"思想的代表作。这是印顺法师人间佛教思想的初期表达，这些思想也是他一生所坚持的。

印顺法师"人间佛教"思想的提出有着复杂的历史文化背景。

中国佛教演变到明清时期，大体而言非常式微衰败，天台华严日渐不振，禅宗门庭冷落，净土念佛一时称盛。明清以来的佛教，就整体而言，出世逃世的性格浓厚，缺乏积极入世的人间关怀。太虚大师倡导"人生佛教"的思想，回应了原始佛教《阿含经》的要求，直探释迦本怀，学佛风气日益盛行。在此基础上，印顺法师又以"人间佛教"的口号与"人生佛教"相呼应。可见，"人生佛教"和"人间佛教"思想是佛教在近现代蓬勃发展的主要精神力量。

"人间佛教"理念的提出，已近百年。其间，无论是太虚大师的"人生佛教"，还是印顺法师乃至赵朴初的"人间佛教"，尽管名称上有些变化，但是人间佛教的核心思想并未改变，那就是要建立以人为本的适应现代社会、提升现代社会的佛教理念。

20 世纪初，太虚大师针对当时佛教某些腐败行径给社会带来的危害，毅然担起佛教革新的重任，以适应社会发展的需要。为此，他努力回溯佛法本源，以找到佛教革新的原始依据。太虚大师找到了大乘佛教之源："人乘法"，即主张通过提倡五戒十善，使佛法深入民间，以改良社会、政治、风俗（《人乘正法论》）。1920 年，太虚大师又提出"圆觉之乘，不外大智慧、大慈悲之两法，而唯人具兹本能"；"唯此仁智是圆觉因，即大乘之习所成种姓，亦即人道之乘也。换言之，人道之正乘，即大乘之始阶也"（《佛教之人生观》）。他大声疾呼："吾人学佛，须从吾人能实行之佛的因行上去普遍修习。尽百人的能力，专从事利益人群，便是修习佛的因行……废弃个十，便是断绝佛种"（《行为主义之佛乘》）。以此为理论基石，太虚大师开始构建"人生佛教"理论体系。其基本内容大略可分为四大方面：第一为契理，即契合真理的人生佛教。按照他的观点，那种以为佛教的真理与特色，"唯在解脱生死的小乘"，大乘佛教并非佛法正统的看法，对佛教的危害最为严重。佛法的根本精神是在解决生活问题而非生死问题。第二为契机，即契合时机的人生佛教。从这个角度来看，人生佛教应当暂置"天"、"鬼"不论，而追求人生之圆满与佛法之究竟。第三为契行，即人生佛教的目的重在引发大菩提心，修学菩萨行，从而"直达法界圆明之极果"。第四为契变，即人生佛教的层次进化观：第一层为"无始无边中的宇宙事变"；第二层为"事变中有情众生业果相续"；第三层为"有情业果相续流转中之人生"；第四层为"有情流转中继善成性之人生"；第五层为"人生向上胜进中之超人"；第六层为"人生向上进化至不退转地菩萨"；第七层为"无始无边中之宇宙完美人生——佛"。

太虚大师认为：佛教的本质是平实切近而适合现实人生的，改善人生的生活行为，使其合理化、道德化，不断地向上进步，才是佛教的真实含义。所以，太虚大师认为，人生佛教正是体现了佛教的本质。

太虚大师在实践"人生佛教"的思想时遇到一些挫折，曾经写下《我的佛教革命失败史》反思这段历史。但是，并不能因此否定其对佛教发展的推动作用。自武昌佛学院创办以后，各地寺院创办的新式佛学教育机构如雨后春笋般出现；太虚创办《海潮音》杂志后，各地创办的佛教杂志如《现代僧伽》、《人海灯》、《狮子吼》、《觉音》等新僧刊物，大量涌现。20世纪50年代以后，海峡两岸在弘法利生上最有影响的一批高僧大德，如台湾的大醒、慈航、东初、印顺、道安、演培、星云等，大陆的赵朴初、巨赞、法尊、正果、尘空、茗山、惟贤、雪烦、雪松、遍能等，以及海外的竺摩、法舫等，都是接受太虚之影响而在"民国四十年前"成长起来的人间佛教运动的自觉继承者和弘扬者。

20世纪40年代末，印顺法师到台湾后，一直以弘扬太虚大师的"人生佛教"理论为己任，他对太虚大师的"人生佛教"理念进行了继承和发展。印顺法师在《人间佛教要略》一文中说："从经论去研究，知道人间佛教，不但是适应时代的，而且还是契合于佛法真理的。从人而学习菩萨行，由菩萨行修学圆满而成佛——人间佛教，为古代佛教所本有的，现在不过将他的重要理论，综合的抽绎出来。所以不是创新，而是将固有的'刮垢磨光'。佛法，只可说发见，不像世间学术的能有所发明。因为佛已圆满证得一切诸法的实相，唯佛是创觉的唯一大师，佛弟子只是依之奉行，温故知新而已。人间佛教，是整个佛法的重心，关涉到一切圣教。这一论题的核心，就是‘人·菩萨·佛’——从人而发心学菩萨行，由学菩萨行而成佛。佛是我们所趋向的目标；学佛，要从学菩萨行开始。菩萨道修学圆满了，即是成佛。如泛说学佛，而不从佛的因行——菩萨道着力做起，怎能达成目的？等于要作一毕业生，必定要一级一级学习起，次第升进，才能得到毕业。学佛也就是这样，先从凡夫发菩提心，由初学、久学而进入大菩萨地，福慧圆满才成佛。”①

印顺法师的佛学思想，从五个方面继承了太虚大师的“人生佛教”理论：一是同样直仰佛陀，“不属于宗派徒裔”；二是认同菩萨道是佛法正道，菩萨行是人间正行；二是中国佛教应有世界胸怀，“不为民族感情所拘弊”；四是拥护净化社会，建设人间净土目标；五是赞成佛教适应现代社会，关怀社会，进而提升社会（《游心法海六十年》）。

“人生佛教”，是太虚大师针对重鬼神的中国佛教而提出的。“人间佛教”则是印顺法师以印度佛教的天（神）化情势异常严重，也严重影响到中国佛教，所以不说“人生”而说“人间”，希望中国佛教能脱落神化，回到现实的人间。

印顺大师在新的历史条件下，又发展了太虚大师的“人生佛教”思想。他把太虚大师由做人而成佛的论点扩展为严整的理论体系。印顺大师指出：“人间佛教”的第一个出发点是现代“人”而非死人、鬼神，是由“人”出发而向菩萨、佛陀境界的迈进。人间佛教的修持“应以信、智、悲为心要”。多年来海峡两岸的佛教人士都已接受“人间佛教”的思想，“人间佛教”几乎变成佛教

① 印顺：《佛在人间》，《妙云集》下编之一，第 99 – 100 页。

的代名词。

二、"人间佛教"思想是《净土新论》的精神底蕴

印顺法师的"人间佛教"思想是建立在对佛教经论的深刻研究上的。他认为佛教的两大思想是佛法的根基：一是"缘起说"；二是"诸佛皆不离人间成佛"。亦即违背"缘起说"，则类同神教，非佛本义；违背"诸佛皆不离人间成佛"，则不能完成社会至善的改革目标。所以，印顺法师批评成佛不必西天；弥勒净土犹胜弥陀净土；人生的佛教高于人死的佛教；大乘菩萨的普度亦须在当下人间完成。印顺法师著书立说所要说明的就是这种思想。《净土新论》的背后心理动机，也是由此而来。因此，要了解印顺法师对净土宗的认识，就要从印顺法师的人间佛教思想入手。

佛教到了清中期以后，特别是民国以来，最流行就只有净土宗了，曾经十分兴盛的禅宗也进入了末流时期。杨文会曾说："佛理之深，莫过禅宗；流传之广，莫过净土"，就是净土宗在社会上广泛流传的最好说明。净土宗强调死后"往生西方极乐世界"的思想，十分看重死亡与鬼神的问题，临终与死后的助念成为修习佛法的重要内容。印顺法师认为，传统的中国佛教讲究"了脱生死"。由于重视死，也就重视鬼。中国的民俗中流传着"人死为鬼"的说法，佛教也深受这种情况的影响。正是这种不管活人、只顾死鬼的局面，才导致了佛教脱离人间，从而便日趋没落。印顺法师对此大发感慨："佛教是宗教，……如不能重视人间，会变成着重于鬼与死亡的，近于鬼教！……真正的佛教，是人间的，唯有人间的佛教，才能表现出佛法的真义。所以，我们应……来

发扬人间的佛教。"① 本来，释迦牟尼是人，他也是在人间创建佛教的。这也就是说，佛教本来就应该是"人间"的。所以，印老指出："我们首先应该记着！在无边佛法中，人间佛教是根本而最精要的，究竟彻底而又最适应现代机宜的。"② 印老还特别强调："所以，我们必须立定'佛在人间'的本教，才不会变质而成为重死亡的鬼教，或重长生的神教。认定了佛在人间，……佛法即是佛在人间的教化。"③ 只有重建"人间佛教"，才能使佛教重获生机，恢复活力。最后，印顺法师大声疾呼："我们是人，需要的是人的佛教！"④

　　印顺法师在《人间佛教绪言》中说："人生佛教是极好了，为什么有些人要提倡人间佛教呢？约显正方面说，大致相近；而在对治方面，觉得更有极重要的理由。……佛教是宗教，有五趣说，如不能重视人间，那么如重视鬼、畜一边，会变为着重于鬼与死亡的，近于鬼教。如着重羡慕那天神（仙、鬼）一边，即使修行学佛，也会成为着重于神与永生（长寿、长生）的，近于神教。神、鬼的可分而不可分，即会变成又神又鬼的，神化、巫化了的佛教。这不但中国流于死鬼的偏向，印度后期的佛教，也流于天神的混滥。如印度的后期佛教，背弃了佛教的真义，不以人为本而以天为本，使佛法受到非常的变化。所以特提'人间'二字来对治他：这不但对治了偏于死亡与鬼，同时也对治了偏于神与永生。真正的佛教，是人间的，唯有人间的佛教，才能表现出佛法

---

① 印顺：《佛在人间》，《妙云集》下编之一，第 21 - 22 页。
② 印顺：《佛在人间》，《妙云集》下编之一，第 22 页。
③ 印顺：《佛在人间》，《妙云集》下编之一，第 27 页。
④ 印顺：《佛在人间》，《妙云集》下编之一，第 28 页。

的真义。所以，我们应继承'人生佛教'的真义，来发扬人间的佛教。我们首先应记着！在无边佛法中人间佛教是根本而最精要的，究竟彻底而又最适应现机宜的。切勿误解为人乘法！"① 即近于鬼教和近于神教都违背了佛的主旨，只有人间佛教才契合佛教的真义。

印顺法师十分重视对印度佛教原典的探究，所以他对"真常唯心论"和中国的"三教同源论"持有不同看法。② 他于香港讲《净土新论》，亦不外是这个本愿。此见其自供"本之印度经典，不以中国祖师言为圣教量"的说明，即可明白大半。③ 印顺法师认为，原始印度佛教不同于现实的中国佛教，禅宗和净土宗都有忽视佛教本义的倾向；印度末期的佛教就已经有了以天为本的倾向了，难免使佛法流于天神的混滥，这已远离了佛陀的本意；佛教传到中国后，尤其是清末以来，这种倾向又进一步加剧。所以，印顺法师明确提出要以人间佛教的思想来对治这种倾向。印顺法师赞同"庄严净土"的思想，不可避免地会对流行的"往生净土"的思想有所贬抑，因此引起了很多净土信众的不满。

印顺法师指出释迦牟尼示先在人间成佛，是为了救度广大众生的苦难，这是佛教在世间最真实的意义。"而不是部分大乘经那样，表现于信仰与理想之中"，这话当是针对净土宗的经典而言。净土宗之成佛，是在西方极乐世界。这与《增一阿含经》所说："诸佛皆出人间，终不在天上成佛也"，是有矛盾的。所以，《净土

---

① 印顺:《佛在人间》,《妙云集》下编之一, 第 21 – 22 页。
② 印顺:《印度之佛教》, 第 6 页。
③ 印顺:《净土新论》,《妙云集》下编之四, 第 120 页。

新论》在净土宗的信众中引起轩然大波。

三、《净土新论》本着"人间佛教"的精神对传统净土思想展开批判

在台湾净土思想的传播中有两件事曾引起教界和学界的大震动：一是《净土新论》的问世；二是陈健民先生批评"带业往生"的思想在台湾佛教界引起轩然大波。

1980 年 11 月 21 日起一连五天，陈健民先生在台北市建国南路净庐地下室，主讲《净土五经会通》。讲演纲目分十 章，第二章是罪福会通，提出，"带业往生"一句经文无载，批评古德提倡无据，主张以"消业往生"代之。由于涉及传统信仰权威，引起佛教界的大风波，各种责难和商榷的文章不断涌出。

印顺法师在颇受非议的《净土新论》一书中，论述了他本着"人间佛教"的精神对传统净土思想展开的批判。

1. 净土观

印顺法师说："净土的信仰，在佛法中，为一极重要的法门。他在佛法中的意义与价值，学佛人是应该知道的。一般人听说净土，就想到西方的极乐净土，阿弥陀佛，念佛往生。然佛教的净土与念佛，不单是西方净土，也不单是称名念佛。特重弥陀净土，持名念佛，是中国佛教，是承西域传来而发展完成的。"① 这是《净土新论》开头的一段文字，表明了印顺法师所要宣扬的净土是有别于承自西域传来而发展完成的"中国佛教"的，乃是承自印度原始佛教而来的思想。

---

① 印顺：《净土新论》，《妙云集》下编之四，第 1 页。

历来佛教界和学术界对净土宗能否称为一大宗派颇有争议。印顺法师对于净土宗作为佛教宗派持否定态度。他说："戒律与净土，不应独立成宗。"这一思想也是传承于太虚大师。太虚大师说："律为三乘共基，净为三乘共庇。"正如学佛人都离不开戒律一样，大小乘人所共仰共趋的理想境界就是一片净土，无论是天台、贤首、唯识、三论或是禅宗，都可以修行净土，导归极乐世界。净土乃人间追求的共同理想境界，决非净土宗一派的事情。①

　　在印老看来，净是佛法的核心，不是某一宗一派所独有。他更看重"净土"之"净"，而非"土"，学佛以"清净"为重，还是以"净土"为重，是有微妙区别的。他说："佛法实可总结它的精义为'净'，净是佛法的核心。净有两方面：一、众生的清净；二、世界的清净。阿含中说：'心清净故，众生清净'；大乘更说：'心净则土净'，所以我曾说：'心净众生净，心净国土净，佛门无量义，一以净为本'。"② 众生和世界的清净都是本于"人间佛教"思想而展开的。

　　印顺法师还强调说：净土也不单是指西方净土，还有东方药师佛的琉璃净土、弥勒净土等，也是非常重要的。

　　对于药师佛的东方世界，中国人有一特殊意识，认为东方是象征生长的地方，代表生机，转而为现实的人间消灾延寿。阿弥陀佛在西方，代表秋天，属肃杀之气，是死亡的象征，故在中国人心中，西方净土使人误会学佛即学死，忽略了原先代表无量寿无量光的圆满。③ 学佛即学死，背离了"人间佛教"的旨趣。

---

① 印顺：《净土新论》，《妙云集》下编之四，第1-2页。
② 印顺：《净土新论》，《妙云集》下编之四，第3-4页。
③ 印顺：《净土新论》，《妙云集》下编之四，第31页。

药师佛的东方世界为利乐现生的琉璃净土，东方代表有光明的前途。阿弥陀佛的西方世界为利乐来生的极乐净土，西方代表幸福的归宿。因为日出东方，犹如一天开始，人要怀抱希望，向着理想前进。日没西天，犹如一天工作完毕归家，要有甜蜜的幸福的归宿。这原为人梦寐以求的理想人生。

印顺法师对这两种净土作了比较："那么，东方净土与西方极乐世界，有什么差别呢？阿弥陀佛，在因中发愿，主要是：凡愿生我国的，只要念我名号，决定往生。这着重在摄受众生，使死了的众生，有着光明的前途。琉璃光如来，因中发十二大愿，都是针对现实人间的缺陷而使之净化，积极地表现了理想世界的情况。这对于人间，富有启发性，即人间应以此为理想而使其实现。"① 从比较中可以推测，东方净土比西方净土更契合人间的需要。而这段文字的标题就是"东方净土为人间的极致"。印老对人们不重视东方净土的现状深表遗憾，他说："阿弥陀佛与净土，几乎妇孺咸知；而东方的阿閦佛国，几乎无人听见，听见了也不知道是什么，这是净土思想的大损失！"②

弥勒净土在净土信徒的心目中有一定的影响，但其地位远不及弥陀净土高。对此，印顺法师也不以为然。印老认为弥勒净土比弥陀净土要来得实际。他说："弥勒菩萨，当来下生成佛，这是佛法中所公认的。弥勒，华言慈。修因时，以慈心利他为出发点，所以以慈为姓。一般学佛人，都知道弥勒菩萨住兜率天，有兜率净土；而不知弥勒的净土，实在人间。……弥勒的净土思想，起

---

① 印顺：《净土新论》，《妙云集》下编之四，第153页。
② 印顺：《净土新论》，《妙云集》下编之四，第29－30页。

初是着重于实现人间净土，而不是天上的。"①

印老在揭示弥勒净土更符合人间佛教精神的同时，说明了弥勒净土的这种人间思想也是来源于原始佛教。他说："弥勒人间净土的思想，本于《阿含经》，起初是含得两方面的。但后来的佛弟子，似乎特别重视上生兜率天净土，而忽略了实现弥勒下生的人间净土。佛教原始的净土特质，被忽略了，这才偏重于发展为天国的净土，他方的净土。所以《佛法概论》说：净土在他方、天国，还不如说在此人间的好。总之，弥勒净土的第一义，为祈求弥勒早生人间，即要求人间净土的早日实现。至于发愿上生兜率，也还是为了与弥勒同来人间，重心仍在人间的净土。"②

他认为，弥勒的净土与清凉的月光有关，③ 而弥陀信仰则是"太阳崇拜的净化"。④ 阿弥陀佛如太阳的光明，是永恒的究竟的光明藏。弥勒菩萨如月亮的光明，月亮是在黑暗中救济众生的。⑤ 从切身处世的现实世界来说，印顺法师推崇弥勒净土较为切合实际。⑥ 印顺法师又进而从人间佛教思想出发，还指出中国传统的净土信仰特别重视上生兜率天净土，而忽略了实现弥勒下生的人间净土。⑦

信仰净土的人非常多，他们都非常虔诚。但是，印顺法师认为，净土信众对西方极乐世界的理解也存在着偏差。阿弥陀佛是太阳崇拜的净化。阿弥陀，是"无量"之义。阿弥陀佛，即无量

①　印顺：《净土新论》，《妙云集》下编之四，第16页。
②　印顺：《净土新论》，《妙云集》下编之四，第17页。
③　印顺：《净土新论》，《妙云集》下编之四，第30页。
④　印顺：《净土新论》，《妙云集》下编之四，第22页。
⑤　印顺：《净土新论》，《妙云集》下编之四，第30页。
⑥　印顺：《净土新论》，《妙云集》下编之四，第31页。
⑦　印顺：《净土新论》，《妙云集》下编之四，第17页。

佛。第一层含义是无量光，认为这与"太阳崇拜"有关。第二层含义是无量寿，这种思想是因应了人对"无限寿命"的欲求而来。阿弥陀佛是无量寿、无量光，既代表一切诸佛的共同德性，又能适应众生无限光明与寿命的要求。但"现代修持净土的，每着重在极乐世界的金沙布地、七宝所成等，这在弥陀的净土的思想中，显见是过于庸俗了"，① 即一味追求往生净土的思想过于理想化，偏离了人间佛教的精神。

2. 修行观

印顺法师认为，中国净土信徒在追求往生西方极乐世界的修行方法上出了大的问题。这些问题突出表现在信徒们在修行中"急求己利"，忽略了"自利利他"的大乘精神。净土宗为大乘佛法，某些信众却使之成为小乘。强调往生西方净土的信众，有些是出于"自利"之心而求往生净土的。其实，从"人间佛教"思想出发的"庄严净土"才更符合菩萨"利他"的心行。净土是从利益众生而庄严所成，不是从自己想安乐而得来的。不知庄严净土，不知净土何来，而但知求生净土，是把净土看成神教的天国了。

往生净土与求生天国是有所不同的。印顺法师在《求生天国与往生净土》中说："为什么佛法提倡往生净土而不赞成求生天国呢？这实在有根本不同的地方。佛法是：一、平等而非阶级……佛说一切众生皆有佛性，只要到了西方，慢慢修学，都可以成佛。经上说，极乐世界，佛光明无量，寿命无量；往生的也光明无量，寿命无量，与佛平等。不像耶稣教天国的阶级性，

① 印顺：《净土新论》，《妙云集》下编之四，第25页。

上帝是至高至上独一无二，升入天堂的绝不可能成为上帝；不能成为耶稣。阶级是世界忧愁苦恼的根源，天国也不能例外。佛法是以平等为基础，才能彻底。二、进修而非完成——耶稣教说：生天国就得到永生，是完成了。其实并不究竟，智慧、功德，一切都没有达到圆满（至少是只能像耶稣那样）。……生净土时，虽不曾圆满，而能进向于圆满。……只是程度的不同，下品经过多少时间的修持，还是会成为上品的，都是会进向于佛果的。所以生净土不是天国式的以为就此完成，而是到那边去，正好进修。三、上升而非退堕……学佛的每有一种观念，都怕今生人间修佛，假使修而不了生死，后世也许会堕落，将怎么办呢，往生净土法门，就是为要适应这一般人的需求。只念阿弥陀佛，仗佛的慈悲愿力，就能到净土去再进修。时间虽有长短，生死决定可了，不会退转。天国呢，他们自以为永生，其实生天福报享尽，定力消尽，就要堕落，这是两个世界的最大差别。"① 也就是说，"庄严净土"蕴含了"人间佛教"修行的思想，而"求生天国"则是只求自身的解脱。

在"自利"与"他利"、"自救"与"他救"的关系问题上，印老认为，一般的念佛人，不理解学习入水救人与自救无碍，庄严净土与往生净土不二的道理。某些不求庄严净土的念佛人，往往是出于"急求己利"之心而念佛，他们所理解的西方净土就是一个遥远的天国。这就是"人天乘法"，是为自己的人生福报而修持的。其实，一切众生无始劫以来，互为六亲眷属。所以"庄严净土"是大乘的，是具足正信正见，以慈悲利他为先的修十善行

---

① 印顺：《净土新论》，《妙云集》下编之四，第 126–129 页。

的菩萨道。这是"人间佛教"有别于"人天乘法"之处。

正是由于传统的净土信仰把西方净土理解为遥远的天国，所以导致了一般的净土信众在修行中"专事果德"而缺少"因地修行"。即净土信众过分地看中了西方极乐世界而忽略了现实世界，也可以说是单强调"往生净土"而忽略了"庄严净土"。印老说："中国的佛教，始终是走向偏锋，不是忽略此，就是忽略彼。如禅者的不事渐修，三藏教典都成了废物；净土行者的专事果德赞仰，少求福慧双修，不求自他兼利，只求离此浊世，往生净土。"[①] 也就是说，传统的净土信仰对因地的福慧修行重视不够。

他以东方阿閦佛净土注重菩萨修行的过程和理性的觉悟为例，说明了"庄严净土"是成佛不可或缺的条件。《净土新论》说："阿閦译为不动，表慈悲不瞋，常住于菩提心；依般若智，证真如理，这是重于发心及智证的。阿弥陀译为无量……无量——无量寿、无量光，着重佛的果德。所以阿弥陀佛净土，为佛果的究竟圆满；阿閦佛净土，为从菩萨发心得无生法忍。这二佛二净土，一在东方，一在西方，如太阳是从东方归到西方的。而菩萨的修行，最初是悟证法性——发真菩提心。从此修行到成佛，也如太阳的从东到西。阿閦佛国，重在证真的如如见道。阿弥陀佛国，重在果德的光寿无量。……这一东一西的净土，是说明了菩萨从初发心乃至成佛的完整的菩提道。也可解说为弥陀为本性智，而起阿閦的始觉（先弥陀而后阿閦）。但现在的念佛者，丢下阿閦佛的一边，着重到西方的一边，不知如来果德的无量，必要从菩萨

---

① 印顺:《净土新论》,《妙云集》下编之四，第29－30页。

智证的不动而来；唯有了'以无所得'，才能'得无所碍'。忽略了理性的彻悟，即不能实现果德的一切。所以特重西方净土，不能不专重依果德而起信。不解佛法真意的，不免与一般神教的唯重信仰一样了。"① 印顺法师强调不仅要"往生净土"，更要"庄严净土"；不仅要"往生西方"，更要"建设此间"，而"庄严佛国"与"庄严众生"都是凭"自力解脱"之难行道。这又与传统的净土思想迥异其趣。

传统的净土信仰强调阿弥陀佛的愿力的作用，即所谓的"他力解脱"的易行道。在"自力"与"他力"解脱的关系上，印老更看重"自力解脱"。印老认为，佛教的本义是"缘起"、"性空"的因果律。所以单纯的"他力度化"的思想，是难于在立基于"缘起"的佛教中得到合理的解释的。"庄严净土"的难行道比"往生净土"的易行道更有益于人类社会。一般的净土信众认为，念佛一门，无事不办，这是不了解龙树说易行道的初衷啊!② 许多净土宗信众，往往过于赞扬一句佛号的威力，往生净土是易行方便法门，太强调易行道，急求成就，就有些近于神教之天化或神化了，颇类似于印度佛教后期的大乘佛法。对于一些太过赞扬念佛法门为容易修、容易成佛的传统净土思想，印顺法师批评说："念阿弥陀佛，是易行道，易行是不太劳苦的意思。……有些学者，为了赞扬净土法门的易行，说什么'横出三界'，'径路修行'。从激发念佛来说，不失为方便巧说；如依佛法实义，误解易行道为容易了生死，容易成佛，那显然是出于经论之外，全属人

———————————

① 印顺：《净土新论》，《妙云集》下编之四，第28－29页。

② 印顺：《净土与禅》，《妙云集》下编之四，第70页。

中国佛教
脉络

情的曲说！"① 即传统净土信仰所强调的"他力解脱"是不符合佛经本义的，在现实世界"劳苦"的"自力解脱"才能够实现往生的理想。这明显又是在彰显"人间佛教"的精神。

印老对"他力解脱"主要方法的持名念佛也持有怀疑态度。印顺法师认为，净土宗信众平时只念一句"阿弥陀佛"，临终只知往生净土，不免有重自利而急于求成的弊病；大乘经中处处都说庄严净土，即菩萨在因地修行时，修无量功德，去庄严国土，到成佛时而圆满成就。往生西方不能脱离现世人间的修行，或曰单凭一句"阿弥陀佛"是不能往生西方的。可见，印顺法师对传统净土思想的批判是基于"人间佛教"思想之上的。

印顺法师又对称名念佛的修行方法存在的问题作了剖析。他认为，中国的净土学者将称名与念佛合一，但在经中两者其实是各自分开的；称名侧重于口念，而念佛侧重于心念，两者是有区别的。在末法时代，佛教信众大都以称名念佛的形式作为修学佛法的主要功课，是否符合佛陀的本意？印顺法师说："称名舆念佛，中国的净土学者，是把他合而为一的。但在经中，念佛是念佛，称名是称名，本来是各别的。……称念佛名，从经上说来，是有两个意思的：一、有危急苦痛而无法可想时，教他们称念佛名。二、为无力修学高深法门，特开此方便，开口就会，容易修学。……本来算不得佛法的修行法门。传到安息等地，由于鄙地无识，不能了解大乘慈悲、般若的实相深法，只好曲被下根，广弘称名的法门了。……从'般舟三昧经'的定心念佛，到'无量

_____

① 印顺：《净土与禅》，《妙云集》下编之四，第92页。

寿经'的定心及散心念佛，再转到十六'观经'的定心及散心念佛，甚至临命终时的称名念佛。所被的根机，逐渐普遍，而法门也逐渐低浅。中国人的理解佛法，虽不是安息、康居可比，但受了西域译经传法者的影响，称名念佛的易行道也就广大的流行起来。"① 称名念佛成为中国唯一的念佛法门后，虽有普及教化之功，却导致了大乘佛法的义理被忽略了。②

　　净土宗强调念佛入定，不必由慧入定，这样很容易出偏差。依印顺法师"人间佛教"的理念，这种观念是学佛的极大障碍。不少净土信众以念佛法门为主，都只相信念一句佛号就可以消八十亿劫生死重罪。其实，由于不明道理，不修慧，往往是"口念弥陀心散乱，喊破喉咙也枉然"。由此推断，当今佛教界不够重视修慧，当与"诸宗归净土"有很大关系吧。

　　在修行方法上，印老还强调了"发菩提心"的重要性。他批评了王龙舒误改《无量寿经》，认为不发菩提心，仍可以生极乐世界，是误解经典本义。③ 他说："王（王龙舒）本说到下辈人，'不发菩提之心'，可以往生，这也是极大的变化。往生西方净土，是大乘法门；大乘法，建立于发菩提心；离了发菩提心，即不成其为大乘了。所以世亲菩萨的《净土论》说：'二乘种不生'。西方极乐世界，是一乘净土；生到极乐世界的，都不退转于无上菩提。所以，一心念佛，求生净土，发菩提心，实是净土法门的根本条件。"④ 印老又说："这样的误解，不但不能勉人为善，反而误

---

① 印顺：《净土与禅》，《妙云集》下编之四，第 57、62、63 页。
② 印顺：《净土与禅》，《妙云集》下编之四，第 64 页。
③ 印顺：《净土与禅》，《妙云集》下编之四，第 50 页。
④ 印顺：《净土与禅》，《妙云集》下编之四，第 50 – 51 页。

人为恶了。"① 可见，"发菩提心"乃大乘佛教修行的根本条件，而"人间佛教"的实现也在于"发菩提心"。

可见，《净土新论》是出于印顺法师深刻理解佛经本义而提出的，这当中有强烈的"人间佛教"精神在其中。《净土新论》的出现和当时的历史背景、救苦救难的大悲愿心，以及对中国西方弥陀净土不注重现实修行等，都有密切的关系。印顺法师从印度的空观精义出发，而归依菩萨慈悲的本怀，达到了入世与出世的高度统一。

---

① 印顺：《净土与禅》，《妙云集》下编之四，第 55 页。

后 记

　　回顾中国历史上曾经出现过的宗教，以及到目前为止新兴的宗教，佛教一直是信仰人数最多的宗教，是人们生活中最具有影响力的宗教。

　　佛教自从两汉之际，从古印度传入中国，截至21世纪的今天，佛教的发展和演变从没停止过。如禅宗就是完全中国化了的佛教宗派，显著地表现出中国文化的特色。当代佛教发展与我国社会文化建设事业的发展步伐基本上是一致的，对内构建和谐社会，对外积极促进世界的和平，无论从宏观还是从微观都对社会作出了重要的贡献，可以说当代佛教所发挥的这种积极的社会影响是前所未有的。

　　由于不同时期社会背景的复杂多变，因此对中国佛教的历史定位和梳理有一定的难度，从佛教起源的时代背景来说，佛教产生在古印度，在两汉之际传入中国，正所谓是佛法西来，中土扎根，由一种外来文化逐渐演变为中国传统文化不可分割的一部分；从佛教的历史定位来讲，佛教在中国历史上与政治有着内在的关联，得到过当局统治者的倚重，也遭受统治者的政治镇压，如"三武一宗"灭佛事件；从佛教所涉及的思想领域来看，佛教先是依靠黄老之术，后来融合儒家思想，最后体现出"儒释道"三教合一的思想特征；从佛教本身来分析，它不是完全出世的哲学，而是具有入世的思想特质，如禅宗的担水砍柴也成佛的思想内涵和近现代"人间佛教"所体现的社会化、生活化的禀赋和价值取向。

中国佛教作为仍然在不断发展变化的文化形式，回顾其历史，展望其未来的发展趋向，对其进行一个按照历史与逻辑相结合的梳理，既是一种学术的自觉，也是学人一种所应担当的社会责任。

《中国佛教脉络》一书，旨在总结和梳理中国佛教的起源和在中国不同历史时期的发展和演变，以便能提纲挈领地把握住佛教在不同历史时期所体现的特点。值得一提的是，由于佛教发展的历史跨度比较大，每一个时期对其梳理和阐释的角度都有所变化，所以往往选取著名高僧的思想进行个案阐释，以便更好地把握时代的脉搏。

梁启超曾说："历史者英雄之舞台也。"研究佛教的历史也是离不开高僧大德的足迹。因为每一位高僧大德都会无形中受到他那个时代思想的熏陶，其言行会体现出那个时代所特有的文化内涵，这是我们梳理佛教发展的一个切入点；同时在行文中附带性地列举一些小的故事情节，来增添内容的趣味性，以便让普通大众也能读懂、看懂。

当然，对中国佛教脉络的梳理也不是单一地、孤立地就佛教而谈佛教，而是要既考虑到佛教本身具体的问题，也要从整体上来把握，力图将佛教放在大的文化背景下探索佛教的发展脉络。

从佛教的产生到当代为止，这是一段光辉灿烂的历史。回顾这段历史，使我们感受到其博大精深的思想和源远流长的文化。因此，总结回顾中国佛教的历史，梳理探析佛教史上高僧大德的所思所想，有着独特的学术价值和现实意义。

谢路军

2013 年 5 月

中国佛教

脉络